基于新媒体的高校德育教育创新研究

沈红兰　曾舒珩　白　博◎著

中国出版集团 ｜ 全国百佳图书

中国民主法制出版社 ｜ 出版单位

图书在版编目（CIP）数据

基于新媒体的高校德育教育创新研究 / 沈红兰，曾
舒珩，白博著. — 北京 ：中国民主法制出版社，2023.5
ISBN 978-7-5162-3208-8

Ⅰ．①基… Ⅱ．①沈… ②曾… ③白… Ⅲ．①高等学
校－德育工作－研究－中国 Ⅳ．①G641

中国国家版本馆 CIP 数据核字（2023）第 068547 号

图书出品人：刘海涛
出 版 统 筹：石　松
责 任 编 辑：刘险涛

书　　　名/基于新媒体的高校德育教育创新研究
作　　　者/沈红兰　曾舒珩　白　博

出版·发行/中国民主法制出版社
地址/北京市丰台区右安门外玉林里 7 号（100069）
电话/（010）63055259（总编室）　63058068　63057714（营销中心）
传真/（010）63055259
http://www.npcpub.com
E-mail:mzfz@npcpub.com
经销/新华书店
开本/16 开　　　787 毫米×1092 毫米
印张/13　　　字数/200 千字
版本/2023 年 5 月第 1 版　　2023 年 5 月第 1 次印刷
印刷/廊坊市源鹏印务有限公司

书号/978-7-5162-3208-8
定价/68.00 元
出版声明/版权所有，侵权必究。

（如有缺页或倒装，本社负责退款）

前　言

　　顺应时代要求，培养创新型人才将是我国高等教育重要而又迫切的使命，它决定了一个国家和民族的生存与发展。创新意识、创新思维、创新能力以及创新人格是创新素质的四要素。其中，创新人格是创新素质培养的目标。德育在创新型人才培养方面尤为重要。德育是塑造创新人格的教育，德育必须要自身创新、不断完善才可以正确引导学生敢于打破思想的禁区，敢想敢做，发出不同的声音，超越权威，超越梦想。与以往的大学生德育的形态相比，新媒体时代大学生德育的形态，不仅是新媒体对大学生德育的解构与重塑，而且是应新媒体需要而生的大学生德育的一种新态。

　　新媒体为高校思想政治教育创新提供了新机遇、新手段、新途径。新形势下，高校思想政治教育要跟上时代的步伐，就必须向网络延伸、向云端拓展。基于此，通过分析新媒体的应用，了解高校德育教育理念，分析当前新媒体时代对高校德育教育展开所产生的影响，探索新媒体在高校德育教育中创新实施路径，为高校德育教育工作的开展寻找全新方向，实现大学生的全面发展。本书适用于高校思想政治教育人员参阅。

　　新媒体对高校的影响力无处不在，无时不在。它既影响到高校校园文化的建设，也影响着高校思想政治教育环境的发展。一直以来，我国高校对于德育教育都很重视。在撰写本书的过程中，借鉴了部分专家、学者的研究成果和著述内容，在此表示衷心的感谢。由于笔者水平有限，难免会有缺点和错误，恳请广大读者批评指正。

目录

第一章 新媒体的产生、发展与特征功能

第一节 新媒体的产生与发展

随着人类社会的发展，媒体形态经历了从报刊、广播、电视等传统媒体到网络、手机、数字电视等新媒体的发展过程，新媒体也表现出与传统媒体不同的特征与功能。分析新媒体的产生、发展过程及其特征与功能，将使我们更充分地了解和认识新媒体，并为进一步创新新媒体视域下的德育奠定基础。

人类传播在本质上是信息的交流和沟通；而信息是一种抽象物，它必须以符号为物质载体才能成为一种具体可感的交流内容。能够负载、传递符号的物质实体就是传播媒介。

"媒介"一词最早是指使双方发生关系的人或事物。英语中媒介（medium）其含义是指使事物之间发生关系的介质或工具。媒介即万物，万物皆媒介，而所有媒介都是人体某种器官功能的延伸，都是人与他物发生联系的中介。由此可见，媒介指的是在人类活动中使两种事物彼此发生关系的中介或中介物。媒体是媒介载体的简称，几乎与媒介的概念等同。媒介的概念要比媒体广，作为种类的"媒"之"体"，含有一种实体的意义，它是有形存在的，构成传播功能的实体，即指报纸、杂志、图书、广播、电视等载体及其发行机构。

随着人类社会的发展，各种媒介依次出现。从传播史的角度看，媒介的发展史可分为口语传播、手抄文字传播、印刷传播、电子传播和网络传播五个阶段。与此相对应，语言媒介、各种手抄文字媒介、书籍报纸等印刷传播媒介、广播电视等电子媒介和新媒介依次出现，媒介发展的进程是依次叠

加的进程，而不是依次取代的进程。相应的，媒体形态也经历了从报刊、广播、电视等传统媒体到网络、手机、数字电视等新媒体的发展过程，也是一个依次叠加的进程。

新媒体是相对于传统媒体而言的，是继报刊、广播、电视等传统媒体以后发展起来的新的媒体形态，是在传统媒体发展的基础上运用数字技术、网络技术、移动技术于一体的新的媒体形态，要全面了解新媒体，就要从分析媒体的历史演进入手。

一、传统大众传媒的历史演进

一般意义上的大众传媒指报纸、广播、电视，它们发展的进程是依次叠加的进程。

首先，报纸的传播特点和发展进程分析。报纸是指有固定名称、期刊、开版，以新闻报道为主要内容，每周至少出版一期的散页连续出版物。作为最早充当大众信息传播的媒介，报纸经历了由最初的"新闻信"向周刊、日报的演进，从私人小作坊、小企业向资本主义大企业以至垄断资本集团的发展，其信息范围不断扩大，种类日益繁多，信息量呈几何倍数增长。报纸以其独特的传播方式，深刻地影响了人们的精神生活和文化发展。

报纸的传播特点。报纸的传播特点体现在与其他传播媒体的比较中。与图书、杂志等印刷媒介相比，报纸具有以下特点：一是受众面广，数量庞大；二是信息量较大，报纸的信息量是由篇幅决定的，报纸通过扩版加页增加信息的容量，信息覆盖面也是最广泛的；三是时效性较强，报纸中最重要的是日报，遇到突发新闻，随时可以出号外；四是制作简便，成本低廉；五是影响力大。由于受众数量庞大，又能及时传播信息及观点，报纸拥有了强大的社会影响力。与广播、电视等电子媒介相比，报纸作为最早的大众新闻媒介，相当长时间内在新闻传播领域中"一统天下"。20世纪初，广播、电视等电子媒介相继问世，新闻传播领域形成报纸、广播、电视"三分天下"的格局。与广播、电视等电子媒介相比，报纸的优势和劣势都很明显。优势：一是选择性强，报纸的传播方式与广播、电视的最大区别就在于报纸是非线性传播；二是保存性强，报纸信息可以较为长久地保留，这也使读者的反复阅读和相互传阅成为可能；三是长于深度表达，与广播、电视报道稍纵即逝的画面和声音相比，报纸可以全面解释事件的前因后果，深化报道内涵。劣势：

一是时效性差，报纸出版过程复杂，程序繁多，其时效性难以与可对事件现场进行同步直播的广播、电视相比；二是读者范围有局限性，报纸对其受众文化程度的要求比较高；三是感染力相对较弱，报纸是一种诉诸理性的媒介，需要读者有较强的理解能力。

报业的发展现状。尤其近些年，世界报业的发展进入了转型时期。虽然总体来看，报业经济的规模在增长，但出现增长减缓的趋势。改革开放以来，我国报业迅速壮大，在改革中逐步走向市场，到 20 世纪 90 年代初，报业逐步摆脱了对财政补贴的依靠，走向产业化、集约化、规模化。面对互联网的冲击，我国报纸抓住机遇，充分利用互联网传播优势，实现了报纸的网络化发展。许多报纸在互联网上建立报纸网站，以报纸网络版方式实现报纸新闻信息的网络化传播。一些强势媒体进而建立大型网络传播平台，实现由"网络版""电子版"向"网"的转变。

其次，广播的传播特点和发展进程分析。广播是伴随着工业发展和科技进步而产生的大众传播媒介，兴起于 20 世纪，经历了由简陋到完善、从落后到先进的发展过程。广播的传播是将声音符号以节目形式、按照时间顺序传播的，是利用电子技术、通过无线电波或导线传送声音节目的大众传播媒介。

对于广播的传播特点，可以从广播的传播优势和劣势来分析。广播的传播优势包括：一是信息传播的直接感受性，广播是通过电子手段真实再现声音来传达信息的，具有图书、报刊等其他印刷媒介不可比拟的直接感受性；二是信息传播的快捷性，广播的发射与接收的同步性、"滚动式"传播方式、经常采用的插播和直播形式，使广播具有快捷、及时的优势；三是传播对象的广泛性，广播具有射程远、覆盖面广、传播的易受性等优势，使其有更广泛的受众。广播的传播劣势包括：一是受众无法选择信息内容，听众只能按照传播者排定的顺序被动地接收信息，无法自主选择自己感兴趣的内容；二是受众无法选择信息接收的时间，只能在特定的时间去收听，无法自主地决定在何时收听；三是受众无法自主调控传播进程，使得部分不易理解的内容成为无效传播；四是受众难以保存、剪辑和再传播广播信息。

广播的发展现状及趋势。从世界上首次语言广播起，广播的发展已走过了 100 多年的历程。现在，"世界上每 3 个人就拥有 1 台收音机，所有的国家和地区都开通了广播"。目前世界上主要有三种模式的广播经营体制：国家经营型、公共机构经营型、私有经营型。进入21世纪后，随着信息时代的到来，尤其数字技术和卫星传播技术的推广，使广播的传播方式发生了重大变革，广播的发展面临着新的机遇和挑战，呈现出如下趋势：一是广播技术的数字化。20世纪90年代出现的数字音频广播是广播技术史上又一座里程碑，其音质的保真度高、抗干扰能力强、所占频带窄、能够提供数据传送等优点，使其成为广播发展的必然方向；二是传播内容的分化，随着听众的进一步细分，开办针对特定人群、特定区域的广播节目成为大势所趋；三是广播经营的集团化，世界各国的广播事业都通过跨媒体、跨行业的兼并活动，形成了一些大的综合传媒公司，媒介的集团化运营模式又为广播的跨行业合作奠定了基础。

最后，电视的传播特点和发展进程分析。电视是人类20世纪一项卓越的发明，在众多大众传播媒介中，电视的异军突起成为大众传播史上划时代的一页。作为一种电子媒介，电视指的是以声音和图像为传播符号、利用电子技术、通过无线电波或导线传送节目的大众传播媒介。

对于电视的传播特点，可以从优势和劣势两方面分析。电视的传播优势有以下几点：从传播符码上看，电视拥有各种视听符号，更为直接可感；从传播内容与形式上看，电视具有显著的兼容性和综合性，电视综合运用图像、声音和文字这三种符号来表情达意，可兼容大多数信息传播形式，具有强大的传真力和广泛的覆盖面；就传播的时效性而言，电视可以对正在发生的事件通过直播实现即时播出，并传送到世界每个有接收条件的地点；从传授关系上看，电视观众易于同屏幕上的传播活动形成特殊互动关系，可以对社会公众产生强烈的冲击力，有利于传播效果的实现；从传播方式上看，按时间顺序的线性传播使电视节目必须进行顺时有序的编排，从而有利于培养观众的收视习惯。电视的传播劣势包括：一是电视传播的时序性传播方式制约着传播效果的实现；二是电视传播的直观性容易形成观众对可视影像的依赖性；三是电视传播内容的针对性不如面对面的人际传播强，传播效果也不如人际传播及时有效。

电视的发展现状和趋势。世界电视事业经过近百年的发展历程，已发展成为众多大众传播媒介中理所当然的"霸主"。世界上现行的电视经营管理体制主要有国家经营型、公共机构经营型和私有经营型三种模式。随着卫星技术、数字技术和互联网技术的发展，世界电视正在进行着一场新的革命，呈现出如下发展趋势：一是电视媒体的集团化、产业化；二是电视传播国际化，卫星直播技术、数字化和互联网技术的发展，使电视传播的国际化趋势已成事实；三是电视技术数字化和网络化，随着数字和网络技术给电视带来的机遇和挑战，电视节目制作播出的数字化和节目传输交换的网络化已经成为全球电视界的共同课题；四是电视频道专业化，观众收视习惯、目的和内容在不断地分化，电视频道按专业分工来设置，电视频道专业化成为必然趋势。

二、新媒体产生的背景

新媒体技术出现于 20 世纪中后期，以计算机的发明和网络技术的应用为科技基础和最主要的标志。1946 年，首台计算机 ENIAC 诞生，为新媒体技术的发展提供了基础。互联网在 20 世纪最后 30 年的创造和发展，是军事战略大型科学组织、科技产业以及反传统文化的创新所衍生的独特混合体。后来，数码技术允许声音、影像与资料等信息采用封包方式传输，形成一个不需要控制中心就可以在所有节点相互沟通的网络。数码语言的普及与沟通系统的纯粹网络逻辑，创造了水平式全球沟通的技术条件。1983 年，一种新的网络协议（TCP/IP，Transmission Control Protocol/Internet Protocol，即传输控制协议/网际协议）成了互联网上的标准通信协议，这是全球互联网正式诞生的标志。除了计算机的发明和网络技术的应用这两件标志性的事件之外，数字技术的诞生和发展才是新媒体出现的最基本的科技基础。数字技术是电话、计算机、电视走向融合，发展多媒体的技术基础。数字技术使信息生成与采集、信息分配、信息处理、信息存储、信息显示归并为信息内容、信息网、信息社会三大行业。数字技术使产品的成本相对其他技术而言随着产品的增多而变得更低，有利于面向需要大量产品的大众市场，因此，没有数字技术，就谈不上多媒体，更谈不上统一标准和全球化。

21 世纪是讲究人文精神和人性化生存的世纪。人们在经历了机器大工业之后，厌倦了机器带给人的各种不人性化的影响，人性化的提法被应用于生活的各个方面。这种与以往不同的标准对新媒体技术的发展提出了新的要求。在这个"以人为本"的时代，新媒体技术的目标正是为了满足人们对于信息的各种需求。从手机短信定制到个人博客网页再到数字化互动电视，新媒体所提供的服务项目比以往任何传统媒体都更进一步进行了细分。现代人渴望个性化的生存方式，强调自我，人们追求"以人为本"的精神为新媒体技术的发展奠定了人文基础。

三、新媒体的发展

计算机的发明、互联网的出现和 HTTP 协议的提出是新媒体兴起的首发阵容，除了上述三者之外，一些数字技术的出现将数字技术从实验室带入了我们平常的生活，这其中最主要的成就是卫星电视、宽带网和手机无线服务平台。

卫星电视技术试播成功，卫星电视技术将卫星的军事目的用途扩展到为人们的日常生活服务的层面。这项技术在日本和欧洲得到了广泛应用。卫星技术被广泛应用于广播电视领域，这与广播电视的天性要求是分不开的。广播电视的天性要求全球化，希望更多的人能收看节目是它的终极目的；宽带技术是新媒体技术兴起的重要基础。随着程控交换技术和公共信道信令系统的引入，网络能力和容量大大增强。当数字技术诞生并且被引入了电信网的时候，它们的结合迸发出了新的火花，这就是我们今天所熟悉的宽带网技术；除了传统媒体中的广播媒体系统之外，手机恐怕是在新兴媒体技术兴起过程中发展最迅速的一种新媒体平台。在随后的一些年中，手机价格的下降与技术的不断更新，手机便进入了寻常百姓家。在手机技术发展的初始阶段，手机的话音信号传输方式以模拟式为主，自从 GSM 技术兴起以来，数字式传输方式的手机替代了模拟式信号传输方式的手机，数字技术的优越性不仅使得手机制造的成本大幅度下降，而且使其通话效果明显优于模拟式手机。卫星电视、宽带网和手机无线服务平台三项数字技术的兴起为数字技术日后的多元化发展提供了可能。

本书中的新媒体采用广义和开放性的指称，包括了新兴媒体和新型媒体。新媒体的发展均呈现出两个特征。一是原生的新媒体形态不断涌现。从电子信箱、个人主页、手机短信到博客、播客、论坛社区等基于新的信息网络技术的原生媒体形态层出不穷。二是基于新的信息网络技术对传统媒体的创新或融合而产生的新媒体形态，如网络电台、网络电视、网络报纸、手机报等，丰富了媒体形式，拓展了传统媒体的生存空间。鉴于当前网络融合、媒介融合的发展态势，从广义的网络层面来说，新媒体也可以称之为"网络媒体"，其发展态势可以概括为社会网络化和网络社会化两方面。

社会网络化指互联网等高科技呈持续高速发展态势，整个社会网络化程度迅速提高。近几年来，中国的网络技术、网络基础设施、网络资源、网络用户等呈持续高速发展之态势。随着网络接入和用户终端产品价格不断下降，用户的上网门槛不断降低，互联网将日趋大众化。我国网络社会化指互联网等高科技的社会应用性不断加强，融合性日益增加，网络的社会化水平不断提升。随着网络技术不断升级，功能日益多元化。一方面，与社会生活联系紧密的应用不断发展，如网络媒体、网络通信、电子政务、网络金融等；另一方面，网络应用的专业性大大加强，专业信息服务与行业应用已成为互联网应用发展的重要趋势。电子邮件、网络银行、即时通信等快速发展，网络社会化水平不断提高。从技术层面看，三网融合已经进入实质性阶段，这必将加速新媒体的融合化与社会化发展进程。

社会网络化和网络社会化的发展态势，使得新媒体不仅对传媒领域产生重大影响，而且催生了以信息技术为支撑、以新媒体为媒介的新媒体文化，改变了传统的信息生产和存在方式，深刻影响着社会、政府及公民的组织和行为方式。

第二节 当前新媒体的主要类型

新媒体的基本类型包括网络媒体、手机媒体、数字电视媒体三种。网络媒体是建立在互联网上的各种媒体形式的总称，包括门户网站、搜索引擎、网络社区、微博、网络视频等；手机媒体是以手机为接收终端的媒体形式的总称，包括微信、新闻客户端等；数字电视媒体是以数字电视技术为基础的新媒体形式的总称，包括数字电视、IPTV、户外媒体等。

一、网络媒体

网络媒体依托的是网络技术，呈现方式是互联网。互联网创始于1969年，从一种狭小的、小范围的、局部群体内的媒介开始，如今已发展成为一种广义的、宽泛的、公开的、对绝大多数人有效的媒介，1998年5月，联合国新闻委员会把互联网正式列为"第四媒体"。1995年，网络媒体开始步入中国的传播领域，发展至今已经深刻影响了中国的社会，影响了中国人的生活，成为最主要的新媒体。网络媒体类型丰富，满足了网民的不同需求，下面介绍几种比较常见，比较受大学生欢迎的类型。

（一）门户网站

所谓"门户网站"是指通向某类综合性互联网信息资源并提供有关信息服务的应用系统。搜索引擎、新闻网站、社交软件、网络购物、邮箱、游戏等都是各个门户网站提供的互联网服务。不同的门户网站提供的服务是不一样的，但是，综合性无疑是当前门户网站发展的大趋势，例如，我国典型的门户网网易，既提供邮箱服务也提供新闻阅读等服务。门户网站向网民提供了海量的信息，也极大地方便了人们的生活，使人们步入互联时代。在大学生群体中，门户网站的使用是非常广泛的，无论是生活还是学习，大家都会用到门户网站。

（二）网络社区与博客

网络社区是"碎片化"时代人们在虚拟环境构建的一个虚拟社交社区，博客则是网络社区中人们表达观点的应用元素，是Web2.0最早的应用之一。在网络社区或者博客上，人们通过文字、图片、视频等形式展示自己的思想，并与他人共享。除了个人的博客，官方博客也如雨后春笋般诞生，真正实现了人内传播、人际传播与大众传播的结合。

（三）微博

微博是一个基于用户关系的信息分享、传播以及获取平台，用户可以通过手机、IM、Web等方式向微博发布信息，这就简化了发布信息的方式，摆脱了必须依靠互联网的限制。此外，微博的传播是一种裂变传播，传播速度是几何级的，加强了信息的交流性，用户通过关注与被关注还可以建立庞大的传播网络。微博在大学生中是非常受欢迎的，其简捷与高效吸引了越来越多的大学生，同时官方微博也成了大学生获取消息的重要途径之一。

二、手机媒体

手机媒体是移动通信技术与互联网技术快速融合的产物，是继互联网后出现的"第五媒体"，手机媒体的发展有目共睹，甚至出现了"手机控"现象。短信的发送，并且可以简捷地实现群发。手机媒体也诞生了很多新功能，许多网络媒体的形式也都有了手机客户端，通过智能手机的苹果系统、安卓系统下载APP即可实现畅游网络。手机媒体与网络媒体相比较更加便捷、参与性更高、使用者更广泛。手机媒体在大学生群体中的使用率是非常高的，几乎每个大学生都有一部手机，因此如何挖掘手机媒体的德育功能是值得思考的问题。

手机媒体的成员很多，微信就是其重要成员之一。微信是腾讯公司于2011年初推出的一款快速发送文字和照片、支持多人语音对讲的手机聊天软件。微信软件因为灵活、方便、智能、节省资费等优点备受欢迎，截至目前，用户已突破12亿。除了聊天，微信朋友圈也实现了分享信息功能，在其他网站看到的信息可以分享链接到朋友圈，这就大大增强了微信传播力度。

手机是移动媒体的最常见的设备，其他的移动设备，如iPad等有着类似的功能，也有独特的功能。

三、数字电视媒体

数字电视媒体是指电视信号的处理、传输、发射和接收过程中使用数字信号的电视系统或电视设备。数字电视媒体主要包括数字电视、IPTV和户外媒体三种类型。数字电视不仅让观众接收到了更好的电视信号，而且实现了观众的自由点播。IPTV即互联网协议电视，它以电视机、计算机、平板等设备为接收终端，利用互联网，向用户提供视频、音频、文本等信息，其最大的优势在于互动性，改变了传统电视用户的被动性，用户可以自由点播，自由暂停，而且信息的数量有了质的改变，更好地满足了观众的需求。户外媒体是安放在公共场合的新媒体，常见的有移动电视、户外显示屏等。移动电视通常出现在公共汽车、地铁等公共交通工具上；户外显示屏安放的地点很广泛，其显示的主要内容是广告。

新媒体基于网络、数字、移动通信等技术，不仅是集文字、图片、音频、视频于一体的"多媒体"，也是包含所有媒介载体形式的"全媒体"。

第三节 新媒体传播的特征

与传统媒体相比较，新媒体主要有以下特征。

一、去中心化的交互性与即时性

新媒体开启了"用户中心论"和"自媒体"的时代。Web2.0是新媒体的基础技术，是参与互动的基础。Web2.0反映的是一种互联网的变化，它不是一个具体的事物，而是一个阶段，是促成关于这个阶段的各种技术与服务的总称。"微内容"是它的一个重要关键词，微内容可以是一则 blog、一条评论、一幅图片、一段视频等，对这些微内容的创建、存储、传递、维护与管理是 Web2.0 的关键。Web2.0 是媒体从个性化到个人化的发端，也即媒体重心从组织转向个人以及个人媒体的发端。有人认为："Web2.0 模型，就是 Web2.0 ＝技术＋公开真实的个人表达＋共同建设，技术是基础，公开真实的个人表达反映了 Web2.0 的社会意义，共同建设反映了它的文化意义。Web2.0 将改造我们整个社会的需求系统。"Web2.0 的实质是媒体使用者参与传播。Web1.0 的主要特点在于用户通过浏览器获取信息，是以"媒介中心论""媒介发布论"为基础的互联网应用方式。Web2.0 和 Web1.0 最显著的区别在于，Web1.0 采用传统的传播方式，以网站对用户为主；而 Web2.0 是以 P2P（即对等网络）为主。随着 Web2.0 时代的到来，传播流向也由原来的单向变成了新媒体时代的双向、多向。

传统媒体传播模式是点对面、一对多的，传者与受者之间、受者彼此之间的交互性较差，新媒体使点对点、一对一的传播成为可能，传者与受者、受者彼此之间形成广泛的、去中心化的、自由的交互关系。在虚拟社区中的人际交往具有虚拟性、自由性和不确定性，突破了现实社会行为所具有的以自我为中心的互动特征，形成去中心化的互动，网络中底层和边缘的人与处于其他位置的人一样拥有同等的机会。交互性还体现在整个信息形成过程中，信息不是依赖某一方发出的，而是在多方交流的过程中形成的，而且交互是匿名的、陌生人之间的、非面对面的，在表达观点和情感方面更有灵活性和自由度。

传统媒体具有出版和播出周期，网络等新媒体是即时传播。报纸使用纸质媒介传递信息，传递速度受制于交通手段和发行环节，新闻更新按天计算。网络传播的载体是光纤通信线路，传递速度为每秒 30 万千米，瞬间可达世界任何地方，新闻更新是按秒计算的，移动通信设施可以让编读随时随地面对面地交流。传统媒体需要制作周期，有截稿时间的限制，而网络新闻则不受此限，新闻稿件可以随到随发，24 小时不间断发稿，受众可以在第一时间知道所发生的一切。

二、高度的自主性和参与性

在传统媒体传播模式中，传播者作为"把关人"处于控制地位，受众很少有主动选择的余地。后信息时代，Web2.0条件下的新媒体正在形成一种新的信息传播格局，从"传者中心"到"受者中心"，其传播方式修改了"传播"的内涵，颠覆了"把关人"和"受者"的概念，媒体使用者——信息消费者同时也是信息生产者，每个人都可以成为一个媒体。"Web2.0以个人展示为中心、以个人网页为节点，用户的个性化和价值观都不会被轻易左右。"在以MySpace和YouTube为代表的Web2.0时代，以往Web1.0那种填鸭式的信息轰炸已经逐步走向过去时。Web1.0是一点向多点的传播，Web2.0却可能实现一个星形结构，每个人都可以成为一个媒体。Web2.0以个人为中心，每个人既是传播者，同时又是受众，这是一个革命性的变化。这正是Web2.0最大的价值所在，即要创造一个社会性的网络，也就是说，"人"这个维度必须引入信息的生产、获取、组织与呈现中。在新媒体时代，人人有话语权、人人是传者和受者的今天，新媒体的"受众"变为"你和我"，他们不再被动，他们是新媒体的使用者，也是创造者。新媒体的传播特点决定了新媒体使用者获取信息的方式是主动的、个人的，受众的主导性、自主性得到了空前的增强，广大民众通过新媒体，以制作草根新闻、参与论坛讨论等方式参与到社会公共事务中，促进了社会的发展。

三、全球化的共享性和相对封闭的社群化

互联网使人类"地球村"的梦想变成了现实。人们可以通过网络等新媒体获得世界各地的信息而不受时间和地域的限制，网络传媒使受众具有"全球化"的特征，世界上任何地方的任何事、任何国家的任何用户的观点，只要上了网就可以瞬间传遍全球，只要这一信息有足够的吸引力，就可以引起全世界的关注，全世界的人可以共享网上的信息。网络上的人们大多是"群居"的，各种社区、自由论坛、俱乐部充斥在虚拟空间的各个角落。"群"是指基于新媒体技术的基础上产生的，方便兴趣相同的用户同时发布、交换和获取信息的新媒体应用。"群"产生的根本原因在于用户对特定信息和特定话题的交流与共享需求，用户既是"群"的创建者，也是维护和使用者，"群"内的信息仅限于"群"内的共享，吸引着一些有共同诉求的用户，表现出封闭性、高度聚合性和跨越时间性的特征。

四、个性化与受众的分殊化

传统媒体是大众化覆盖，网络媒体可以做到个性化服务。总体来说，传统媒体是一种大众传播，即使做分众市场的传统媒体，在这个分众市场中也是在进行大众化的传播。真正实现个性化服务的是网络传播。在网络传播中，受众可以利用各种检索工具在各种数据库中各取所需，还可以自由选择信息接收的时间、地点以及媒介的表现形式，传者可根据用户的需求为他进行信息的专门化服务。网民和受众不再需要按线性的播出流程被动地接收由编辑安排好的节目内容，可以根据自己的爱好和需求检索、选择和传播节目。博客、播客的出现是个性化的最好体现，只要有一台上网的计算机，博客就可以用任何形式写法律和政策许可的任何内容和信息，数字化传媒改变了以往受众收听、收看广播电视必须同步的特点，实现了异步性，受众可以在任意选定的时间内收听、收看有兴趣的内容。

信息时代中，大众传媒的覆盖面一方面变得越来越大；另一方面又变得越来越小。后信息时代的特征则是"善用比特的个人化时代"，"在后信息时代中，大众传播的受众往往只是单独一人。所有商品都可以订购，信息变得极端个人化。人们普遍认为，个人化是窄播的延伸，其受众从大众到较小和更小的群体，后终于只针对个人。"这个人是独一无二的，他融入信息面之后，是决不允许自己的独特性被削减的：参与而不是被群体化，融入而不是被融化，互联而不是被等同化。

五、回归并造就新的人际传播模式

新媒体的 P2P 模式是以媒体机构为"媒介"的"新人际传播"。有人将 P2P 解释为"Peer to Peer 对等模式"，peer 在英语里有（地位、能力等）同等者、同事、伙伴等意义；有人解释为"Point to Point 点对点模式"；有人解释为"Person to Person 人对人模式"，这里的 to 是双向的、交互的。P2P 就是人可以直接连接到其他用户的计算机交换文件，而不是像过去那样连接到服务器去浏览与下载。简单而准确地理解 P2P 就是"用户与用户交互"的"去中心化的网状结构"。由于双向传播，反馈性、交互性强，新媒体强大的交互支持将人与人之间的交互还原到更优于面对面的传统人际传播的亲和度。新媒体时代的人际传播是借助互联技术实现的人与人之间的传播，这种传播模式是双向的、借助媒体的，利用计算机、手机、移动多媒体播放器都可以完成同步与非同步的新人际传播，其对传统人际传播的发展与突破表现为：发出的信息可以永久储存并反向查询，双向性更强，反馈更及时，互动频率更高，是所有传播参与者的融合与交互，针对性更强，信息密集度更高，是对传统人际传播的优势的放大和限制突破。

新媒体的传播模式有以下四个显著特点：一是任何一个模块之间都是双向互联的，甚至是万向互联的，因为每一个媒体都拥有无数的使用者；二是使用者与使用者之间是可以直接构建跨越媒体后台的直接交互关系——也就是P2P的人际传播关系；三是媒体与传播者的身份趋同，在新媒体时代，人人皆媒体，可以发布共享信息，传播呈现为互为信源、互为信宿的交互传播形态；四是新媒体传播是所有传播参与者的融合与交互，新媒体传播或者说新人际传播的内在的逻辑非常简单，就是利用网络化的技术中介来联通独立存在的社会个体，并帮助这些个体完成其在社会中的定位。

六、信息内容的海量繁杂和多元化

互联网将全世界的计算机连接起来，形成了一个巨大无比的数据库，网上的信息无所不包，互联网的信息量可以做到无限量。就传统媒体而言，报纸苦于版面有限，广播、电视限于时段固定，不得不对许多材料忍痛割爱。数字化媒体改变了以往媒体信息受控严格的局面，使信息的传播流通更为自由；改变了以往媒体地域性传播的特点，使传播的范围扩大至全球。任何人在任何地点、任何时间都可以与其他任何人进行任何形态信息的交流沟通；新媒体的内容空间宽广无际，新媒体空间上的开放性导致了新媒体传播地域上的全球覆盖。时间与空间的开放性导致了信息的海量储存，新媒体可以横向容纳世界各地的信息，超越主权国家传统国界的信息交流日益便利、迅捷，国际流通的信息量日益增多，内容日益繁杂，受众面日益扩大，国内多重复杂的信息互动如火如荼。新媒体的高度开放性，使得新媒体空间的信息呈现价值观多元的现状，不同文化的交流碰撞频繁，由于没有直接和实质的利害冲突，因而可以容纳多元的价值观共存。当然，由于新媒体管理规范、监管不到位等方面的原因，新媒体环境中存在着一些垃圾信息、黄色信息，西方也利用新媒体宣扬他们的文化，进行价值观渗透。这些污染了新媒体环境，也对人们的思想和价值观念带来冲击和挑战。

七、多媒体与超文本

报纸通过纸质媒介利用文字和图片传递新闻，广播以声音发送信息，电视借助声画播放节目。而新媒体具有多媒体化的特征，多媒体化指向公众提供的，集声音、文字、图像、数据等多种通信媒介为一体的，具有集成性、同步性与交互性的通信方式。新媒体兼容了文字、图表、声音、动画、影像等多种传播手段保存信息、表现信息、发送信息。新媒体传播的多媒体特点最大限度地实现了各种传播形式的"兼容并包"，丰富了新闻传播的手段。对于用户来说，他们有了众多的自由选择，信息最终以何种形式出现，是文字、图片、声音或图像，完全由用户根据内容和喜好以及接受条件自己决定。

与传统报纸媒体的传统文本形式不同，新媒体是多媒体展示，是以节点为单位的超文本呈现。报纸对信息的处理是以线性形式进行组织的传统文本，新媒体是建构在超文本、超链接之上的全新传播模式，是以节点为单位组织各种信息的。一个节点是一个信息块，信息在组织上采取网状结构，节点间通过关系链加以链接，构成表达特定内容的信息网络。

第四节　新媒体的功能

一、传播大众文化，展现真实虚拟的文化

在现代社会，大众文化本身就是与传媒结伴而生的，大众文化一旦离开了传媒，也就难以为继。传媒是除了学校与家庭之外人们价值判断与社会认知的重要来源，大众文化需要借助传媒才能成为受众认知的社会文化。新媒体的发展历程告诉我们，网络和手机最初的作用都是为了数据传输和信息通信的方便，随着其功能的增强，服务内容的不断扩充，尤其被用作文化娱乐的载体，其影响和效益成倍增长。随着文化娱乐内容的不断开发，新媒体的文化传播和文化娱乐功能在日益增大，特别是网络和手机的开放性传播平台，彻底地将精英文化转向大众文化，文化的创造力和技术的创造力空前高涨。新媒体平台的平等性，极大地活跃了文化市场，培育了一批实验文化的创造者和开拓者。新媒体的诞生意味着传统的文化结构和秩序被打破，长期以来文化产品和文化人都披着神圣的光环，普通人很难步入文化殿堂。因为传统媒体市场有严格的规则，在等级森严、标准化的权威秩序下，许多

普通人的作品只能被有着严格把关或程序化题材、格式规范的传统媒体挡在门外，进入不了传播渠道，文化市场只是少部分人的专业市场。新媒体的出现打破了这种"等级"和"秩序"的羁绊，普通人可以在网上创作、学习、赏析和评论，新媒体在网络平台上为普通人提供了在文化天地里实现和提升自我价值的可能性和现实性，冲破了原来文化圈子秩序的等级，打破了权威的评说，实现了全球化的文化艺术作品的传播。新媒体传播平台的兴起和建立，进一步活跃了文化消费的市场，活跃了文化产品的创作氛围，涌现了一大批实验文化的新品及其实验者和开拓者，使文化生活更加普及、活跃和丰富多彩。

新媒体的互动性使文化消费大众化。新媒体的互动传播使新媒体的内容更加趋于平民化和通俗化，传者和受者之间的交流也趋于平等，因为平等地说自己的故事，谈论自己的观点和感受，创作自己的作品，不断地推动着新媒体的内容和形式的创新。新媒体的隐蔽性、开放性和包容性，使充满个性和活力的网络文学和手机文学迅猛发展，成为文学新的增长点，引起出版界的极大关注。新媒体的数字化、多媒体化、宽带化，使网络电视剧和手机短剧快速发展。最重要的是，使受众收看方式的转变，人们可以不受时间和地点的限制任意点播，更符合年轻人的收视习惯。播出的内容题材和剧目的长短也更加灵活，情节和节奏更加紧凑和集中，更符合年轻人的审美情趣。新媒体的互动性使网络游戏和手机游戏成为家庭互动娱乐发展最快的文化产品。随着适合各种年龄阶层和文化层次的各种游戏的开发，网游的人数还会持续增长。网络文化的形式多样，原创门槛低，再加上下载便利等因素，加速了内容的传播。一种整合网络媒体、电视媒体和移动媒体技术、资源的融合性媒体的出现，将进一步带动经济和文化的发展，反之，利用网络、手机等载体拓展的新媒体文化产品，会进一步推动新媒体技术的发展。

新媒体展现了真实虚拟的文化。文化由沟通过程组成，因此在现实与象征再现之间并没有什么区别。在所有的社会里，人类都生存于象征环境之中，并通过象征环境来行动。所以，目前以一切沟通形式（从印刷到多媒体）以电子整合为核心的新沟通系统，其历史特殊性并非是诱发出虚拟实境，反而是建构了真实虚拟。那么，相对于早期的历史经验，产生真实虚拟的沟通系统是什么？在这个系统里，现实本身（也即人们的物质与象征存在）完全陷入且浸淫于虚拟意象的情境之中，那是个假装的世界，在其中表象不仅出现于屏幕中以便沟通经验，表象本身也成为经验。所有种类的信息全都包藏于媒介之中，因为媒介变得十分全面、多样、富于延展性，使得媒介在同一个多媒体文本里吸纳了所有人类过去、现在和未来的经验。从社会的角度来看，以电子为基础的沟通（印刷、视听或计算机中介）才是沟通。然而这并非表示所有文化表现都是均质的，或许少数的发送者完全支配了符码。正是因为新沟通系统的多样性、多重模式以及易变特性，才能够涵盖与整合一切表现形式，以及各式各样的利益、价值与想象，包括社会冲突的展现。将大部分的文化表现纳入以数字化电子生产、分配与交换符号为基础的整合沟通系统里，对社会形式与过程会产生重大后果。一方面，新沟通系统削弱了传统上外在于该系统的发送者的象征权力，如宗教、道德、权威、传统价值以及意识形态；另一方面，新沟通系统改变了人类生活的空间与时间，产生了流动的空间和永恒的时间。

二、引起人们交往方式和社会组织方式的变革

新媒体技术构建的虚拟社会，不仅创造了新的社会活动和精神活动的空间，延伸了现实社会生活领域，而且改变了传统社会生活的基础、结构与组织方式，创造出新的人际交往方式和社会生活方式。

新媒体以信息网络技术为基础，引发了时空延伸性，构筑了一个流动的空间和无限的时间，构建了虚拟的日常生活世界，成为现代人重要的社会生活与活动场域，传统的单一的物理生存空间演变为现实与虚拟的双重生活世界，改变了传统社会精神生活的单一空间与固有模式，网络时空又是人的精神交往和精神交流的"现实时空"，是"虚拟的实在"。新媒体改变了人们的交往方式。以 Web2.0 信息网络技术为基础的新媒体，冲破了地域阻隔，形成了跨越时空的网络交往，扩大和丰富了工业文明带来的以业缘为轴心的社会关系，形成了以社会公共关系为轴心的活动型的社会关系。网络社区中人们的交往突破了我国传统的血缘与族缘的制约，是一种陌生人群中的交往。这种交往方式是传统社会生活中最薄弱的，因此新媒体为现代人提供了陌生人之间的互动空间，网络化的新媒体的出现使社会交往模式发生了重大变革，使社会交往模式由"人—人"为主变成了"人—媒介—人"为主，既有传统社会中的"点对点"的交往，也有了"点对面"的交往，新媒体正

在解构我们所熟知的传统的日常生活世界。

从历史上几次大的社会组织方式的变革看，农业社会是一种家长式的社会组织形式，工业社会虽然存在着等级制，但已开始渗透民主、平等和公正思想。随着新媒体技术的发展，新媒体传播具有强烈的现代性意义，它的出现推动了现实的社会结构与组织形式的深刻变革。新媒体所蕴含的信息网络技术是现代生产力的集中体现，它改变了传统社会资源的分布格局，推动了现实中的财富、权力的重新分配与组合，推进了社会结构、组织方式和人伦秩序的变革。中国传统社会是在宗法血缘关系基础上形成的等级差序明显的社会结构。网络技术的兴起使财富和权力、地位流向代表现代科技发展方向的群体和个人，而不像过去那样依靠世袭。社会资源分配方式的变革，打破了传统社会等级差序结构和封闭的组织方式。

三、建构公共领域，推进社会民主

公民社会与市民社会有相同的指向。黑格尔把公民社会设定为与政治国家相区分的自我规定性存在，是相对于家庭和国家尤其国家的一种形式。马克思承接了黑格尔对国家与公民社会的区分，确证公民社会区别于政治国家，但他把黑格尔在国家与市民社会关系上弄颠倒的关系重新改正了过来。公民社会是以经济活动为核心的私人领域与文化活动为核心的公共领域的统一。在西方社会观念中，公民社会基本被定义为非政治性的不受国家任意干预的社会公共生活领域。中国的公民社会指社会成员按照契约性原则，以自愿为前提和自治为基础进行经济活动、社会活动的私域，以及进行议政参政活动的非官方公域。

古希腊城邦及其以政治生活为本质内容的公共生活、中世纪欧洲封建社会君王制的代表型公共领域都不是真正意义上的公共领域。真正的公共领域是随着近代商业活动的发展才得以独立存在的。重商主义政策促进了商业经济的发展和市民社会的形成，同时也积极维护政府的权威和统治，政府当局和广大民众之间形成了公共管理与私人自律的紧张关系。市民阶级围绕公共权力的商业政策而展开对公共权力本身的检讨，报纸、杂志、咖啡馆、沙龙以及宴会等文化讨论的机构承载起了批判的空间，阅读群体由市民阶级组成，他们利用出版物同官方展开辩论，引起当局和民众的注意，形成了由阅读群体组成的新的公共领域。

在传媒领域，广告和公共关系的侵入使文化批判的公众丧失了理性和批判能力，变成了文化消费的公众。传统媒体的"点到面"传播，让"公众"成为"大众"；传统媒体的"把关人"规则，否定了"自由交流"初衷；传统媒体的商业化浪潮，吞噬了"理性批判"原则。与传统媒体不同，新媒体独特的优势在一定程度上实现了对公共领域的重构。新媒体"点对点""多对多"的新传播形式使每个人有听和说的机会，而且新媒体是一个开放、平等和互动的空间，可以进行自由的交流和理性的批判。人们在一定程度上不依赖于他人而独立存在，更重要的是，要有一种对公共事务保持热切关注的态度，特别是要有独立思考和批判的能力。新媒体把传统媒体的受众转变为公众，在新媒体中，接收者和传播者的地位是可以互换的。从前所说的"大众"媒介正演变为个人化的双向交流，信息不再被推给消费者；相反，人们（或他们的计算机）将所需要的信息"拉出来"，并参与到创造信息的活动中。

传媒从来就具有意识形态的性质，传媒的生态环境又直接反映着社会的环境。新媒体的出现使信息传播渠道更加多元，公众接受信息更加畅通，加速了社会平权意识的建立，加强了各级政府部门对于信息公开制度建立的重视。信息平权既是实现政治文明和社会文明的重要内容，也是实现人民民主、自由权利的一个重要方面。新媒体技术的发展使政府通过网络等新媒体实现公共信息最大限度的公开和透明，让市民接触更多的政府政务信息。政府信息的公开既是政府"以民为本"的重要职责，也是各级政府网站的主要工作任务之一。新媒体技术的应用，尤其电子政务、政府网站的开通，加快了政府信息公开透明以及舆论监督的民主进程，成为信息平民理论的基础性的技术保障。

网络的沟通是传者和受者之间相互的沟通，新媒体的发展为信息交换平台的建设创造了有利条件，扩展了信息交换的时间和空间，延伸了人们接受和了解更多信息的机会，创造了广泛的交换信息、互动交流、多向咨询的条件，架起了信源传播者和信息接收者之间的平等沟通的桥梁。最近几年的全国和各省市的"两会"报道都是通过网络进行传播的：宣传方一方面运用互联网、手机短信和彩信等新媒体及时发布"两会"的信息；另一方面通过网络中设置的"网友评论"等舆论平台及时回收网民和群众对"两会"的意见。进一步调动增强了其人民群众参政议政的积极性，保障了其应当享有的权利，社会责任感。网络还突破了传统媒体信息滞后和疏漏的弱点、单向传播的模式、无法及时回复受众质询的屏障，使媒体舆论监督更加全面充分。新媒体的应用与发展，为加速新时代中国特色社会主义民主化进程，推动我国社会主义民主的建设，产生了积极的推动作用。

四、影响社会舆论

舆论是社会公众共同的强烈持久的意见、态度与信念的汇总，以人们共同关注的问题为存在前提。从一定程度上讲，舆论所代表的就是民意，代表着一种强烈的社会倾向、愿望和要求。舆论既可以是自发形成的，也可以是在外力的引导下形成的，传媒就是引导舆论的重要外力。

新媒体在信息传播和舆论形成中，改变了传统的传播格局，成为能够迅速形成舆论的信息交流平台。现代社会中，大众传媒使得舆论的形成、发展变得平常，而且更有目的性。新媒体的开放性和互动性使每个用户都有机会成为舆论主体。新媒体的隐匿性和迅捷传送等特点，不仅加快了舆论的形成和发展过程，更使得舆论的产生过程处于超控制之中。新媒体对舆论的影响主要表现在以下几方面。

（一）促生舆论机会

新媒体使每个用户都有机会成为舆论主体，形成舆论的多元化格局。每个人都有发表言论的需求，但在现实生活中，新闻传媒表达的仅是一部分舆论，在时效性和多元化上不能与网上舆论相比。新媒体给每位网民都提供了发表意见的机会，新媒体的交互性使得网民可以在网上自由交谈，使即时交流意见成为可能。新媒体使网民可以通过建立自己的或有关的网站，成为舆论的组织者。

（二）加速舆论形成

新媒体可以成为加快舆论形成的有力工具。舆论一般是自下而上自发形成的，但自发性的舆论发展缓慢，很难产生大规模的影响。舆论主体为了使舆论迅速形成并造成较大社会影响，往往采用各种手段加速舆论的形成，这就是制造舆论的过程。制造舆论是指把人们潜意识中的意见（潜舆论）诱发出来，变成社会显意识的公开意见（显舆论），把分散的意见集合为社会整体意见。新媒体遍布世界各个角落，只要网撒到哪里，信息就传播到哪里，这无疑有利于扩散个人意见，造成舆论。

（三）超越舆论控制

舆论越是繁荣，舆论控制的意义就越大。新的信息传播方式、传播的及时性以及传播工具的普及对舆论控制提出了挑战。传统的传播方式利用信息处理过程中的时间差，通过"把关人"的作用，对信息进行有目的的取舍和删改，从而实施控制。但是对于新媒体来说，由于用户数量庞大，信息传播迅速，对舆论生成以及传播的控制较难把握，这就使得舆论控制变得复杂而难以操作。

作为舆论新阵地的新媒体，将随着它在中国的普及而发挥举足轻重的作用，它对舆论方方面面的影响必将改变我们今后的舆论状况，也对如何正确引导舆论提出了新的课题。

第二章　高校德育教育概述

第一节　高校德育本质论

高校德育本质从整体上决定着高校德育与其他事物的根本区别，深入研究高校德育本质既可以满足当前我国高校德育实践的现实需要，也是德育理论建设的必然之路。把握高校德育的发展趋势，完成其发展目标，就需要我们深入地研究高校德育的本质问题。这既离不开对学术界已有理论成果的分析，也离不开对中外高校德育本质思想的历史观照，还要从多学科的角度对高校德育的本质问题进行深入探讨，进而揭示高校德育的本质，并以马克思主义相关理论为依据。在新的历史条件下，确立的高校德育本质是一个崭新的复合体，它保持适应与超越的一致，是关于关系本质、发展本质和实践本质的有机统一体。因此，它能够保持教育者与受教育者之间主体的平衡，促进社会与个体进步、和谐。

一、高校德育本质概述

高校德育本质是反映高校德育各要素之间内在联系的根本属性，整体上，决定着高校德育与其他事物的根本区别。当前，我国高校的德育实践亟须深入探讨高校德育本质，这也是我国德育理论建设的基本需求。从 1978 年改革开放以来，对高校德育本质的研究产生了不少有价值的理论成果，是进一步研究全面的高校德育本质的重要基础。

（一）高校德育本质的内涵

对于德育的含义，我国学术界一般有两种看法，广义上，即所谓"大德育"，是相对于智、体、美、劳育而言的，主要内容包括道德、思想和政治方面的教育。广义上，法制教育从属于政治教育，而性教育、心理教育、青春期教育等只是部分从属于德育。广义的德育内容：包括政治教育（即政治方向和态度的教育）、思想教育（即世界观和方法论的教育）和道德教育（即人的行为准则与道德规范的教育）。狭义上，德育仅指道德教育，包括道德认识、道德情感、道德意志、道德行为等方面的教育。世界上多数国家的德育均指的是狭义的道德教育。从外延上看，德育又包括了学校德育、家庭德育、社区德育、社会德育（包括工厂、农村、军队、事业单位等）。

高校德育，作为学校德育的一部分，指的是在高等学府中，重点以大学生为教育对象的德育。高校德育的主要内容包括学校对学生的政治、品德、思想、心理素质等各个方面的教育。长期以来，高等教育的德育，也通称为思想政治教育。作为哲学范畴的本质是事物的内部联系和根本性质，是事物成为它自身的根本规定性或占统治地位的质，是事物存在和发展的内在根据。根据就是决定事物的存在、发展的内部原因，是事物内部固有的根本矛盾所决定，是事物运动的根源，以客观必然的形式起作用。本质是存在的真理，是自己过去的或内在的存在。本质规定事物"是什么"，是一事物区别于其他事物的根本属性。本质在于现象之中，具有一定的层次结构。本质范畴具有如下特征：第一，任何事物内部都存在着多种质，也就是多种属性，但反映事物根本规定性或占统治地位的质，才可称之为本质；第二，本质不是任何外在力量所强加的，它是事物自身拥有的，它不依赖于任何的外部关系而存在；第三，较之于现象，事物的本质是事物存在的基础和关键性特征，因而也是最为重要的方面；第四，事物的本质是可以被认识的，表述或反映事物的本质是科学研究的目标之一。

高校德育是一个包含诸多要素的系统，它包含主体与客体、目标与原则、内容与方法，还有环境、评价、管理，等等。所以，高校德育还具有多种属性，即质。因此，这些质中最关键的就是高校德育的本质，它能够反映高校德育各要素之间内在的根本联系，整体上，它决定着高校德育与其他事物的根本区别。所以，厘清高校德育所包含的基本要素之间的关系，是正确认识高校德育本质的关键。

（二）高校德育本质的研究意义

相对于其他德育工作来说，高校德育工作有自己的特殊性。高校德育要继承和发扬中华民族优秀的德育思想和党的思想政治工作的优良传统，学习和借鉴国外有益的经验和成果；要适应新的历史条件，不断改革内容和方法，不断创新经验。因此，深入探讨高校德育本质既是当前我国高校德育实践的现实需要，也是德育理论建设的必然要求。

高校德育在社会层面上有历史性也有阶级性，还蕴含着很深的民族性。历史上，我国的高校德育，受中华民族传统文化和中华人民共和国成立初期我国的特殊国情影响，高校德育的价值定位只注重社会本位、集体本位，公民对于高校德育价值的理解多局限于德育的社会价值方面。高校德育的主要目的是满足社会发展需要，它以集体主义为最终价值取向，强调社会而忽视个人。尤其高校德育目标取向带有浓厚的政治功利性，轻小德、重大德，主要依据政治觉悟和政治行为表现来裁定道德品质和行为。简单来讲，道德目标成了政治目标，而政治目标又被道德化，政治思想成为道德的核心内容。政治的标准被扩大和放宽为个人德行的要求。改革开放以来，"社会主义新人""社会好公民"等高校德育目标的提法，也一直是从社会的需求出发，对于个人发展的需要则很少考虑。在高校德育的方法上，常常单纯采用内容灌输的方法，学生接受的情况则很少在教育者的考虑之内，理论与现实的强烈反差容易造成学生的逆反心理。在实际的德育过程中，往往缺乏实践中介，致使高校德育的可接受性、可操作性都难如人意，被一些学者批判为"目中无人"。在高校德育的目标设置上，则千篇一律地用统一的模板去要求全体学生，目标体系缺乏层次，只注重塑造人的共性，忽视受教育者的个性差异，使高校德育成为一种刻板地铸造符合现实社会各种规范要求的"标准件"的模具。这些高校德育实践中的现实问题，都迫切要求深入研究高校德育的本质，并围绕高校德育的本质，对高校德育的目标、内容、方法和手段进行变革。只有顺应我国社会目前全面转型的需要，使高校德育不仅为经济建设服务，还要为社会的全面进步和促进人的全面发展而服务。

同时，探讨高校德育的本质也是德育理论建设与借鉴的需要。从德育发展史上看，德育实践要比学校的出现还早。德育实践的领域、发展的历程、影响的程度都远远超过了德育理论研究所取得的成果。在高校出现以后，德育实践开始受到传统德育实践方法的影响，其中包括理性化德育、政治化德育、宗教化德育、世俗化德育、灌输型德育、科学化德育等方面。与此形成强烈反差的是，高校德育实践的要求要远远早于专门的高校德育理论的发展。因此，要深入发展高校德育实践，就需要进一步深化高校德育理论的研究，而高校德育理论研究的发展则需要我们对高校德育本质进行准确把握。另一方面，随着信息时代的到来，国际社会中全球性问题急剧增多，教育国际化趋势也日渐明晰。特别是近年来，工具理性大行其道，知识价值取向居于主导地位，道德领域的问题日益突出。教育可以用来灌输政府的意识形态，提供标准的道德观，从而最大限度地减少由于迅速变化所引起的实际存在和问题，所以，各国教育理论界纷纷加强对德育的研究，世界德育理论的发展也呈现出既异彩纷呈又良莠不齐的局面。主体主义、道德相对主义、非道德主义等，各种理论令人目不暇接。与此同时，国际德育界又研究出了多种德育的方法，例如，价值推理法、价值分析法还有教育咨询法，等等。在如此多的理论和方法中，怎样充分借鉴和学习国外德育研究的成果和经验，需要我们认清高校德育的发展态势，对高校德育本质进行深化研究。

（三）高校德育本质研究述评

改革开放以来，顺应我国德育理论与实践发展的要求，学术界的相关学者对高校德育本质问题进行了广泛的研究，产生了不少有价值的理论成果。根据对公开发表的高校德育本质相关方面的文章、学位论文和专著的分析，我国的高校德育本质问题的研究主要从以下几个视角进行。

1. 从系统论的角度出发对高校德育本质进行动态的和历史的考察

如刘国永认为，德育是在环境系统、遗传系统、文化—社会和脑四个系统之间相互作用、相互干预的过程中实现自身价值和完成自我的使命。指出德育本质是发展的，这个发展过程是一个适应过程，也是一个自我超越的过程，这是与德行规则和规则系统的发展演化相一致的，从而得出"德育的适应本质和超越本质是统一的"[①]结论。

2. 从德育的概念，即德育是什么的角度探讨高校德育的本质

如王啸认为，德育就是道德教育，所以"道德的超越性必然确定了道德教育的超越性本质"[②]。申明认为："德育的具体内涵是：第一，德育是一种社会活动。因为，德育是在一定的社会生活环境和社会关系中进行的，受到社会各方面的影响。第二，德育目标是人的养成，即养成'做人'的道德品质，而不应该是将人变成某种'物性'工具。第三，德育内容是与养成

① 刘国永. 德性涌现与道德教育 [D]. 南京师范大学博士学位论文, 2002.
② 王啸. 德育本质刍议 [J]. 上海教育科研, 1998: （24—25）.

人的道德品质有关的教育内容，而不是用政治思想、法制观念、心理素质等方面内容来替代或混淆，尽管它们包含一定的'道德'成分。第四，德育过程注重养成，即通过内化与外化相结合的方式来形成人的道德品质。"① 所以，高校德育的本质"是养成人道德品质的社会活动"。

3. 从德育的内容即德育在做什么的角度探讨高校德育的本质

如胡厚福认为："从内容来说，德育是思想教育、政治教育、法纪教育、道德教育的总称；德育即品德教育，包括思想、政治、法纪、道德等品质的教育。德育的实质是育德，是培养人的品德。""我们应该从德育与体育、智育、美育的区别中更好地把握德育的本质。"②

4. 从德育的过程角度探讨高校德育的本质

如赵丽丽认为，"在德育过程的各个环节又体现着德育的本质""德育的本质是对社会道德规范与受教育者道德素质之间关系的建构"③。龚孝华认为："'回到实事本身'是现象学的名言，由此出发，我们认为现象学对德育本质的理解应为：参与德育活动中的人与人之间的生活方式。"④ 杨继全和陈素梅认为："从实践层面运用的视角来看，德育的本质就是沟通。"⑤

5. 从德育的目标，即德育为什么的角度探讨高校德育的本质

如仇春霖认为："只有从根本上解决辩证思维能力，人们才能把认识上升到理性阶段，能动地去妥善解决现实社会中的政治观点、思想意识、道德行为等方面的各种具体问题，特别是一些深层次的思想政治观点方面的问题，才能树立科学的世界观、人生观、政治观、道德观，才能正确地认识世界、改造世界。我们把德育的本质理解为一种'理性教育'，主要是从这个意义上说的。这也是德育与其他诸育本质上的不同之处。"⑥ 叶国英认为："由道德和现代教育的共同本质规定了德育的本质特征：教育者和受教育者之间、大学教育和社会经济实践之间就如何将道德理想转化为有力的实践行动展开的对话和不断阐释的过程。或者更简单地讲，高校德育必然是一个让学生通过道德价值和道德准则的形成和演变过程而获得道德实践能力的过

---

① 申明. 德育：养成人道德品质的社会活动——德育本质的探讨［J］. 湖湘论坛，2006（73）.
② 胡厚福. 关于德育本质几个问题的初步探讨［J］. 北京师范大学学报（社会科学），1991：（6）.
③ 赵丽丽. 德育过程论：德育本质的新探索［J］. 洛阳师范学院学报，2009（3）.
④ 龚孝华. 现象学视野中的德育本质［J］. 现代大学教育，2004：（64—65）.
⑤ 杨继全，陈素梅. 新课程背景下德育本质探析［J］. 科技资讯，2006：（101）.
⑥ 仇春霖. 理性的呼唤——兼论德育的本质［J］. 北方工业大学学报，1992：（7）.

程。"① 冯文全认为："关于德育的本质，似可以作如下的定义表述：德育是教育者将一定社会所推崇的品德规范与要求转化为受教育者个体的品德的一种教育。"② 刘先义也认为："道德生活的本质是主体在道德领域的价值生活。道德教育的本质是社会价值体系对个体道德价值体系的定向整合与提升，是个体道德发展中历时性价值建构与共时性价值整合的有机统一。"③ 唐桂丽认为："随着时代的发展，人们对德育的规范本质进行了反思，发现德育的最终目的还是为了人的发展，发展人是当代德育的本质。"④

还有学者从方法论角度提出："我们探讨德育的本质，必须首先把握德育内部的特殊矛盾，才能正确认识德育的本质，掌握德育的规律。"⑤

总的来看，对高校德育本质的研究还不深入，参与者以理论工作者居多，一线教师较少，研究方法也以思辨为主，对高校德育本质的把握往往从某一领域、某一侧面出发，既不全面，也不确切。但这些研究都从特定的方面揭示了高校德育的本质，是进一步研究全面的高校德育本质的重要基础。

二、多学科视野中的高校德育本质思想

长期以来，我国理论界对高校德育本质的认识一直是以教育学为基础的，不少学者把教育的本质与高校德育本质等同起来，这样看待高校德育本质问题既不确切，也不全面。从语义学、哲学、文化学的多学科视角对高校德育本质进行严谨的分析，将有利于全面而深刻地揭示高校德育的本质。

（一）语义学视野中的高校德育本质

高校德育本质寓于德育的本质之中，而要厘清德育的本质首先就要对德育本身含义进行追根溯源。人们行"德"的依据是"道"。"道"从"首"从行，本意表示人人行走、四通八达的道路，后引申为事物运动变化的规律或者是最高原则。在《道德经》中，老子认为"道"一方面是自然界存在的客观规律；另一方面也决定了人类社会"德"的内容，即所谓"孔德之容，惟道是从"⑥。老子还认为，"天之道，损有余而补不足。人之道，则不然，损不足以奉有余"。"孰能有余以奉天下？唯有道者。"⑦ 老子的道德观深

① 叶国英. 德育的本质特征和德育有效性的提高 [J]. 南京审计学院学报，2005：（85）.
② 冯文全. 多学科视角下对德育本质的反思 [J]. 教育研究，2005：（15）.
③ 刘先义. 主体价值体系建构与整合：一种新的德育本质观 [J]. 思想理论教育，2006：（34）.
④ 唐桂丽. 从德育本质的人性化转向看情感在德育中的重要性[J]. 湖北社会科学，2008：（190）.
⑤ 李道仁. 德育本质问题的探讨 [J]. 华中师院学报，1982：（105）.
⑥ 老子. 道德经 [M]. 安徽人民出版社，1990：（59）.
⑦ 老子. 道德经 [M]. 安徽人民出版社，1990：（210—211）.

含哲学意蕴，至今仍有其独特价值。"道"与"德"合用始于春秋战国时期，如荀子说，"道德纯备，智惠甚明""故学至乎礼而止矣，夫是之谓道德之极"。荀子不仅将"道"和"德"连用，而且赋予了它明确的意义，即指人们在各种关系中表现出的道德境界和道德品质，以及调节这些关系的原则和规范。

可见，德的依据和内容是道，即事物运动变化的规律，当人们认识了"道"的内涵，并将之转化为内在的思想感情，然后外化为个人行为，并施于人，便称为德。所以，德即所谓善心善行，包含了"己人""内外""心身"各个方面。"德"指的就是人的内在思想、感情及其外在行为表现出来的善心善行的统一。

"育"本意为妇女生育子女，但后来又产生出了它的引申意义。育的本义是养子使作善，是果行育德，其宗旨则是使人弃恶从善，涵养品性，具有善心善行，其含义接近于我们今天所说的"德育"。

"德育"一词在我国普遍而明确地使用是在 20 世纪初，当时陶行知留美归来，有感于中国教育的落后，写下了著名的《中国教育改造》一书，书中写道："近世所倡的自动主义有三部分：一智育注重自学，二体育注重自强，三德育注重自治。"[①] 自此"德育"一词才在中国逐渐流传开来。

"本质"一词在词典中的含义很多，在平常的生活当中我们通常认为本质是指事物的根本性质、主流、主要方面或基本方面，本质是事物存在和发展的内在根据。由此高校德育应该是教育者将一定社会所推崇的品德规范与要求，即"道"，作为内容和依据，对大学生进行"涵养品性"，使之转化为大学生的品德的内在思想感情，并能以外在行为表现出来的过程，达到其内在认识、情感与外在的行为的统一，其本质就是实现大学生的自我发展。

（二）哲学视野中的高校德育本质

在哲学本体论上，在整个世界中，人是本体和主体，是价值的本源和前提，"以人为本"就是在处理自然、社会与人的关系时，人高于自然和社会，人是目的和标准，一切为了人的生存、发展和完善，人应当独立、自由和具有完全的人格，并且走向自由和完美。在进行思想政治教育过程中高校必须坚持"以人为本"的方针，这是从哲学本体论视角对高校德育本质的再认识。"以人为本"既是一种价值观念，更是一种方法论，这个方法论贯彻到高校

---

① 陶行知.中国教育改造［M］.安徽人民出版社，1981：（19）.

德育实践中就表现为"人本德育"，即以人的存在和全面发展为高校德育的理论基础，以人的全面发展为评估高校德育的价值依据。高校德育的最终目标就是引导大学生自我教育、自我管理、自我服务，发展人的个性和潜能，塑造具有现代特性、均衡发展的完整人格。

中国传统的"以民为本"思想也强调尊重人的价值、关心人的命运，是"以人为本"思想的一种最初形态。但是，中国传统的"以民为本"思想中的"民"是指与"官"相对的"臣民"，通常走向它的反面——限制人的特性的发展，导致人性的残缺，使具有"臣民"特性的人"在场"，而使具有"属人"特性的人"空场"。在人格向度上，中国传统的"以民为本"思想鼓励和发展协调性精神品质。传统"民本"思维的这些欠缺反映到高校德育领域，就体现为德育中德育"工具理性化"和"人的缺位"，具体表现：一是教育主体越位和学生主体缺位，德育内容不考虑学生人格成长的需要，德育方法运动式、简单化、命令式，习惯于包办代替的教育方式；二是德育目标的偏离，无法理解完全的人格及一切属人的特性，往往偏离人的全面发展的方向；三是忽略塑造完全人格和发展人的一切"属人"特性的功能，将德育只看作维持秩序的手段，致使学生的独立性、创造力不足，情趣枯燥、心理有障碍，主体性残缺、进取性衰弱，人格发展不完整。

陈秉公在其《以人为本的德育本体论解读》中提出："'人本德育'是全面贯彻'以人为本'思想的高校德育，它强调德育应该以学生作为本体，强调应该树立以学生发展为终极目的的理念，关心爱护学生、发挥学生的主体性、开发学生的潜能、为学生的生活、学习、成长、发展、就业和走向美好的未来服务。'人本德育'要求高校德育以塑造学生的完全人格为根本目的，即以'四有'新人为标准，通过持续的法律人格、政治人格、道德人格、智能人格、心理人格、审美人格等人格塑造。"[1] 以此培养学生的思想道德力量、智慧力量、意志力量和反省力量，以及进取性、创造性、协调性和超越性等现代化特征，使其能够取得事业的成功、人生的幸福并承担起民族复兴的大任。"人本德育"要求实行"双主体"和"人性化"的德育模式，在教育过程中，不仅坚持教育者的主体地位，也强调学生的主体特征，通过教育者与学生双向互动，实现高校德育的目标。这种方式的德育教育则更加重

---

① 陈秉公. 以人为本的德育本体论解读 [J]. 教育研究，2005：（18）.

视情感因素的作用，强调学生需要有自身的尊严和人格，要求教师要善于激发每个学生的主体能动性，让学生变成主动的学习者。要实现这一目标就要把这种"人本"思想体现在对学生的日常生活和学习的帮助、关心、尊重和激励上，让老师成为学生的朋友，准确地掌握学生的思想动态，充分挖掘学生的内在潜能，发挥学生的特长，积极引导学生按照社会需要的方向全面、自由、健康地成长。这一"彼此共振"的过程，需要主体双方相互理解、共享知识、彼此信任，做到差异性与丰富性、独特性与完整性的统一，这样既保持了自己的独创性与个性，又实现了各自人生经验的增长、精神世界的拓展以及生命价值与意义的升华。未来对人才的需求是多样化的，应让学生根据自己的特点发展，成为社会需要的人才。坚持"以人为本"的德育本质，最根本的目的就在于尊重和唤醒人性，使其最大程度地调动人的积极因素，培养适应社会需求的创造性人才。

（三）文化学视野中的高校德育本质

从一定意义上说，文化是人的精神体系、活动及其外显。而道德，无论从其决策、判断、行为以及其实践方式和需求来说，都无法脱离人的精神控制。因此，可以说道德是人的精神能力的体现，属于文化范畴。所以，可以把高校德育认识为：高校中老师与学生之间通过双方主体间的互动而形成的思想、道德、政治、法治意识生成和建构的文化事实。

文化是积淀着的人类历史之笔，历史是文化展开的书卷。文化是在一代一代传递中积累、发展起来的，具有历史的遗传性和延续性，它的历史个性及原始价值精神一旦内化成为不同部落、种族或民族及区域人们的社会心理，就像生物基因一样具有遗传性。高校的德育工作存在并延续于历史文化范畴之中，只有在丰厚的历史文化脉络中进行解读，才能把握它的真实本质。在当下中国探讨高校德育本质也必须是在对过去的观照下进行的。由此，社会主义、集体主义的价值取向，就是高校德育本质延续我国道德文化历史的一种必然选择。

在一切文化现象中都体现出某种为人所承认的价值，价值不仅仅是文化的必要构件，更是文化形成和表现的根基。文化是由人创造的，文化的价值性是由人的智力、意识、意志等精神品质所赋予的。人可以在现有文化的基础之上，通过自身主动的精神活动进行价值选择和建造，从而在原有的文化体系中不断增加新质的方式来推动文化的发展，这一过程就是文化发展的创造性贡献，具体是通过人的主体性作用而实现的。教育作为一种生命的表达，一种主体的呼唤，一种意义的阐释，一种历史的回声，一种价值的建构，一种理想的追寻，也是一种价值的生成与建构活动。针对大学生政治思想道德领域所提出的包括什么是规范、什么是禁忌、什么是追求、什么是信仰的教育体系，高校德育展现了一定的伦理要求，必然内含着明确的价值立场与价值取向。高校德育就是在已被认可的思想道德价值及标准的指引下，帮助大学生形成与建构起与之相符的价值意识过程，是教师与学生作为共同主体下的价值建构活动。思想道德价值归根结底是出于人、为了人的，它的价值实现应以人的精神境界的提升为归宿，所以高校德育应发挥教师和学生各自的主体人格角色的作用，对应然的政治思想道德规范做出主动的、积极的应答，凸显出高校德育本质的文化品质。

人在通过文化创造活动达到了自身的愉悦和解放的同时，也需要承受作为并非自我本身力量的文化而带给人的矛盾、苦痛和桎梏，以上就是文化的悖谬。高校德育作为一种文化现象，也必然存在文化的这种悖谬。高校德育通过有意识地内容选择和方式设计，旨在影响、提升大学生的思想道德水平，但实际上，德育对大学生的作用并不能完全达到它的初衷。这主要是因为，大学生在精心过滤和筛选的政治思想道德价值观面前，很难拥有选择的自由，这些反映社会主流价值要求的思想政治方向、立场、规范是不容侵犯甚至不容置疑的。高校德育主要不在于对大学中的道德实存及师生的道德心理作描述，而更多的是通过语言文字、规章制度乃至仪式对学生做出明确的思想道德"指示"。诚然，这种外在的力量在德育教育过程中的作用能够使学生快速地学习到各种美德"知识"，却因剥夺了学生选择的权利而成为一种束缚，使学生产生被迫的感觉而陷入心理上的困境，这在注重多元化和个人感受的后现代潮流中显得更为突出。因而，注重道德实践，增加学生价值选择的机会，无疑是当代高校德育本质对这种文化悖谬的回应。

第二节 高校德育功能论

德育功能是德育理论研究所必不可少的内容之一。对于德育功能的研究，不仅是一个重要的理论问题，更是一个需要实践检验的现实问题。对于高校德育功能的理解，会影响人们对高校德育存在的价值和意义的认识。随着我国改革开放的不断深入和社会主义现代化的飞速发展，社会对高校培养的各级各类人才的要求也越来越高，不仅在专业技能方面有严格的要求，在职业道德和社会公德方面也提出了更高的要求。因此，正确地理解高校德育功能，既有利于理解高校德育的重要性，也有利于促进学生的健康全面发展。

一、高校德育功能概述

研究高校德育功能是当今时代提出的重要课题。在改革开放的新形势下，研究高校德育功能具有重要的理论意义和实践价值。这就要求高校不仅要建立完整的知识理论体系，还要把德育放在首位，坚定政治立场，明确政治方向。在这种形势下，高校德育功能作为高校德育的一个重要组成部分，会越来越受到重视，也将会发挥越来越重要的作用。

（一）高校德育功能的科学内涵

德育功能指德育系统内部各个要素之间相互作用以及系统与环境之间相互作用所产生的结果。德育具有内部功能和外部功能，德育内部功能是德育系统内部各要素之间相互作用而形成的；德育外部功能则是德育系统与外部环境之间相互作用而形成的。德育功能与德育目的和德育效果所侧重的内容是不同的。德育目的是指"想要德育干什么"，是人们的一种主观期望；德育效果是指德育"实际干了什么"，反映德育的实际结果；而德育功能则是德育"本来能干些什么"，反映德育原本就应该发挥的作用。

受教育者对教育者的作用表现为教育者的为人师表、教育方法的适用等，教育者对受教育者的作用表现为受教育者要积极认同道德规范并严格遵守。高校德育系统与外部环境之间相互作用表现在：政治、经济、文化、社会、生态等外在环境对高校德育系统所形成的影响，以及高校德育系统对政治、经济、文化、社会、生态等外界环境所产生的作用。高校德育系统对环境的作用所形成的功能，主要有自然性功能、政治功能、经济功能和文化功能等。高校德育功能也就是德育功能在高校这个特定的环境范畴里的界定。其体系中必然存在德育功能原有的本体要素，不过这些要素在高校中会表现出新特点和新规律。

（二）高校德育功能的主要特征

高校德育功能会随着德育功能的发展而呈现出新的特征。因此，我们在研究高校德育功能主要特征之时，还要结合德育功能的新特点，来加深对高校德育功能的认识。

1.高校德育功能的特定性和发展性

高校德育功能特定性集中体现在培养为社会主义现代化服务的高层次人才，以满足社会发展的需要，这是由高校德育功能本身固有的属性所决定的。任何事物都是发展变化的，组成高校德育的内容也不是一成不变的，它会随着不同历史阶段的社会思想、道德水平的发展变化而不断变化，高校德育内容的发展必然促使高校德育功能发生变化。

2.高校德育功能的直接性与间接性

高校德育功能的直接性主要表现在对受教育者个体的影响上，其中包括对受教育者的思想水平、培养目标以及价值理念起直接作用。在这里，所谓的受教育者个体即指大学生，高校德育应着重关注大学生的个体发展，以培养大学生适应社会的能力。而高校德育功能的间接性是指高校德育的社会性功能所起的作用，其间接性主要通过社会性功能间接对社会政治、经济和文化起一定作用。具体表现为高校德育通过塑造大学生个人品质、培养优秀人才去反作用于社会政治、经济、文化，促使整个社会向更好的方向发展。

3.高校德育功能的适应性与超越性

其适应性主要是指适应当今社会发展需要，既符合当今社会主义核心价值观，又适应现实社会人的需要，高校德育功能的适应性是不以人的主观意志为转移的，而是以当今社会生产力发展要求和高校德育的发展目标为依据的，但仅适应是不够的，必须在原有的基础上进行超越。高校德育功能的超越性指高校德育在为将来的社会培养有价值的人才，以通过塑造品德来适应未来的跨越发展。在历史上第一次为一个尚未存在的社会培养新人，是现代德育主导方向。

（三）高校德育功能的研究意义

德育的基本功能在于育德，社会和家庭在培养人的德行的过程中虽然起着重要的作用，但高校是德育工作的主战线，承担着德育任务。要把大学生培养成社会主义现代化建设所需要的优秀人才，就必须发挥高校德育的重要功能。而随着改革开放的深入发展，在新的形势下，研究高校德育功能更具有重要的理论意义和实践价值。

1. 有利于形成具有中国特色的德育理论体系

随着科学技术的迅猛前进和社会实践的纵深发展，把高校德育作为一门科学来研究，是当今时代发展对高校德育提出的新的、更高的要求。德育工作是其他工作的前提条件，德育工作搞不好，其他工作都会受到影响，可见，德育工作是非常重要的，而它的强大生命力在于随着实践的深入而不断发展。我们说高校德育是一门科学，是说它有独立的研究领域和研究对象，它有科学的理论基础和理论依据，它有自身固有的规律和科学体系，我们有必要把它作为一门独立的科学来研究，逐步建立起它的科学体系。一门新科学理论体系的形成不是一蹴而就的，需要多方面的艰苦探索和共同努力。因此，我们研究高校德育功能问题，正是为了更好地形成具有中国特色的德育理论体系而做出的新的尝试。

2. 有利于为社会培养大批"新型"人才

德育是传承人类文明、弘扬社会道德的重要渠道。"十八大"首次提出的社会主义核心价值观，需要通过宣传教育、积极倡导等形式来弘扬，可以说，教育是为了适应社会发展而被认可的一种重要的文化形式。高校德育是教育过程中的一个重要组成部分，高校德育的重要功能就是为满足社会发展的需要，以大学生为教育对象，以大学生应具备的思想理论、道德品质为标准，通过确定课程设置、课程内容以及教学安排和教学方法的选择，将一定的政治思想、社会道德传递给大学生一代，以促使大学生思想政治素质的全面提高，使大学生成为当今社会发展所需要的建设者和接班人，为社会培养大批"新型"人才。

3. 有利于促进大学生的全面发展

所谓人的全面发展，就是按照人应有的本质，以一种全面的方式，也就是说，作为一个完整的人，占有自己的全面的本质。全面发展的内涵随着不同历史时期的发展变化而有所不同，在整个社会历史发展进程中，受社会生产力水平和社会环境的限制，人们的思想往往呈现出片面发展状态。因此，研究高校德育功能有利于引导大学生坚持全面发展观，并为大学生的全面发展提供强大的精神动力和智力支持。一般来说，在社会生活中，一个人的知识阅历越丰富，能力水平越强，对社会的贡献也就越大。就每个人而言，他的智力所带来的社会价值不仅取决于专业知识和技能，更重要的是取决于政治素质和职业道德水平的高低。一个知识不全的人可以用道德去弥补，而一个道德不全的人却难以用知识去弥补。在市场经济的大背景下，有少数大学生还存在着片面的发展观，存在以物质代替精神，或只重物质而忽视精神的现象；存在以科技代替道德，或只重个人成果而忽视社会和谐的现象。通过高校德育功能的发挥，有利于引导大学生树立科学的发展观，实现个人和社会的全面发展。

总之，高校德育功能就在于人的社会化、人格化，形成一个人的特质，这便是高校德育之功能所在。人需要德，才能改进自我、发展自我；社会需要德，社会生活才能够正常进行。高校德育对大学生个人乃至整个社会都具有重要的作用。大学生是祖国的未来，是民族的希望，是国家的栋梁之材，要想把大学生培养成对未来社会有价值的人才，就必须高度重视高校德育工作，充分发挥高校德育功能的重要作用。

（四）高校德育功能研究述评

对于德育功能的研究起始于 20 世纪 70 年代末，对德育功能的研究一直以来是德育领域的前沿问题，国内诸多专家学者针对这一问题提出了自己的观点。具有代表性的德育功能观概括起来看，其基本观点是：随着社会历史条件的变迁，在一个充满变革的时期，人们对德育功能的认识有所变化，对于德育的社会性功能的研究，除原本强调的政治功能外，还具有经济功能、文化功能和自然性功能；对于德育的个体性功能的研究，从研究的现状来看，可以发现过去更多注重对个体品德发展功能的研究。

进入 21 世纪后，对于德育功能问题的研究仍在继续，而关于高校德育功能的讨论也随之深入。总的来看，目前我国高校德育功能的研究主要从以下几个视角进行。

1. 从传统与现代德育功能的对比角度来研究高校德育功能的内涵

陈明龙在《传统德育功能观的"终结"和新德育功能观的萌芽》中对传统德育功能和现代德育功能进行了深入的探讨。[①] 刘恩允指出德育功能应该具有的作用和意义，并深入分析了传统德育功能观存在的四大问题，即整

①　陈明龙. 传统德育功能观的"终结"和新德育功能观的萌芽 [J]. 教育探索，2006：（95—96）．

体功能的夸大化、社会性功能强调功利导向、个体性功能突出工具理性和教育性功能注重智育化。① 程建平在《现代德育功能论》中先阐释了现代德育功能的内涵，解释了德育内部功能、外部功能，区别了德育目的（想要德育干什么）、德育效果（德育实际干了什么）和德育功能（德育本来能干什么），分析了德育功能的特点，又阐释了德育功能的系统结构，最后提出了现代德育功能的拓展。② 综上所述，众多理论研究形成了现代意义上的高校德育功能观，对高校德育功能的内涵也有所界定，但其内涵会随着时代的变迁发生相应的变化。

2.从系统论角度出发，即德育具有哪些功能的角度来研究高校德育功能的系统结构

檀传宝在《德育功能简论》中提出："德育功能主要包括社会性功能、个体性功能和教育性功能三类。德育的个体性功能、教育性功能的理解和实现应当成为理解高校德育的重要课题。"③ 胡解旺和肖国宁在《论德育的个体价值功能》中提出："从宏观上看，德育的功能有社会功能、政治功能、文化功能和经济功能等诸多方面；从微观上看，德育的个体价值功能最为突出，主要表现为发展功能、规范功能和愉悦功能三个方面。"④ 刘丹娜在《浅谈高校德育的功能》中谈道："高校德育具有导向功能、保证功能和育人功能。"⑤ 综合以上研究，学界基本达成了共识，即把高校德育功能划分出社会性功能、个体性功能和教育性功能，在社会性功能中区分出政治功能、经济功能、文化功能和自然性功能等；在个体性功能方面，普遍强调个体品德发展功能；在教育性功能上普遍认同教育的育人功能，所有这些功能都将随着社会的变化而发展，其结构也将发生相应的变化。

3.用发展的观点看问题，即从德育未来发展状况的角度来研究高校德育功能的拓展

郑永廷对高校德育功能的研究较为深入，他认为："高校德育功能正由单一功能向多样功能发展、由再生功能向超越功能发展。"⑥ 谢廷平在《德

---

①　刘恩允.德育功能观的反思与高校德育目标建构［J］.江苏高教，2002（30—33）.
②　程建平.现代德育功能论［J］.求实，2004：（84—87）.
③　檀传宝.德育功能简论［J］.中国教育学刊，1999：（8—12）.
④　胡解旺，肖国宁.论德育的个体价值功能［J］.嘉应学院学报（哲学社会科学），2008：（35）.
⑤　刘丹娜.浅谈高校德育的功能［J］.中国科技信息，2008：（272—273）.
⑥　郑永廷.论高校德育的功能发展［J］.中国教育报，2000：（4）.

育新功能论》中指出："随着信息化时代的到来，德育的社会性功能、个体性功能和教育性功能都有所拓展。基于自然界、社会和人的背景上思考德育的新功能，有助于更好地开展德育实践活动，增强德育的有效性。"① 余敬阳在《市场经济与德育功能的拓展》中提出："德育具有社会性功能、个体性功能和教育性功能。在市场经济条件下，德育的领域不断扩宽，德育功能全面拓展，重新界定德育功能观已成为时代发展的必然要求。扩展表现在德育功能层面扩展、德育功能方式扩展和德育功能力度扩展。"② 由此可见，高校德育功能必然会随着德育功能的拓展而不断地拓宽，并表现出适应社会发展的新的特点和规律。

4. 从社会学角度出发，即德育功能与现时代的关系角度来研究现实社会中的高校德育功能

朱家安在《和谐社会与德育功能》中提出："和谐社会是一个系统概念，它包括了人与人、与社会、与自然三个方面相互关系系统。德育的个体性功能、社会性功能、生态性功能对构建和谐社会来说是不可或缺的。充分发挥德育的个体性功能，构建人与人之间的和谐关系；发挥德育的社会性功能，构建人与社会的和谐关系；发挥德育的生态性功能，重建人与自然的和谐关系。"③ 陈燕在《可持续发展下对德育功能的再认识》中指出："从可持续发展条件下对道德的思考着手，探讨德育与个性培养、与自然发展、与生态发展的关系，阐述在可持续发展条件下，对德育功能的再认识，提出德育具有政治功能、经济功能和生态功能。"④ 杨红梅在《论现代媒介环境下高校德育的功能》中提出："在现代媒介环境下，高校德育的导向功能、中介功能和创设环境的功能显得日益突出。"⑤

总的来说，对高校德育功能的研究已有一定发展，取得一些成果，但这些研究主要集中在理论层面的研究上，在实践中研究措施并不多，而且对高校德育功能未做出全面的论述，未能归纳和建构一套完整的高校德育功能体系。另外，对高校德育功能的研究大多数集中在高校校园文化的德育功能

---

① 谢廷平. 德育新功能论 [J]. 韶关学院学报（社会科学版），2002：（110—113）.
② 余敬阳. 市场经济与德育功能的拓展 [J]. 河南师范大学学报（哲学社会科学版），2005：（191）.
③ 朱家安. 和谐社会与德育功能 [J]. 教育研究与实验，2006：（24—27）.
④ 陈燕. 可持续发展下对德育功能的再认识 [J]. 南宁师范高等专科学校学报，1999：（65—66）.
⑤ 杨红梅. 论现代媒介环境下高校德育的功能 [J]. 孝感学院学报，2004：（93—96）.

上。因此，对高校德育功能的研究，无论从广度和深度上都有进一步探讨的余地。

二、高校德育功能系统结构

结构是指系统整体与其各要素之间的关系以及相互联系和相互作用的方式。德育结构，是指德育自身所包含的各种因素及其相互关系，从系统论的观点来看，高校德育作为一个相对独立的系统，它不断地与外界环境和自身内部的各种要素发生着信息的交流，实现着自身的功能。本书主要从系统结构的角度来研究，认为高校德育功能主要由宏观社会环境的社会性功能、中观学校环境的教育性功能和微观个体思想道德方面的个体性功能三部分构成，这三部分之间相互促进、相互影响，共同作用于高校德育功能。

（一）高校德育的社会性功能

德育社会性功能指德育对社会发展所起的作用，即德育系统与外部环境之间相互作用所产生的结果。高校德育社会性功能则是高校德育系统内部与外界环境之间相互作用而形成的，主要体现为外界环境中的政治、经济、文化和生态直接影响高校德育，其中当今经济制度、经济发展水平对高校德育起到了决定性的作用；政治思想对高校德育起到了指引方向的作用；社会文化对高校德育起到了潜移默化的渗透作用；生态环境对高校德育起到了熏陶作用，以上这些社会性功能就构成了一个宏观的德育功能系统。

1.高校德育的经济功能

德育经济功能是指德育通过教育、引导受教育者的思想水平、道德素质来促进经济发展。生产力水平决定社会经济发展水平，人是生产力中必不可少的关键因素，因此，德育通过引导人的关键因素为经济发展做贡献。总体来看，德育通过教育引导受教育者形成一定经济道德和价值理念，来指导经济政策的制定和对重大经济问题的决策，为经济发展营造良好的大环境，进而影响整个社会的发展和人们的价值选择。

高校德育的经济功能是通过增强受教育者的思想道德修养、创新精神，以确保当今技术水平朝向正确的轨道前行；引导受教育者在今后的生活和发展中，不能只片面地追求经济增长，而忽视环境保护，培养大学生用可持续发展的眼光看待经济效益，处理好眼前利益与长远利益、局部利益与整体利益的关系，进而全面提升大学生的物质生活和精神生活。

2. 高校德育的政治功能

德育政治功能就是德育通过引导受教育者特定的政治素质和意识形态来促进政治发展。德育政治功能主要在于促进社会公平正义，维护世界和平、团结、合作。但德育的政治功能随着历史的变迁而不断变化发展，社会的经济、政治、文化和生态直接影响德育政治功能的发展。在不同的历史时期，它服务的对象是不断变化的，在阶级社会中，为阶级斗争服务；在当今社会，它为当前国家的政治制度服务。高校德育的政治功能是培养受教育者坚定政治方向、发展政治意识、引导政治行动，通过政治引导把大学生培养成为坚持社会主义道路，坚持社会主义法律标准，自觉用社会主义核心价值观要求自己，具备较好的道德品质的社会主义事业的接班人。

3. 高校德育的文化功能

德育的文化功能指德育促使文化各要素发生协同作用，维持原来的文化和内部结构，保持文化具有相对稳定的功能。

高校德育的文化功能则通过创设各种不同文化情境对受教育者进行熏陶，在共同价值规范中培育受教育者适应社会的能力，解决文化冲突的能力；提高文化创造的能力，进而对各种文化思潮进行整合，对文化主体进行改造，增强受教育者创新意识和创新能力，最终完善受教育者人格，促其不断发展。

德育的文化功能是德育所必须强调的根本功能，德育通过文化功能传授道德价值，传播思想理论知识，传递思想道德信息，进而增强人们相互之间的思想沟通、理解信任和情感交流，从而达到培养人的目的。高校德育文化功能主要体现在通过校园文化的传播，创建一个和谐的环境，来陶冶人们的情操，并通过校园文化、优良学风、人际关系等方式表现出来，使学生自觉不自觉地受到约束、熏陶和影响，逐步提升和完善自己，在潜移默化中将社会准则和道德规范内化为个人品德。其文化功能对受教育者思想品德的影响是多方面、多角度的，主要表现在以下几个方面。

其一，凝聚激励功能。高校文化强调工作目标与教学目标相一致，强调社会成员的价值观念相统一。高校文化活动的内容十分丰富，方式多种多样，为大学生自我发展及才能展示提供了一个广阔的空间；同时，高校文化还可以激励全体师生积极进取，不断奋进，充分调动大学生自我教育的积极性和创造性。在校园中，要求大学生要自觉树立正确的自我意识，这样才能主动地调节自身的各种活动，使之符合校园文化目标，更好地促进高校育人环境的形成。

其二，规范约束功能。教育必须利用环境的作用，离开环境就没有教育。高校文化对大学生具有较强的规范约束功能，它规范着大学生的思想和行为，抵制不良思想和行为，促其向好的方向转化，从而提高大学生思想道德水平。高校文化更多是借助于灵活多样的文化形式来影响人们的思想和情感的，当大学生置身于和谐、舒适的环境中学习时，无形中会受到环境的熏陶和感染，自觉地改变自己与环境不和谐的行为。

其三，健全人格功能。健全的人格是大学生品德形成的重要标志之一，对大学生进行人格的教育也是高校德育必不可少的一项重要内容。大学生在特定的文化氛围中活动，势必会形成与这一群体相适应的观念和品格。名副其实的教育在本质上就是品格教育，高校文化对大学生的作用主要表现为人格塑造功能。丰富多样、健康文明的高校文化是大学生个性得到发挥、能力得以施展的平台，在多彩的校园文化活动中，大学生可以充分发挥自己的潜能，体现自己的价值。作为高校文化建设重要组成部分的大学生社团活动和学生会活动，满足大学生发展的需要，通过参加社团和学生会的各种活动，丰富大学生业余文化生活，同时对健全大学生的人格也起到非常重要的作用。

其四，审美教育功能。审美教育功能通过特定环境及活动开展，以生动、形象的方式影响和教育大学生，帮助大学生树立崇高的审美理想、确立正确的审美观念，培育健康向上的审美能力。高校校园文化通过陶冶大学生情操，促进大学生品德发展，进而培养大学生正确的审美观点和审美能力。

4.高校德育的生态功能

德育生态功能指德育在保护生态、保护环境中的独特作用。高校德育的生态功能则是通过规范高校德育课程设置和开展德育活动，增强大学生环境保护意识，树立正确的生态保护观念，规范自己对待生态环境的行为，增强环保责任意识和使命感。高校德育生态功能具体表现在以下三方面。

其一，陶冶功能。高校的生态环境能够潜移默化地影响大学生身心发展，影响大学生心智的成熟和发展。良好的校园环境、干净整洁的生活环境以及和谐融洽的人际关系，有利于大学生个人气质和健康向上的生活态度的培养，促进大学生不断奋发进取，从而更好地迎接未来的挑战。

其二，激励功能。现如今，很多高校都非常重视校园文化环境建设，除学校必要的建筑设施外，在校园里还设置了很多人文景观，如值得纪念的雕像、曲径通幽的读书亭、清澈见底的湖水等，使大学生置身于这样美好的环境中，一方面，身心获得放松；另一方面，也能促使其奋发努力。另外，这些精心设计的人文景观还会在无形中警醒大学生摒弃不良习惯，珍惜当前美好时光，对大学生的健康成长起到润物细无声的激励作用。

其三，养成功能。高校生态环境的建设可谓独有用心，既然我们的教育目的是为社会主义现代化建设培养全面发展的人才，那么，我们就要努力促成受教育者良好心智品德的养成。高校生态环境中很多人文景观的设置已经成为一种桥梁，帮助大学生把受到的良好外在影响逐步转化为优良的内在个性品德，从而实现良好意志品格及行为习惯的养成。校园里经常会见到中外著名教育家、科学家等成功人士的雕像、挂画及名言，这些都时刻伴随着青年学子，使大学生能时刻领略伟人不朽的价值，感悟伟人的气魄，为培养大学生自强不息的精神、坚强的意志、仁爱的心理提供良好的环境。

（二）高校德育的教育性功能

德育教育性功能，是指德育结构系统内部之间的结构关系，是德育的价值教育属性，高校德育的教育性功能是把大学生塑造成具有健全人格和完整品行的人，首先从教人做人的德育理念出发，最终实现教与学、学与用相结合。概括来说，高校德育的教育性功能主要体现在以下几方面。

1.高校德育的目标导向功能

高校是为国家培养专业人才的重要场所，其中心任务是培养社会主义现代化建设所需要的优秀人才。高校德育目标在德育活动中具有重要作用，德育目标贯穿于德育活动的全过程。德育目的是引导大学生的思想和行为向积极方面发展，以达到社会预期设计的要求。首先，作为高校德育的主体——大学生，具有"心理不成熟、行为个性化、易受外界影响"的特征，必须用先进的思想和正确的意识形态对大学生进行价值理念的传授。其次，随着改革开放和社会主义现代化建设的发展，出现了各种各样的文化现象，其中不可避免地夹杂着一些"不良的、腐朽的"文化成分，而处在价值观正在形成时期的大学生对这些文化缺乏准确的判断能力，容易误入歧途，因此，我国高校德育建设要明确目标，一是要坚持社会主义的办学方向，努力为社会培养更多优秀人才。二是要坚持以社会主义核心价值观为指引，充分利用高校德育的目标导向功能，将符合社会发展的正确的价值观融入到高校德育建设之中，将在校园内形成正确的价值导向，使广大学生在高校文化的熏陶、影响下，形成符合社会发展的正确价值观。三是坚持爱国主义的高尚情操。以理想信念教育为核心，弘扬时代发展主旋律，倡导爱国主义、集体主义、社会主义价值观念，引导大学生树立远大的政治理想，树立正确的道德观、价值观。

2. 高校德育的规范约束功能

高校德育的教育性功能是高校在长期的教学实践中形成的行为规范，具有指导和约束的功能，对大学生的行为具有普遍的约束力，但高校德育的规范约束功能，不同于法律、纪律等其他社会约束手段，它通常是通过校园所制定的规章制度与行为规范等方式，警醒大学生要按照规章制度办事，自觉地将道德规范内化为行为习惯，真正提高大学生的思想意识与道德水准。

3. 高校德育的育人开发功能

高校德育的育人功能，是指通过提高大学生的思想道德素质，完善大学生的世界观、人生观和价值观，树立自己的人生目标，实现完善大学生的人格。高校德育发挥育人功能是以马克思主义关于人的全面发展理论作为其理论支撑，把立德树人作为教育的根本任务，要坚持育人为本、德育为先，努力为社会培养出德智体美全面发展的优秀人才。这不但对我国21世纪高校人才培养提出了要求，也对大学生进行思想政治教育指明了方向，在新的历史条件下，进一步树立"育人为本，德育为先"的观念，提高大学生的思想政治素质，充分发挥高校德育的育人功能。

高校德育的开发功能，指通过德育使大学生充分发挥其主观能动性，并充分调动其内在潜能。高校德育通过以理论、知识为载体，开辟、扩展课堂教学，激发大学生的积极性、主动性和创造性，积极开展形式多样的活动，充分发挥大学生的优势和特长，使大学生既能学习知识，又能提高思想道德情操。

4. 高校德育的教育与自我教育功能

高校德育的教育功能，主要体现为显性教育功能和隐性教育功能两种。显性教育功能是高校通过课堂教学和教育实习等环节，对受教育者的思想认知和行为模式进行有计划有目的地培养和锻炼。高校德育发挥其教育功能时，教育者和受教的大学生是相互促进、共同融合的状态，开展校园教育的过程，实际上就是大学生自我教育、自我提高、自我完善的过程。高校校园德育活动的开展需要大学生积极主动地参与其中，同时，也为大学生进行自我教育和自我管理提供了良好的平台和空间。人是教育的载体，又是教育的主人，在高校校园生活中，每个人都是受教育者，同时又是教育者。大学生通过社团开展内容丰富、形式多样的活动，一方面丰富了大学生的精神生活，发展了大学生的个人潜能，使大学生在这种健康向上的环境和氛围中受到潜移默化地熏陶和感染；另一方面，有利于增强大学生的成才意识，并为大学生自我教育和自我发展创造了有利条件。

（三）高校德育的个体性功能

德育个体性功能指德育对受教育者个体发展所能够产生的实际影响。高校德育的个体性功能是德育在较高发展阶段所表现出来的对受教育者思想道德素质的形成和培养，使高校德育真正成为促进人全面发展的教育。主要通过道德需要的直觉、道德情感的培养、道德行为的养成来影响个体思想道德素质，进而促进个体的成长和发展。概括来说，高校德育对个体具有生存、发展和享用三方面的功能。

1. 高校德育的个体生存功能

高校德育最根本目标是赋予大学生每个个体以科学的价值观、道德原则和行为规范，这些观念、原则、规范看起来是约束个体的异己的理念，然而正是这些异己的理念才能够促使大学生在现实生活中生存下去；同时，也因为个体具有充分的社会性，才能秉承社会赋予他的力量，最大限度地完成既定目标。在个体社会化的过程中，高校德育通过促进和培养大学生个体自我意识，使其个体自我意识与现实社会均衡发展，进而达到认知、情感和行为相统一，形成正确的道德观念，确立健康的道德标准，提升个体生存质量。

2. 高校德育的个体发展功能

高校德育个体发展功能是高校德育对个体品德结构发展所起的作用。品德结构主要包括伦理规范、道德原则和价值观，高校通过德育接受和选择社会价值并把文化上得到公认的思想、情感和行为内化为个体道德品质，当大学生个体品德建构过程中缺乏方向指引时，高校德育充分发挥导向机制，保证大学生品德沿着正确方向发展；当大学生个体品德社会化过程中与现实发生冲突时，高校德育发挥调控机制，以帮助大学生构建一个结构合理的道德知识系统，实现道德原则和道德规范协调发展。

3. 高校德育的个体享用功能

高校德育个体享用功能就是高校德育能使大学生每个个体实现其自身发展的某种需要，并通过习得知识和实践体验，获得思想上和精神上的满足。高校德育的个体享用功能使得大学生在实践锻炼中形成良好的品德，一方面，它使大学生个体与周围环境和谐发展，形成良好人际关系，适应社会发展需要；另一方面，高校德育通过知识传授和信念教育，使大学生获得良好品格和正确的价值理念，把美好世界展示在大学生面前，使他们充分享用它，逐渐培养大学生以一种审美眼光去瞰视人生，并从中获得审美的愉悦。

第三节　高校德育内容论

高校德育内容是高校完成立德树人根本任务的载体，体现着德育的目标和德育的性质，决定着德育的方向。德育内容的选择及体系的建构必须以科学发展观为指导，必须紧扣时代脉搏，依据德育目标和教育对象思想政治品德发展的一般规律，在服务德育实践的过程中拓展新内容，在丰富教育对象精神世界的历程中开启新思路，在探索社会主义核心价值观培育长效化、常态化、科学化的进程中实现常变常新。

一、高校德育内容概述

高校德育内容是高校德育体系的重要组成部分，是提高大学生思想政治素质的主要依据。因此，科学地界定高校德育内容的含义及其构成要素既是提高德育实效的重要任务之一，也是丰富与完善高校德育工作内容体系的应有之义。

（一）高校德育内容的含义

近年来，德育理论界关于德育内容含义的研究此起彼伏。专家学者主要从教育学、德育学、思想政治教育学，以及伦理学等不同学科、不同视角对其进行了比较深入的研究，根据目前掌握的资料，主要有以下几种：

学者张忠华认为："德育内容是形成和发展受教育者做人素质的政治

观点、思想观点和道德行为规范体系的总和，是实现德育目标的中介和重要依托。德育内容既是一定社会价值体系传递与创生、实现个体道德社会化的重要途径，也是个体进行道德学习、掌握道德规范、提升个体德性的重要依据。"[1]学者班华认为："德育内容是指用什么样的社会政治观、世界观以及用什么样的道德准则去培养青年一代的问题。"[2]他对德育内容的含义界定为："德育内容是德育目标的体现，是按德育目标要求，或者说为实现德育目标而用以教育学生的思想、政治、道德方面的知识、理论、思想、观点、准则、规范等。"[3]学者胡厚福则对德育内容的含义进行了这样的阐述："德育内容是用以形成人们品德的社会思想政治准则、法纪道德规范和宗教戒律的总和。在社会主义社会，德育内容是用以形成人们社会主义品德的社会主义思想政治准则和法纪道德规范的总和。"[4]学者檀传宝也对此进行了相关的论述："德育活动所要传授的具体道德价值与道德规范及其体系就是德育内容。"[5]詹万生教授认为："德育内容体系是指按照德育目标要求确立的，用于教育受教育者的一定的道德规范和政治、思想观点及其思想体系。"[6]

为使高校德育内容的研究沿着正确的轨道发展，并使德育内容体系在探索研究中不断完善，本书在国内学者研究的基础上，将高校德育内容定义为：高校德育内容就是指依据高校德育目标，用以传授与教育大学生的关于思想政治教育、道德法纪教育、素质教育等方面的理论、观点、知识、准则及培育大学生形成良好道德品质的运作体系。高校德育的核心内容是思想政治教育，它以理想信念教育为核心，以爱国主义教育为重点，以基本道德规范为基础，以大学生全面发展为目标导向，构成德育内容要素之间相互衔接、功能互补，并与德育目标紧密契合的理论知识与实践运作体系。

（二）高校德育内容的构成要素

1. 政治教育

我国高校的政治教育是体现社会主义制度并有别于其他国家高校德育的特色性、方向性内容，是以马克思主义基本理论教育、中国特色社会主义

① 张忠华. 中国德育内容体系构建的反思与探索 [J]. 教育导刊, 2006：（36）.
② 班华. 现代教育论 [M]. 人民出版社, 2001：（156）.
③ 班华. 现代德育论 [M]. 人民出版社, 2006：（129）.
④ 胡厚福. 德育学原理 [M]. 北京师范大学出版社, 2002：（216）.
⑤ 檀传宝. 学校道德教育原理 [M]. 教育科学出版社, 2003：（93）.
⑥ 唐万生. 整体构建德育体系总论 [M]. 教育科学出版社, 2001：（307）.

理论教育、爱国主义教育、基本国情教育、党的路线方针政策教育为重点的政治理论教育。马克思主义信仰教育，以毛泽东思想、邓小平理论、"三个代表"重要思想和科学发展观为主要内涵的马克思主义中国化的中国特色社会主义理论教育，是中国高校德育必须坚持的指导思想，是决定高校德育方向，体现中国高校德育特点的最核心、最关键的内容。爱国主义教育是弘扬民族精神和光荣传统、热爱伟大祖国、增强自强自尊意识、践行中华民族伟大复兴使命的教育，是热爱社会主义、坚持拥护党的路线方针政策的政治态度与政治立场的教育。政治教育对帮助和促进大学生树立马克思主义的政治信仰，形成鲜明的爱国、爱党、爱社会主义的政治立场和政治觉悟，增强社会责任感与公民意识、社会主义可靠接班人意识，确立人生成长和发展的奋斗方向具有极为重要的意义与作用。

2. 思想教育

思想教育是高校德育的主导性内容，受我国德育传统和社会主义政治文化的影响，思想教育一般和政治教育结合在一起，约定俗成地形成"思想政治教育"概念。中国古代儒家的"修身齐家治国平天下""为天地立心，为生民立命，为往圣继绝学，为万世开太平"，就蕴含着个人思想道德价值与社会政治理想的和谐统一的思想。仅就当代中国高校的思想教育而言，其中心内容是以理想信念教育为核心的世界观、人生观和价值观教育，即所谓"三观"教育。"三观"教育，就是以马克思基本理论为指导，引导和帮助大学生正确认识社会发展规律，深入理解人与人、人与自然、人与社会的关系，培育确立对社会主义事业的坚定信念，实现中华民族伟大复兴的坚定信念及马克思主义的坚定信念；增强理论思维能力，弘扬科学精神，培养人文精神，塑造理想人格。

3. 道德教育

思想道德建设是社会主义精神文明建设的核心内容，集中反映着社会主义基本制度的本质要求。中共中央印发了《公民道德建设实施纲要》（以下简称《纲要》），"以为人民服务为核心，以集体主义为原则，以爱祖国、爱人民、爱劳动、爱科学、爱社会主义为基本要求，以社会公德、职业道德、家庭美德、个人品德为着力点"，第一次从"个体"的角度提出了我国公民的基本道德规范。《纲要》用20个字精练地概括了10项基本道德规范，即"爱国守法、明礼诚信、团结友善、勤俭自强、敬业奉献"①。《纲要》的颁布对全社会大力加强公民道德建设具有重要意义。依据《纲要》精神，高校道德教育的视角在于：实施行为规范的教育，内化道德规范，形成道德观念，发展道德判断，培养道德情感，养成道德行为，提高道德素质。②

古今中外的道德教育由于受社会制度、价值观念、民族传统、历史文化背景等因素的影响而存在很大差别，但从全人类的角度看，在健全人格、意志品行、公民行为、社会责任等方面的道德教育也有其共性特征，而同时道德教育的规律也必然能体现国情、地域和民族的特点与特殊规律。在我国，道德教育有着优良和悠久的传统，而现代的道德教育正与政治思想教育、法纪教育、心理教育紧密衔接并相融，在大学生的良好道德品行形成上发挥着重要作用。

4. 法纪教育

将法纪教育列为高校德育内容的重要组成部分，主要源于：第一，社会主义市场经济体制的建立和发展呼唤公平与效率、民主与法制观念与之相适应；第二，随着经济全球化和"中国制造"走向世界，需要用法律武器维护公民的合法权益；第三，建设社会主义法治国家，实施依法治国，必须加强对高校学生的法律法规法纪教育；第四，合法公民的生活与权利需要法制来维护，合法公民也需要宪法法律基础知识教育、职业纪律和岗位规范教育，而大学生的校纪校规教育以及法治精神培育也正是培养现在与未来合法公民所必须。因此，加强法纪教育的目的在于增强大学生的法纪观念和公民意识，普及基本法律知识，教育大学生学会运用法律保护自己，做到学法、懂法、用法、守法，自觉维护法律尊严，为国家造就大批合格的法律操作者和守法公民。

5. 心理教育

心理教育既是高校德育内容的重要补充和完善，也是提高高校德育实效性的重要手段。现代物质文明的发展，在改变人们生活方式、改善生活境遇、带来精神与物质享受的同时，也易于使一些人因过于沉溺于物质享受而丧失精神家园。现代信息技术及互联网在创造"数字化桥梁""人机对话""世界平坦"等人间奇迹的同时，也酿造了人伦疏远、人情淡漠、人道缺失的人

① http://baike.sogou.com/v7587348.htm.
② 张耀灿等. 现代思想政治教育学 [M]. 人民出版社,2007：（262）.

间苦酒。市场经济中的竞争与风险，现代生活中的快节奏，各种价值观念的交叉碰撞，无情地给人们带来了难以名状的心理压力。心理素质的高低，适应能力的强弱，在某种意义上往往成为衡量一个人成功与否的重要标尺。因此，现代高等教育的一个重要任务就是要加强对大学生的人文精神教育和心理健康教育，注重培养大学生良好的心理品质和自尊、自爱、自律、自强的优良品质，增强大学生克服困难、经受考验、承受挫折的努力，培育并帮助他们形成健全的人格、良好的心理素质。正是从这个意义上说，心理教育是其他德育内容的初期形式、重要补充和完善，也是德性形成的重要起点。

（三）高校德育内容的研究意义

1. 理论意义

高校德育内容是承载德育目标与任务的重要载体。社会发展进步要求高校德育内容体系应不断地丰富和完善、不断地进行改革与创新。德育的生活化与社会化发展趋势要求拓展德育内容体系，只有贴近生活的德育内容才能引起德育对象的关注，只有切合社会实际、反映现实社会问题的德育内容才能为德育对象所信服，只有符合德育对象身心发展及需求实际并易于激发德育对象兴趣的德育内容才能唤起德育对象的理性认知和情感投入。因此，研究德育内容体系及其创新问题不仅事关高校德育工作的与时俱进问题，更事关德育工作的成效问题。在新形势下，深入研究德育内容体系及其相关问题，既是在教育环境、教育对象、教育手段等发生新变化的情势下高校德育内容改革必须做出的应有回应，也是高校德育工作协调运作、整体推进的应有之义。

深入研究探讨德育内容及其体系在新形势下的建构问题，可以开启德育研究新思路，促进对中华民族优良道德文明成果的继承与发扬光大，推进对世界道德文明成果的积极吸纳，助推高校学生思想道德品德教育规律研究，在理论与实践的紧密结合中破解德育内容创新的难题，实现德育内容的新时代创新，使德育内容更加符合时代的要求、符合中国国情、符合德育目标的要求，使德育内容适应增强高校德育工作针对性与实效性的需要，保障高校德育内容体系沿着正确的发展方向运行，进而为培养德智体美全面发展的社会主义合格建设者和可靠接班人做出应有的努力和贡献。

研究高校德育内容体系，还可以丰富高校德育理论体系。高校德育内容研究是高校德育理论研究的重要组成部分。探讨高校德育内容改革与创新的理论与实践，有助于开拓高校德育内容研究的新视野，为构建新型的高校德育理论研究框架提供应有的借鉴与启示。

2. 实践意义

实践性是德育的本质特征，理论与实践的紧密结合是德育的一条基本原则。脱离社会发展实际、脱离学生生活与身心发展实际的德育内容难以实现德育的目标要求。因此，从实际出发，以真诚服务学生为着眼点，深入研究德育的内容，克服或摒弃抽象化、概念化、模式化的内容体系弊端，拓展并创新德育内容体系，有利于加深德育对象对德育内容的理解，促进德育对象从德育内容载体所蕴含的意义中，反省自身的优势与不足，发掘自身的潜在力量和主观能动性，使社会主义核心价值观内化为精神追求，外化为自觉行动，实现自律与他律的统一、个人成长需要与社会发展需要的统一。

研究德育内容，有助于解决高校德育的针对性，提高实效性。在经济全球化、信息网络化背景下，德育对象的行为方式、思维方式、生活方式、交往方式及价值取向发生了新的变化，高校德育的内容体系面临着新的挑战。适应德育环境变化的需要，研究探讨高校德育内容体系，丰富、创新并完善德育内容，拓展实践性内容，对于切实解决德育的针对性问题，提高德育的实效性，增强德育内容的说服力和感染力，具有十分重要的实践意义。

研究德育内容，是提高德育对象素质素养的现实需要。改革、拓展德育内容，有利于帮助德育对象解决思想政治与道德品质方面的困惑，引导德育对象正确理解并积极吸纳具有时代特征和符合社会进步的思想政治观念与价值取向，自觉抵制非马克思主义及不良社会思潮的影响与侵袭，树立社会主义核心价值观，确立并坚定正确的理想信念，进而增强德育对象的民族自信心、自豪感。用正确的思想信念、品德认知指导自己的思想政治与道德品德行为，实现健康人格的塑造与培育、优良德行的完善与养成，提高德育对象走向世界所需的素质与素养。

（四）高校德育内容研究述评

近年来，随着高校德育工作重视程度的不断加强，高校德育的内容也在随着时代的发展而不断地深化和扩展，众多学者从内容的反思与重构入手，围绕德育内容的构成要素、德育内容体系的改革与创新等重要问题进行了系列性的探索。

1. 关于高校德育内容的构成要素

学界的探索仁者见仁，智者见智，大致形成以下六种观点。一是"一要素说"，即德育就是道德教育，这是一种传统的德育观，在我国由来已久。中国古代德育理论一直把道德教育视为德育，这可以追溯至春秋战国时期以孔子、孟子为代表的儒家教育思想。[①]20世纪初期，王国维等学者在诠释"德育"术语时，将其专指为"道德教育"。中国台湾当代学者龚保善也赞同这一观点，他认为，从实施上说，德育即"道德教育"的简称。其著作《德育原理》的内容体系也基本上是道德教育。学者王啸同样支持这种观点，其在《德育本质刍议》一文中指出德育就是道德教育。[②]从普适性角度看，德育即"道德教育"的观点固然有其道理，但从社会主义德育角度看，此观点缺少政治内涵，且包容面过窄。二是"二要素说"，认为德育就是思想教育和政治教育。支持这种观点的是钱学森教授，他在《早日建立马克思主义德育学》一文中指出，德育就是各行各业的思想政治工作。在20世纪80年代初期中国开展"思想政治工作科学化"讨论，该观点对于推进思想政治教育新途径、新方法的探讨有所裨益，但该观点突出重视了思想政治教育，对道德品质教育有所忽视。三是"三要素说"，即是坚持政治教育、思想教育和道德教育"三位一体"。"三要素说"的观点基本代表了德育的狭义概念，曾得到许多学者的认可。但随着社会的发展及人才素质结构的变化，德育的内涵与外延不断扩大，德育的构成要素势必要发生新的变化。四是"四要素说"，认为狭义的德育概念已经不能适应教育对象已发生新的变化的实际，应当在狭义的三要素德育概念基础上添加心理健康教育。20世纪90年代以后，随着社会对人才素质要求的变化，心理教育得到高校普遍重视。社会转型时期所带来的生活与心理压力，高校教育改革尤其招生收费制度和毕业生就业制度的改革给学生带来的心理压力，致使部分学生对社会、对生活的迷惘与困惑日渐增多。现代信息技术的进步，尤其网络的发展，使上网成瘾现象，沉溺于虚拟空间、逃避现实人际沟通的现象大量出现，其背后都隐藏着需要研究解决的心理问题。因此，适应学生心理需求，实施心理健康教育，培养学生完美健康的人格，补充完善德育内容，成为学界普遍关注的问题。

① 王殿卿，李春玲. 新编大学德育学［J］. 四川教育出版社，1994：（26）.
② 王啸. 德育本质刍议［M］. 上海教育科研，1998：（24—25）.

其中支持"四要素说"，主张将心理健康教育纳入高校德育内容体系的最具有代表性的著作就是张耀灿、郑永廷、吴潜涛等人合著的《现代思想政治教育学》。①五是"五要素说"，主张在上述四要素之后再加上法纪教育。学者詹万生在"九五"科研课题"整体构建学校德育体系研究"中就提出了"五要素"的观点，②华中师范大学的周湘莲在其硕士学位论文《论高校德育内容的系统构建》中也赞同这种观点。③六是"六要素说"主张在"五要素"后再加上和谐教育。这主要是根据我国目前构建社会主义和谐社会的主要任务而提出的。安徽理工大学党校的董淑平、盛鹏飞在《和谐教育：新时期高校德育内容体系新要素》中提及了这一观点。④但是这种观点在学术界并没有得到普遍的认同，原因是和谐教育的部分内容已包含在五要素中。所以在目前德育理论界和德育实践中，"五要素说"获得了广泛的认同。

从道德教育到"五要素"德育内容新体系，德育内容要素随社会历史发展而不断丰富和完善。德育主要是对学生进行政治、思想、道德、法制、心理健康教育。高校德育内容的五个基本要素已正式确定并被列入国家的基本教育制度中。

2. 对传统德育教育内容的反思

一方面，改革开放以后，我国经济社会快速发展，尤其计划经济向市场经济的转型，引发了社会思想道德状况的巨大变化，这种变化对高校德育提出了新的挑战。另一方面，经济全球化深刻地影响到我国的经济发展和社会生活的各个领域，必然对高校德育带来巨大的冲击。在挑战与冲击面前，学者们开始重新审视德育内容。

首先是对现行德育内容的弊端进行了深入的剖析。王腾认为："传统德育教育最大的弊端在于强调借助一切可能的教育手段，使受教育者无批判地接受某种固定的道德价值，从而达到束缚受教育者道德思想的目的。"⑤蔡秀梅在《德育应回归现实生活》一文中认为，我国现行德育内容不同程度地存在着理想化、共同化、空洞化、陈旧化现象，与学生实际生活、变化着

① 张耀灿等．现代思想政治教育学［M］．人民出版社，2007：（261）．
② 詹万生．整体构建学校德育体系研究［J］．教育研究，2001：（12）．
③ 周湘莲．论高校德育内容的系统构建［D］．华中师范大学硕士学位论文，2001．
④ 董淑平，盛鹏飞．和谐教育：新时期高校德育内容体系新要素［M］．煤炭高等教育，2007：（75）．
⑤ 王腾．高校德育内容建构的历史溯源与审视［J］．黑龙江教育学院学报，2007：（28）．

的社会生活相去甚远。[①]王夫营在《高校德育研究三十年：回顾与前瞻》一文中提出，德育内容呈现"政治思想泛化"现象，过分强调社会秩序与行为的规范性、社会制度的整体性，过分地强调了对大学生的共性要求，忽视个性发展，忽略了德育对象的自身需要。[②]许多学者在反思德育内容弊端的同时，明确提出了高校德育内容调整与改革的意义和思路。

其次是对拓宽德育内容的反思。根据德育内容的性质以及德育内容与时俱进的特点，多数学者认为在现阶段我国高校的德育内容脱离实际，已不能适应实际发展的需要。为使德育教育取得更好的效果，必须针对社会中出现的新问题、新挑战，不断地补充、丰富和完善德育内容。如程建平在《论现代德育内容的构成及其趋势》一文中提出：德育内容亟待拓宽，尤其要"把科技道德教育、环境道德教育、经济伦理教育、合作精神教育、网络道德教育等内容融入德育主旋律，使爱国主义、集体主义、社会主义教育更具新意，富有时代气息"[③]。

许多专家学者及相关德育工作者在高校德育内容的研究上做了很多的探讨，其中不乏精华或可取之论，积极而深入地研究，就是值得赞赏和肯定的方面。但不可否认，目前高校德育内容也缺乏新鲜的血液，只有结合新的时代精神进行创造性的开掘，赋予其新的时代内涵，才能使高校的德育内容更富有新鲜感与生命力。

二、高校德育内容体系确立的依据及原则

（一）确立高校德育内容体系的依据

1. 社会政治经济的发展

高校德育内容体系是随着经济社会的发展而发展变化，并受经济社会的发展所制约。社会政治经济的发展决定着德育内容体系的时代性。社会历史的发展变化必然对高校德育内容提出新的要求，要求德育内容与之相适应。比如，在新民主主义革命时期，革命的主要目标是彻底完成反帝反封建的历史任务，并及时实现由新民主主义向社会主义的过渡，德育当然要围绕新民主主义革命的任务而确立中心内容。在实施改革开放和社会主义现代化时期，高校德育内容必然要包括坚持四项基本原则、树立社会主义核心价值

---

① 蔡秀梅．德育应回归现实生活［J］．辽宁教育行政学院学报，2004：（28）．
② 王夫营．高校德育研究三十年：回顾与前瞻［D］．曲阜师范大学硕士学位论文，2009．
③ 程建平．论现代德育内容的构成及其趋势［J］．黑龙江社会科学，2004：（125—129）．

观等思想政治教育内容。再如，随着社会经济的不断发展，网络得以普及，这就要求网络道德教育成为学校德育的主要内容之一。因此，社会政治经济的发展是高校德育内容体系确立的重要社会依据。

2. 教育对象思想政治品德的发展规律

德育内容的确立既要考虑教育对象思想品德形成的连续性和递进性，也要注意教育对象素质的层次性及性格的差异性。大学生思想政治品德的形成是一个循序渐进、由量变到质变连续不断的发展过程。不同的年级、不同的专业、不同的思想发展阶段的学生，其思想政治品德形成特点不同，要根据不同发展阶段及不同专业或年级的学生的发展特点来确定适宜的不同的内容。德育内容的确立还应考虑教育对象思想政治品德发展的差异性。由于遗传、环境和教育的影响不同，学生在兴趣、爱好、意志、性格等方面存在着个别差异。因而，学生在思想政治品德发展上也必然存在着差异。从尊重差异性角度，思想政治品德也必须有的放矢，规定不同的德育内容。因此，只有根据教育对象自身的思想政治品德发展的实际情况，合理地确立德育内容，设计德育内容的广度和深度，才能促进教育对象思想品德的发展，提高德育的实效性。

3. 德育目标

德育目标既是德育活动的出发点，也是德育活动的归宿。德育目标决定着德育内容，德育内容是德育目标的具体体现。德育内容就是德育活动所要传授的道德价值与道德规范。而这些价值与规范的选择与安排直接服务于德育目标的达成。目标的差异决定着内容的差异。在社会本位的德育目标下，德育内容侧重于社会责任的教育，而在个人本位的德育目标下，德育内容则侧重于个人自由、权利和尊严的教育。因此，德育目标是影响德育内容确立的最直接因素。德育目标具有层级性。这种层级性既体现为目标制定者的层级水平，如国家的、学校的、课程的德育目标，也体现为目标表述的层级；如公民道德教育，其目标指向的分类，依次为社会公德、职业道德和家庭美德，显然，社会公德教育是第一位的。德育目标具有约束性。追求真善美，抵制假丑恶，弘扬社会正气，反对歪风邪气，表达的就是该坚持什么和反对什么。德育目标具有激励性。为共产主义奋斗终身的理想曾激励了无数革命者去战斗、拼搏直至英勇牺牲，这是不争的事实。德育内容的确立及选择要依据德育目标的要求与指向,结合教育对象的实际,进行内容的调整与更新,以服务于学生的发展及教育目标的实现。

4. 特定的社会生活环境

拓展德育内容离不升特定的社会生活环境,贴近生活的德育事件最容易引起德育对象的兴趣,与生活紧密联系的有关思想、道德和法律等等也容易引起德育对象的共鸣。由于人的品德主要是在社会生活实践中形成的,环境对人的影响是多方面的,德育对象会从社会生活实践及社会环境中获得多种启示、约束、规范和帮助,从而逐步学会和适应在社会中生存所必须遵守的社会道德规范。德育的针对性也必然要求德育内容取材尤其思想道德教育方面的内容取材要关注现实生活,脱离学生现实生活的思想政治道德教育必将成为无源之水、无本之木。

由于德育与学生生活具有天然的联结,近年来,许多学者展开了"生活德育"的研究,关注学生的生活世界成为道德教育领域的一个热门话题。肖川认为:"道德教育之所以应该观照学生的生活世界,是因为只有在学生的生活世界中,在学生的现实遭遇中,在学生内心世界的价值冲突中,才真正蕴藏着宝贵的教育时机,才能够真正开掘出学生道德人格生成与确立的源头活水。"[①]唐汉卫认为,道德与生活具有内在的本体意义上的密切联系。从社会生活现实的角度看,现时代的生活已经发生了巨大的变化,而道德教育要想维护其在现时代条件下的合理性,就必须时刻关注生活的变化。从价值的层面来看,道德教育以生活为基础,表明了我们所持有的以人为本的教育价值观。[②]关于生活德育的讨论,虽各种观点姚黄魏紫,莫衷一是,但德育内容的确立离不开现实社会生活,确是不争的事实。

综上所述,社会政治经济的发展、教育对象思想政治品德的发展规律、德育目标以及特定的社会生活环境是影响德育内容选择的主要因素。高校德育内容的选择与确立必须以学生的社会生活实际为基础,必须符合教育对象的思想政治品德发展规律。所以,高校德育内容的总体设计既要符合中国特色社会主义现代化建设的需要,又要符合大学生身心发展规律与大学德育目标的要求,同时还要兼顾现代大学生特定的社会生活的现实。

---

① 肖川. 道德教育必须关照学生的生活世界 [J]. 教育研究与实验,2005:(9—12、17).
② 唐汉卫. 生活道德教育论 [M]. 教育科学出版社,2005:(73—91).

（二）高校德育内容体系构建的原则

1. 科学性与人文性相结合的原则

坚持德育内容体系的科学性，就是确保马克思主义在高校德育中的主导地位，确保内容体系符合马克思主义，确保所传授所导引的思想、理念、观点等符合马克思主义、符合党的路线方针政策。坚持科学性，就是要使德育内容随着时代的发展不断地丰富，内容体系充分体现马克思主义关于人的全面发展理论，促进人的全面发展，使德育内容成为适应时代发展进步体系。

坚持德育内容体系的人文性，就是坚持"以人为本"，努力培育人文素质与人文精神，关注人的理想追求、价值信念等做人的基本品质和基本态度，在坚持正确的政治方向的同时，以培养良好个性和品德为终极目标。坚持德育内容体系的人文性，就是关注人的全面发展和人性的完善，使德育与社会生活紧密联结，培育并引导学生"学会做人""学会生活"，服务于学生的生活需要、身心发展与价值追求。因此，德育内容体系的人文性，就是通过改善道德生活，提升人的道德精神，促进人的德行发展，实现道德对人生的引导和调节。

2. 社会化与个性化相结合的原则

按照马克思主义观点，个人发展和社会发展是辩证的统一。个人的生存和发展离不开社会，但教育离开了促进个体发展的功能，就无从反映和促进社会的发展。高校德育过程是思想品德社会化和社会思想、政治、道德教育个性化的有机统一过程，是有目的的社会思想、政治道德教育和个性化思想品德体验与养成相统一的过程。社会化与个性化具有不可分割的内在联系。个性是个体比较稳定的意识倾向和心理特征的有机整体，都是社会化的结果。高校德育内容的社会化，一是要按照社会发展的需求，尤其社会对大学生的思想道德品质的要求，不断丰富和完善德育内容；二是凭借全社会的资源和力量，开展改造与发展社会的各类实践活动；三是引导学生走向广阔的社会生活，通过社会调查，参与社会实践，了解国情，了解社会，增加实践感悟，并进而以此为参照进行自我调整、自我设计、自我充实。高校德育内容的个性化，就是以培养具有良好个性全面和谐发展的社会主义接班人为目标，着力于当代人的个性培养。依据个性发展的需要，合理把握个性发展的本质特征，有针对性地设置德育内容，并组织实施思想品德教育。

3. 现实性与导向性相结合的原则

高校德育内容体系构建的现实性，就是在构建德育内容体系时，一是要立足于社会主义初级阶段的国情，从中国特色社会主义现代化建设的实际出发设计德育内容；二是要立足于大学生思想政治道德品质发展的实际，有针对性地设置德育内容；三是立足于现实社会生活环境，根据现实社会生活对当代大学生学习和生活的影响，及时调整思路，充实、丰富德育内容。高校德育内容体系构建的导向性，就是要坚持做到：第一，把坚定的正确政治方向放到第一位，用正确的思想、观点去认识和分析社会现象，抵御各种不良社会思潮的侵袭；第二，以理想信念为核心，深入进行"三观"教育；第三，坚持以实际问题为中心，坚持马克思主义与时俱进的品质，以发展中的马克思主义指导新的实践，及时解决新时期大学生在形成正确世界观、人生观、价值观过程中所出现的新困惑、新难题，扎实推进高校德育内容改革与创新。

德育内容的设计既应体现现实性，又要体现导向性。坚持现实性，就是保证德育的针对性和实效性；坚持导向性，就是坚持德育的方向性和社会主义高校德育的本质特色。两者相辅相成，不可或缺。

第三章 新媒体与大学生德育教育

第一节 新媒体与大学生的发展

随着物质水平和精神水平的不断提高，单一接收信息的方式越来越无法满足受众的需要，于是在经历了报纸、广播、电视的发展创新以后，互联网以其文字、音频、视频复合型的"富媒体"传播，引领着传播媒体进入崭新的发展格局。新媒体以其多样、快捷的诸多优势占领着现代人生活的制高点，给人们的生活带来了深刻的影响。其中，使用新媒体最为广泛、活跃的力量之一便是大学生，他们青春活力，他们朝气蓬勃，他们的世界观、人生观、价值观最终形成的重要阶段就是大学阶段。其间，他们对各种新鲜事物都充满了好奇，不断地探索、追求新事物，并且具有相应的接受新事物的能力，于是新媒体的使用便对大学生的日常生活、伦理道德、法制观念等方面产生了重大而深远的影响。

一、新媒体在大学生群体中的广泛应用

在众多的新媒体内容形态中，大学生普遍使用的是网络媒体和手机媒体。网络技术、手机移动技术的飞速发展，其强大的便捷性、即时性的特点，使他们在新媒体发展中迅速脱颖而出，手机媒体的使用，更是成为当代大学生生活中不可或缺的一部分，对大学生的生活方式产生了重要影响。相比社会中的其他群体，大学生具备一定的知识水平，对于新的媒介技术的应用和操作具有较强的学习能力和较高的熟练程度。

在学习中，大学生可以通过网络来查找学习资料，查找过程方便、快捷。如若在学习中遇到了疑惑难题，这时百度、Google 等搜索引擎就成了主要使用工具；在生活中，用手机 QQ、微信与同学朋友聊天，则成为众多同学

业余生活的重要组成部分；而逛微博、上淘宝网俨然成为大多数学生周末休闲的一部分；到了寒暑假的假期时间，网上订票更是大学生们购票的首选。各种新媒体进入校园虽然只有短短的十几年，但无论是在深度和广度上，早已成为大学生生活中很重要的一部分，越来越多的大学生与各种新媒体有了越来越密切的关系。

新媒体已深刻地嵌入人们的生活、学习、工作中，使大学生在政治思想、伦理道德、法治观念等方面发生新的变化，并且产生越来越深刻的影响。

二、新媒体对大学生的广泛影响

在形式多样的新媒体中，互联网技术和手机媒体技术成为当下对大学生生活影响最大的两种新媒体，它们是以数字化为代表的新媒体的领军者，大学生则成为领军者中的最先体验者，在给大学生的学习方式、交往方式带来新的冲击时，也使其整个受教育的过程被新媒体时代所冠名。新媒体的诸多特点如开放性、自由性和互动性等，使生活在其中的青年一代尤其大学生的生活和传统媒体时代相比，发生了翻天覆地的变化。

（一）新媒体对大学生日常生活的影响

1. 虚拟性与现实性并存的交往方式

网络的产生与发展，为人类带来了一个全新的世界，由此也产生了许多新的媒体形式。当 E-mail、QQ、微信、博客、微博等在大学生中得到广泛应用之时，他们人际交往的方式发生了相应的改变。新媒体具有较为开放的舆论环境，这是传统媒体所无法比拟的。开放性和自由性的特点，也使大学生们在这里能够无拘无束，畅所欲言，追求自由、张扬个性便成为他们最真实的标签。匿名性的特殊优势，则成为新媒体吸引大学生的独特之处。在具有匿名性的环境下，大学生们可以自由地表达思想观点，外界的干扰与限制则无须顾忌，一跃成为信息的传播者与主导者。这样，就形成了彼此既相互联系又相互分割的生活领域，即虚拟世界与现实世界。

生活在虚拟的空间里，大学生们一方面可以发泄自己的情绪，抒发自己的情感，表达自己的见解，用更为开放、更为平等的话语权来解决自己在物质上和精神上的问题。另一方面虚拟空间的匿名性使得部分大学生认为自己可以不受现实道德和法律的约束，能够恣意妄为，将不良行为发生后需要承担的社会责任抛之脑后；还有一小部分大学生日趋沉溺于虚拟世界，身陷其中却不能自拔，虚拟性占据了整个心灵，总是不自觉地将网络世界的虚拟性带入现实世界中，使现实生活中的人际交往产生了疏离反应，结果导致了人际关系的淡漠，这样很容易产生身体上和心理上的诸多疾病。

在新媒体大放异彩的当今社会，以现实世界为基础的虚拟世界不断发展壮大，这对于现实世界来说，不仅仅是一种威胁，对大学生自身也是一种危险。因此，大学阶段的思想政治教育要将虚拟与现实的复杂关系正确处理好，要做到人的虚、实和谐发展，只有正确看待虚拟与现实的关系，处理好了虚拟世界与现实世界之间存在的问题，最终才能实现人的全面和谐发展。

2. 多样性与依赖性并存的学习方式

生活在新媒体的时代里，新媒体技术以其广泛性、快捷性的优势渗透于社会中的多个领域，教育领域就是其中之一。对于大学生来讲，新媒体的广泛应用，极大地扩展了他们获取知识的渠道，增加了其知识储备的容量，并且能够帮助大学生在最短的时间内获得最丰富的学科领域知识与前沿信息，提高学习的效率，开阔学生的视野，也拓展了学生的知识面；对于大学本身来讲，新媒体的广泛应用，改变了传统的教学模式，使教学方式变得多样化、灵活化，并且具有极强的针对性。互联网自身所具有的开放性、交互性和虚拟性的特点，使受教育者在教育活动中的主体地位得到了提升，在互联网技术的支撑下，他们可以不断发展、扩大自身的文化空间，在选择权上具有了主动性和自觉性，创造出一系列独特鲜活的网络话语体系，教育模式开始走向平等化。在这种模式关系中，教育者可以不断丰富其教学方式，不仅可以摆脱实体课堂的限制，而且还能达到资源共享的效果；教育者可以将与授课内容相关的所有知识通过网络进行资源共享，将其用图片、声音、文字相结合的"富媒体"表现出来，既直观，又形象，使受教育者不但能够自主学习，还能培养学习兴趣、提高学习效率，并且取之所长、补之所短，量体裁衣。

新媒体技术的不断发展使得大学生的学习方式变得多样化，然而在带来许多便捷的同时，也使部分学生对其产生了依赖性。凡事过于依赖网络的资源共享，缺乏个体的主动思考精神；使用基本的复制粘贴技术，就能轻松地完成一篇作业。如此一来，容易使大学生产生学习上的倦怠，对互联网的依赖性增强。因此，对于新媒体技术带来的学习方式上的改变，大学生思想政治教育者要辩证地看待它，在有效利用的同时，也要减少大学生对新媒体的依赖，使新媒体真正成为教学过程中的有力工具。

（二）新媒体对大学生政治思想的影响

大学生政治思想的形成，一般与他们所能接收到的信息有直接关系，这些信息有的来自书本，有的来自媒体。在我国，任何人从入学那一天起，接受的都是马克思主义教育，在长期的学习过程中使他们接受马克思主义，并用马克思主义的立场、观点和方法解决问题。在新媒体环境中，各种各样的政治学说、政治观点纷至沓来，在开阔大学生视野的同时，也对大学生长期培养起来的政治立场提出了挑战。

新媒体的发展伴随着大学生的成长，成长的过程中出现了形形色色的主义、思想和信仰，它们打破了马克思主义政治信仰的"一元化"局面，使大学生在世界观、人生观、价值观形成的重要阶段产生了政治信仰的分化，这种分化最主要的表现为共产主义信仰的弱化。共产主义信仰是我国社会的主流意识形态，主要以说教的形式向学生讲授，单调的传播方式容易使一部分大学生对主流意识形态感到反感，反而去追求新鲜、陌生的思想，将其作为政治信仰，如物质主义、拜金主义、功利主义、享乐主义等。对于大学生来说，新媒体被使用最多的功能便是娱乐，无限的资源、海量的信息让大学生沉醉其中，乐此不疲，例如，不同种类的聊天工具、数字咨询、网络游戏等，它们占据了大学生大部分的日常生活，结果导致大学生政治敏锐性降低、政治热情淡漠。因此，使用新媒体要坚持适度原则，不要让其成为危害大学生政治思想的幕后推手。

（三）新媒体对大学生思想观念的影响

大学的生活丰富多彩，及时地了解国内外发生的重大时政要闻，关注政府的各项重大政策措施，成为大学生日常生活的一部分。对于大学生来说，既可以通过登录如人民网、新华网等这些主流网站，也可以订阅手机报如《人民日报》、《新华日报》等，来不断加强自身对中国特色社会主义核心价值体系的学习，对党的重大会议精神的学习；也可以通过浏览微博，了解国内外发生的重大事件，以及围绕在身边的家长里短。接收信息的广泛性、多样性，使大学生的思想观念也趋于多化。

一方面，新媒体的出现丰富了大学生思想政治教育的内容，在传播信息和接收信息的过程中，实现了教育者和受教育者的平等互动，增强了大学生思想政治教育的时效性和针对性。在传统媒体占据主导地位的时期里，国家对电视、广播、杂志和报纸等这些主流媒体，采取监督管理的制度，这些媒体始终都是党和政府的耳目喉舌，宣扬社会主义主流价值观念和中华民族优秀的传统文化，传播形式都是单一的"一对多"，将其应用在思想政治教育领域，则是课堂上教育者一人的爱国主义讲述，或者是简单枯燥的先进个人事迹的报告会。但是在新媒体的环境里，网络社会开放性、自由性和双向性的特点，给人际交往带来了广泛性，不同心理、不同文化、不同社会之间的障碍也——被打破，即时通信可以使人们自由地，不受时间、空间以及地域的限制而进行交流。

如今，无论你身在何方，一条需要帮助的微博一经发布，便会得到成千上万网友们的关注，浓浓爱心最后汇成爱的河流，一人的绵薄之力最后凝结成巨大的能量，去帮助那些身陷困境中的人们，彰显了我们国家大爱无私、友爱奉献的传统美德。从这一点上说，新媒体对大学生思想观念的影响，比传统媒体更加无声细腻。另一方面，新媒体传播的信息中，也夹杂着许多与我国主流价值观相悖的思想观念。大学生要平衡好新媒体所带来的冲击，充分运用新媒体的传播特点，将其作为有利于学习，有利于提高自身思想道德素质的工具，而不是被多元文化和多元价值观所误导，因为缺乏判断力和自制力而沦为新媒体的奴隶。

（四）新媒体对大学生道德行为的影响

新媒体的独领风骚，使大学生一代的道德价值观发生了很大变化。随着我国社会主义市场经济的不断发展，大学生的物质意识也随之不断增强，在新媒体实时交互的基础上，可以广泛地交流各种道德价值观，然后做出符合时代要求并适合自身发展的道德认识，进而产生不再中规中矩的道德行为。这些都说明了大学生的道德价值认知由绝对单一型转向了相对多元化，在追求自我价值的同时，也强调利中求变。然而，鲜花与陷阱总是同时存在的。新媒体在使大学生道德观念得到丰富和发展之时，许多错误、腐朽、落后的信息，影响了大学生树立正确的道德观念。

一方面，大量极端、错误、负面的思想观念，严重削弱了大学生对主流意识形态的认同感，产生了多种形态的价值观，例如，功利主义、利己主义、极端主义等；另一方面，对我国传统的道德认知和道德追求，表现得冷淡麻木。他们认为以前的道德标准早已陈旧，已经不能适应当代社会前进的需要，于是他们追求自我，时刻以自我为中心，崇尚物质生活，强调利己主义；对于崇高的理想信念，始终认为遥远缥缈，事不关己，缺乏追求美好事物的动力。最后，随着传播方式日益公开化、透明化，社会主义建设过程中隐藏的矛盾与弊端逐渐显现，许多社会发展中存在的问题被媒体曝光，对于这些信息，大学生容易产生极端主义倾向，认为社会主义在中国的发展没有未来，前途未卜，过分地去关注社会中存在的黑暗，却没有看到社会主义给中国的发展带来前所未有的生机与成就，道德认知极端化。

（五）新媒体对大学生法制观念的影响

互联网丰富了大学生的学习资源，它打破了学习上的时空限制，拓宽了学习渠道，方便了大学生对法律知识的学习，也强化了学校法治教育的时效性。但是，网络世界的无序和混乱也是现实社会无可比拟的，良莠不齐的信息到处可见，各种利益诱惑肆意蔓延，大学生的法制环境变得十分复杂。在网络中，任何人都可以根据自己的兴趣爱好，来伪装自己的身份；在网上说任何话、做任何事一般都可以不用承担责任与义务，这就在一定程度上弱化了大学生的法律意识与社会责任，从而导致网络犯罪的产生。近年来，在众多的网络违法犯罪案件中，大学生所占的比例日渐增多。其中，网络诈骗、网络色情犯罪、网络诽谤等案件时有发生。这些犯罪行为的发生，揭示了当前大学生在法制观念方面存在的问题。没有基本的法律素养，缺乏法律基础知识，网络的虚拟性也使他们进入了法律的误区，致使他们在网络中放纵自己的行为，以为网上的一切活动都不用受到法律的约束，于是在网络中为所欲为。

以理想信念教育为核心，深入进行树立正确的世界观、人生观和价值观教育；以爱国主义教育为重点，深入进行弘扬和培育民族精神教育；以基本道德规范为基础，深入进行公民道德教育；以大学生全面发展为目标，深入进行素质教育，这是新时期加强和改进大学生思想政治教育的主要任务。在新媒体不断发展的时代背景下，高校思想政治教育者应该看到大学生思想政治教育与新媒体的密切联系，在有效利用新媒体的同时，不断进行大学生思想政治教育的方法创新，提高大学生思想政治教育的水平。

第二节 新媒体视域下大学生德育创新的重要性

新媒体的飞速发展，使其成为影响高校德育的重要方面，给大学生德育带来挑战与机遇。德育创新是其应对新媒体环境挑战与机遇的必然选择，是新媒体视域下实现德育意识形态功能的必然要求，也是新媒体视域下促进大学生全面发展和实现德育现代化发展的自身需求。

一、德育创新是其应对新媒体环境挑战与机遇的必然选择

德育的创新总是与社会发展紧密相连，新媒体作为一种传播媒介，其快速发展影响了社会发展，更使大学生德育的环境发生了较大改变。新媒体创设的虚拟与现实交叉并存，传播信息良莠不齐，价值观多元化的环境对大学生德育带来了挑战与机遇，德育创新是其应对新媒体环境挑战与机遇的必然选择。

（一）新媒体视域下大学生德育的挑战

新媒体传播因其与传统媒体的不同，对大学生德育带来了挑战，主要表现在以下几方面。

第一，传统德育的理念受到新媒体传播的冲击和挑战。其一，传统德育"一元主导"的理念受到新媒体多元文化环境的冲击。我国传统德育坚持马克思主义"一元主导"的理念，这在物理空间环境中较易做到，而在新媒体环境中则没有那么容易。身处网络中的大学生必然面对东方文化与西方文化、民族文化与外来文化的矛盾与冲突，甚至要接受西方强势文化与文化霸权的挑战，这对传统德育"一元主导"的理念造成冲击和挑战。其二，传统德育"教师主体"的理念受到新媒体的挑战。传统德育普遍坚持"教师主体"的观念，在网络时代到来之前，教师被公认是教育过程的主体，由于他们掌握的知识和技能比学生多，因而处于主体地位，而学生由于在知识与信息掌握上处于劣势，思想行为与社会要求存在一定差距，在教育活动中处于被动的地位。在信息时代，学生可以通过新媒体获得大量思想德育的信息，导致教师的信息优势被弱化，教师甚至有时处于信息劣势的境地。尤其新媒体的互动性，更使教师的主体地位受到冲击，使师生处于平等交流的状态。

第二，传统德育过程的单向性受到新媒体互动性的冲击。传统德育主要是一种单向的灌输式的教育，即由教育者对受教育者施教的单向过程，注重道德知识灌输与宣讲，较少关注学生的情感与心理，较少与学生进行平等的沟通。德育的重点放在防范、纠正和惩罚学生的错误行为上，由于学生的主体性被漠视，需要和情感被忽视，造成学生对德育的一种抵触心理。新媒体提供了交互性的平台，使传统德育过程的单向性逐步被互动交流的德育方式代替。

第三，现行的道德约束手段与新媒体的隐匿性之间存在落差。传统德育往往注重阶段任务的完成，忽视了学生自身成长过程中不同时期的不同需要，忽略了德育的个性化。这种完成任务式的德育不能解决价值观多元的大学生的思想道德问题，学生的道德素养也难以通过现行的道德约束手段如批评教育、舆论监督等得到提高。大学生在新媒体传播环境中的活动具有匿名性，他们出于好奇、好玩等心理或受利益驱使，可能做一些不负责任、违反道德的事，而现行的道德约束手段很难对此发挥有效的作用。

第四，学校德育在学生成长环境中的主导地位受到冲击。长期以来，学校德育借助可控媒介的单向传输，形成较大的舆论优势和时空优势，在学生成长环境中居于主导地位。随着信息时代的到来，高校德育工作者有目的、有组织经营的德育环境与新媒体广泛复杂的环境交织在一起，新媒体巨大的信息资源拓宽了大学生的认知渠道，学生不再轻易地接受教育者的单向灌输，并质疑教师的权威性。在这种情况下，学校德育在学生成长中的主导地位受到冲击。

第五，新媒体对大学生思想道德带来挑战。新媒体对大学生思想道德产生了较大的影响，新媒体视域下大学生的思想意识、价值观念、伦理道德个性化、多元化、复杂化的特征十分明显，给德育发展带来空前的挑战。大多数大学生运用网络、手机等新媒体，新媒体使大学生价值观念多元化。由于新媒体是一个没有边际的世界，各种不同的价值观念汇集交织，西方价值观念对大学生产生较大的影响，造成大学生在思想上困惑和迷茫，在价值取向和价值判断上出现偏差。新媒体使大学生在伦理认知、伦理情感、道德意志、道德行为方面面临挑战。新媒体创设了一个困惑重重的伦理环境。伦理是一个社会的道德规范系统，赋予人们在动机或行为上的是非善恶判断之基准。伦理是一定社会经济基础和社会生活的反映，是在特定的人类交往活动中形成并随着生产、生活方式的变化而变化的。信息科技的发展使社会的发展与时空结构起了根本的变化，新媒体使全球化加剧，各种文化冲突日益表面化和尖锐化，伦理的冲突与矛盾日趋显现。

新媒体环境中伦理相对主义的强化、无政府主义的泛滥、伦理基本矛盾的冲突易导致大学生伦理认知的冲突。伦理相对主义即"你想怎样就怎样"或"怎样都行"，互联网无中心的设计思想为伦理相对主义提供了技术基础，数据化和符号化的人际交往推进了伦理相对主义的实现；由于新媒体传播中言论控制相对较难，新媒体环境中的无政府主义、滥用自由而不承担义务和责任，给主流道德建设带来麻烦；新媒体成为当今世界不同社会意识形态和思想文化进行交锋和竞争的重要场所和渠道，为不同社会意识形态和思想文化形式扩展自己的空间和影响提供了便利，也为不同社会意识形态和思想文化的斗争提供了便利。由于不同国家和民族之间的价值观念、伦理道德标准的不同，会产生一些冲突。西方国家利用新媒体向我国输出其意识形态、价值观念，对大学生产生较大的影响。

新媒体环境中人际情感的缺损、人际交往的间接化易导致大学生伦理情感的疏远与隔阂。人际情感是需要人与人的社会交往来维持的，而对于在新媒体上的交流来说，人的言谈举止被转换成二进制的语言，与现实生活中的人与人的直接交往相比，人与人之间的隔离增大了。新媒体空间的虚拟性、开放性、交互性，便于人们以平等的身份进行交往，使人与人之间的交往既直接又间接。直接指新媒体提供许多聊天或交谈渠道，人们可以借助网络进行同时性谈话。间接指大部分谈话是通过屏幕上的字母和语句来完成的，听不到对方声音和语气，看不到表情。因此，这易导致大学生伦理情感的疏远与隔阂，有时表现为人机关系和谐亲密，但人际关系淡漠。

新媒体使大学生的伦理决断力和道德意志面临挑战。由于新媒体信息过滤得不严格，有用的信息与无用的信息同时被生产，一人一机的信息接收方式使人可以建立自己的天地，使人在不自觉中患上"精神麻木症"，丧失有效的道德判断力。主流的伦理观念已湮没于散沙式的个人追求中，自觉的道德追求已隐匿于信息的随意接受之中。个体伦理无法使个人的行为保持全方位的确当性，公共伦理无法使社会维持相互协调的人心秩序。信息时代大学生的伦理决断力面临考验，新媒体环境中信息伦理是多元化的，使大学生的伦理决断力和道德意志面临挑战。

新媒体环境中大学生的道德行为存在一些问题。建立在现实社会中的道德规范由于不适应新媒体运行的新环境，形同虚设，而一时又没有形成新的道德规范，使得一些新媒体传播中的行为既不受旧规范的制约，又无新法可依。

第六，新媒体对德育队伍的现代化素质提出了更高需求。在信息社会里，教师不可能再像过去那样，被看作某种知识的唯一拥有者，教师只需传授知识即可。从某种意义上说，教师成了集体知识的合作伙伴，教师应果断地站在变革的前列，对这种知识加以重组。然而面对新媒体的传播环境和变化着的教育对象，德育队伍表现出很多不适应，突出表现为知识储备的不足和知识结构的单一、新媒体知识和运用技能的缺乏、运用新媒体进行德育的主动意识不强等。因此，加强德育队伍建设，造就一支高素质的德育工作队伍，是信息时代德育发展面临的一项严峻的挑战。

第七，新媒体对我国传统伦理道德带来挑战。其一是新媒体对传统伦理所依存的生活世界带来改变。中国传统社会是以小农经济为基础、以宗法血缘关系为纽带、家国一体的社会，中国传统伦理是"亲人伦理""熟人伦理"。以 Web2.0 信息网络技术为基础的新媒体，冲破了地域阻隔，形成了跨越时空的网络交往。这种网络交往是一种陌生人群中的交往，社会交往模式由"人—人"为主变成了"人—媒介—人"为主。新媒体正在解构我们所熟知的传统的日常生活世界，对"私德主导、公德不彰"的传统伦理造成了严峻挑战。其二是新媒体对传统伦理价值的解构。新媒体所蕴含的信息网络技术的兴起，促使社会财富和权力、地位流向代表现代科技发展方向的群体和个人，打破了传统社会等级差序结构和封闭的组织方式以及相应的"门第观念"等制度与观念。其三是新媒体促进伦理相对主义和伦理多元化的强化，对中国传统伦理造成冲击。在中国道德文化历史发展中，儒家道德一直处于主导地位，中国传统伦理可以说是在长期封闭状态下的一元化的道德文化。在中华人民共和国成立后，我们以马克思主义为指导，在继承中国传统道德文化积极因素的基础上进行了公民道德建设，我国道德文化的基调仍是以儒家传统文化为主的。而新媒体由于其去中心化的传播特点，全球性的广泛参与，使伦理相对主义和伦理多元化强化，使中国传统道德面临与开放的多元道德文化并存的挑战。

第八，新媒体对我国现有的媒体管理带来挑战。新媒体是一个高度自治的空间，在新媒体环境中只有协议，如 HTTP 协议、TCP/IP 协议等，没有管理"中枢"机构，各种虚拟社群、虚拟社区都是基于参与者相同或相近的兴趣、爱好，以及互补的利益需求而自发形成的。新媒体环境依靠协议管理和运作着各自的非正式组织。而且，新媒体一方面扩大了受众接收信息的主动权和受众的信息发布能力；另一方面，新媒体的开放性、隐蔽性、匿名性等特点，使得管理者对新媒体环境中的流动信息很难控制。现实生活中的社会舆论的他律作用在新媒体中不复存在或大大减弱，我国现有的网络管理文件、手机管理文件与新媒体技术的飞速发展相比明显落后。

（二）新媒体视域下大学生德育的机遇

新媒体在对大学生德育带来挑战的同时，也因其互动性、开放性等特点为大学生德育创新带来很好的机遇，主要体现为以下几点。

第一，新媒体为德育提供了新的载体。载体是德育系统不可缺少的重要组成部分。德育载体是指承载、传导德育因素，能为德育主体所运用且主客体可借此相互作用的一种德育活动形式。在新媒体中，德育信息承载具有如下优势：其一是新媒体技术使教育内容从平面化走向立体化，由静态变为动态，从现实时空趋向超时空；其二是新媒体的超大信息量丰富了教育内容，增强了教育内容的可选择性；其三是较高的文化与科技含量将教育信息的政治性本质隐含在历史文化知识和现代科技信息之中。通过新媒体这一载体进行德育，可以扩大教育的覆盖面和影响力，使大学生通过新媒体获得广泛社会信息的同时，接受德育信息，受到德育的影响，从而提高道德素质。而且这种教育形式对其他载体的德育影响构成一种补充和相互作用，形成全方位的德育态势，因而增强德育的影响力和有效性。

第二，新媒体为德育知识和价值传播创造了有利条件。从传播学角度看，德育是阶级社会的一种特定的社会信息传播现象和活动，是以道德观念、道德规范为核心的德育信息的传播行为和过程。在此过程中，教育者向受教育者传递信息，是开展德育的起点。较之过去的德育信息传播，新媒体信息传播具有明显的优势，这对德育知识和价值传播非常有利。其表现为：吸引力更大，新媒体将文本、图画、声音等信息集为一体，能调动学生获取信息的主动性、参与性；感染力更强，新媒体的立体动画及仿真画面对人的影响力大大增强；更快捷方便，学生可在任何一个终端，随时高效地获取知识和信息；更加开放，新媒体为大学生提供了更大范围的学习和社会实践环境，促使他们在社会化过程中趋于成熟。

第三，新媒体可以促进德育的互动及主体性的发挥。在德育中，教育者和受教育者的行为和活动需要互动，这种互动表现在信息传递、接受和反馈的过程中。以往的德育采用较多的是单向灌输的方法，忽视受教育者的需求和接受能力，抑制了受教育者的主动性和创造性，使受教育者处于从属地位。新媒体为人们提供了一个开放的平台，使大学生主体意识迅速觉醒并不断增强。在新媒体传播中，交往对象的社会角色通常是虚拟的，交往对象没有心理负担，使交往者保持相对平等的心态，有利于宽松的人际关系的建立。角色还是可以互换的，在浏览网页选择和吸收德育信息时，参与者是以受教育者的身份出现的，而在参与信息的制作、发布等活动，将自己的思想传播出去时，参与者又成为教育者。在新媒体互动平台上，教育者与受教育者关系上更具有融洽性，双方都能较好地发挥其主体性。因此，从传播学角度看，新媒体德育信息传播的主体不仅是教育者，还是受教育者，教育者与受教育者的关系是两个主体相互依存、相互制约的互动过程。

第四，新媒体有利于增强德育效果。检验德育是否有效以及效果的大小，其主要依据是德育的目的和意图的实现程度。教育者把社会要求的道德观念和规范作用于受教者的知觉和记忆系统，引起其信息量的增加和信息内容构成的变化，即受教育者对德育的认知；作用于受教育者的观念和价值体系而引起情绪和情感的变化，即社会主导价值的内化与维护；这些变化通过受教育者的言行表现出来，即行为习惯的养成。这三个层面中，第一、第二层面叫"内化"，第三层面叫"外化"。三个层面体现了效果形成的不同阶段，从认知到态度再到行动是一个效果积累、深化和扩大的过程，要取得德育的最佳效果，内化是关键。从新媒体的传播特征来看，新媒体为促进大学生内化提供了新的契机。新媒体空间中丰富的共享信息，为开展德育提供了充足的资源；新媒体信息传输的快捷性和交往的隐匿性，利于迅速了解学生的思想情绪和所关心的问题，增强教育的针对性；新媒体主体的平等性和交往的互动性，有助于受教育者主动参与对话交流，有利于把教育转化为受教育者的自我教育，提高教育的时效性。

第五，新媒体有利于形成德育的合力。教育学领域中的教育合力，是指学校、家庭、社会三种教育力量相互联系、相互协调、相互沟通统一，形成以学校教育为主体，以家庭教育为基础，以社会教育为依托的共同育人的力量，使学校、家庭、社会教育一体化，以提高教育活动的实效。学校教育的合力，是指来自学校内部各方面的教育达到高度的一致，从而达到最佳教育效果。大学生德育合力就是指大学生德育系统内各构成要素及其与环境系统相互作用，在运行过程中所产生的综合力。新媒体的超时空性，通过德育网站、博客、QQ群等形式，可以使学校、家庭、社会都参与到学生的教育中，突破了过去教育中存在的时间和空间的障碍。在学校德育中，由于新媒体的广泛参与性，广大专职教师、管理干部都可以通过博客、QQ、网站留言等方式与学生互动交流，扩大了德育的参与面，同时由于新媒体参与者的匿名性和平等性、互动性，可以充分发挥学生自我教育的积极性和主动性，因此，在德育中运用新媒体，有利于形成学校、家庭、社会、学生四位一体的教育体系，易于形成教育合力。

第六，新媒体对大学生思想道德产生一定的积极影响。新媒体有利于大学生新的价值理念的形成。共享、平等、效率、开放是新媒体所蕴含的价值理念。新媒体的虚实两重性、平等交互性、大众化等特点容易使新媒体上的交往打破社会等级的观念，有助于学生平等意识、共享意识的形成。新媒体运行的快捷性、简便性，有利于培养大学生的效率观念。新媒体的广容兼容性，有利于学生开阔思想，增强学生开放意识、全球化意识和多元化意识。

新媒体有助于培养大学生的创新性思维方式。传统教育受多种因素的影响，大学生个体创新性思维方式的发展受到限制，新媒体拓展了大学生广阔的思维空间，使学生可以接触到世界上先进的思想理论、科学技术，为培养他们的超前思维和创新思维提供了条件。

新媒体的自主参与性、高度自治性，使新媒体空间的道德主要依靠参与者的自律，有利于培养学生的道德自律；新媒体信息的繁杂、价值观的多元化，为学生创造了道德认知、道德判断的环境，有利于培养和提升学生的道德判断能力；新媒体空间秩序的维护主要依靠一些管理规定和自律协议，学生在新媒体空间的道德行为是一种基于个人道德认知、道德判断基础上的自主选择。因此，新媒体空间的优良道德行为有助于学生的现实道德行为和品质的养成。

第七，新媒体传播促进了我国公民社会的发育，为我国传统道德实现适应社会发展的现代转型创造了条件。中国传统伦理有着优良的传统，是中国传统文化的重要组成部分，尤其仁、义、礼、智、信的儒家伦理，为中国人的道德修养提供了价值标准，影响了中华民族几千年的发展。但是随着时代和社会的发展，中国传统伦理也存在适应社会发展的现代转型问题。新媒体传播促进了中国公民社会的形成，孕育了开放、民主等现代伦理精神。从伦理学的角度分析，公民社会是公民作为社会主体的社会，新媒体传播使广大民众积极参与到公共事务中，公民社会趋向与公民伦理诉求成了当代中国的基本社会存在境况。新媒体把中国公民社会的发育置于全球化的背景中，决定了中国传统伦理向现代公民伦理演进的方向。新媒体使受众具有全球化的特征，中国全球化的际遇为中国公民社会精神气质与民众的公民意识的生成提供了可资借鉴与汲取的精神文化资源。

二、德育创新是实现德育形态功能的必然需求

关于意识形态的内涵，马克思和恩格斯把它作为经济形态相对应的重要范畴，指反映特定经济形态从而也反映特定阶级或社会集团的利益和要求的观念体系。在现代西方，意识形态被定义为一种由特定社会集团使用来解释世界的概念框架，是一种"世俗的宗教"。总之，"意识形态"一词都有反映或体现特定社会集团利益的含义，是一种与"科学意识"不同的东西。

马克思主义伦理学认为，道德的本质蕴藏于社会生活之中，道德是一种特殊的社会意识形态，受着社会关系特别是经济关系的制约。道德是在一定社会经济基础之上产生的一种社会意识形态，道德反映着社会和人类发展的要求，反映着特定阶级的利益。道德作为社会意识，要发挥作用就必须有特定的实际附属物，道德必须借助于社会舆论、宣传教育以及相应的实施机构等，并将它们包容于自身之中，成为社会上层建筑的一部分。德育是道德发挥意识形态功能的重要形式，在阶级社会里，德育无法保持中立的立场，道德的价值与原则具有意识形态性，德育旨在把占主导地位的阶级所提倡的道德准则和要求内化为广大民众的自我道德要求，承载着传播主流意识形态

的职能。因此，德育最根本的一项功能即是其意识形态功能，或者说，导向功能、保证功能、育人功能、开发功能都是其发挥意识形态功能的不同表现方式。

以马克思主义为指导的社会主义意识形态在我国占主导地位，社会认同度是影响意识形态地位的重要因素，占主导地位的意识形态必须是社会认同度和社会普适性高，在社会意识中起支配作用的意识形态。由于新媒体传播的全球性、开放性、交互性、个性化、反权威性以及多元化等特征，它颠覆了传统传播时代的信息流动方式，削弱了国家对信息生产和传播的控制能力。随着新媒体在我国生活的普及，主流意识形态受到了来自新媒体传播的强烈冲击。新媒体将全世界各个国家联系起来，不同的文化形态、思想观念在新媒体空间交融或冲突。

因此，创新新媒体视域下的大学生德育，坚持德育主导性，运用"红色网站"、德育网站、德育博客等形式，加大新媒体环境中对以马克思主义为指导的社会主义意识形态的宣传和灌输，加大对社会主义核心价值体系的宣传和灌输，将社会主义意识形态所体现的内涵和价值诉求转化为大学生的自觉追求，才能使社会主义意识形态得以弘扬，从而巩固并提升社会主义意识形态的认同度。

三、德育创新是新媒体视域下促进大学生全面发展的必然选择

"每个人自由而全面的发展"是马克思所认为的未来社会的基本特征之一，也是我们奋斗的目标，新媒体为大学生的全面自由发展创造了有利条件。

（一）人的全面发展理论

马克思、恩格斯对人的全面发展做了如下规定：全面发展是人的本质的对象化，全面发展的主体是社会的所有成员，全面发展最终将成为人的根本权利。由于人的本质具有多方面的规定性，人的全面发展在马克思那里也表现出多方面的规定性，即作为类存在物时，人的劳动活动的全面发展；作为社会存在物时，人的社会关系的全面发展；作为完整的个体的人时，人的个性和潜能的全面发展。这些规定的具体含义如下：其一，人的劳动活动的全面发展表现为活动的内容和形式充分达到丰富性；其二，社会关系的丰富发展意味着个人与广义上的他人发生相互关系，表现为个人关系的普遍性的发展和个人关系的全面性的发展，个人与他人之间形成各方面、各领域、各

层次的社会联系，人们的经济、政治、法律、伦理、文化等关系变得丰富、开放、全面，并且得以协调和谐发展；其三，人的个性的发展是指个人生命有机体的各构成要素的均衡协调发展，以及认知、情感、意志等心理因素的发展和完善。人的个性的发展，首先是人的需要的全面发展，人的需要除了物质需要外，还包括社会关系、精神生活的需要，以及自我实现和发展、超越自由的需要等。其次是人的能力的全面发展，即发展自己的体力和智力、自然能力和社会能力等，并在实践活动中发挥他的全部才能和能量。最后还包括主体性水平的全面提高以及个人独特性的增加和丰富，主体性主要表现为能动性、创造性与自主性，人的主体性的全面发展不但指其特殊属性的充分发挥，而且指人成为自然界、社会和自我发展的主体。以上三个方面的规定性是依次递进的关系，作为完整个体人的个性自由发展是人的全面发展的重要内容和根本标志。

（二）新媒体的发展为大学生全面发展带来了机遇与挑战

新媒体的发展为大学生全面发展既带来了机遇，也提出了挑战。

首先，新媒体为大学生全面发展创造了有利条件。其一，新媒体为大学生全面发展提供了一定的物质条件。人的全面发展以社会生产力的高度发展为前提，新媒体的诞生是社会生产力高度发展的成果。在新媒体环境中，大学生摆脱了过去由于生产力落后所带来的时间和空间的束缚，新媒体环境扩大了人的活动范围，催生了新的生产方式、生活方式，为人的全面发展奠定了基础。其二，新媒体为大学生全面发展提供了文化条件。新媒体促进了社会文化的发展繁荣，新媒体环境具有的一系列特征催生了新的思想方式、行为方式，形成了充满时代特色的新媒体文化，必将推动我国先进文化的建设，包括道德水准的提高和科学教育的发展。全面发展的人应具有高尚的道德情操，能够正确地认识和处理个人与他人、个人与社会之间的关系，具有正确的世界观、人生观和价值观，新媒体环境有利于大学生的解放思想，更新观念，提高素质。其三，新媒体为大学生社会关系丰富发展创造了条件。

新媒体的发展使个人可以与世界上任何地方的任何人发生虚拟或真实的关系，使个人从狭小的空间走向世界的舞台，新媒体促进了人的个性自由发展。新媒体的虚拟性、自主性、开放性、互动性、自治性，使大学生可以在新媒体中展示更加真实的自我，一定程度上满足了学生的社会关系、精神生活的需要，以及自我实现和发展、超越自由的需要，为学生能力的发展、主体性水平的提高创造了条件。

其次，新媒体对大学生全面发展带来了挑战。新媒体的虚拟性、超时空性，有时使大学生与他人的关系陷入虚拟的误区，造成人机关系、人与人之间虚拟关系的广泛而现实空间的封闭，从而影响学生的全面发展。新媒体的发展使大学生人与人交往的模式很多时候变成了"人—机—人"的交往模式，人与人的交往通过数字化的符号，减少了人与人交往的感情色彩，有时不利于人们之间全方位关系的形成；新媒体空间内信息的繁杂性，对大学生的思想观念、价值观的形成带来挑战。新媒体传播的开放性、全球性，造成信息监管难度大，使得新媒体空间内的信息较为繁杂，中西方文化相互碰撞，价值观多元化，主流价值观受到冲击，这对于大学生思想观念、价值观的形成带来冲击。

（三）新媒体视域下的德育创新是大学生全面发展的需要

人的全面发展是新媒体视域下大学生德育的现实出发点和最终归宿。运用新媒体进行大学生德育的核心是做人的工作，通过调动和发掘学生的主动性、积极性和创造性来实现学生自身和社会的全面发展。它通过开阔学生的眼界、活跃学生的思想、增强学生的交流来充分调动和发挥学生的积极性、主动性和创造性，为学生和社会的发展创造物质和精神条件。促进学生的全面发展，是新媒体视域下大学生德育的出发点和终极归宿。

基于人的全面发展决定了新媒体视域下德育的着眼点和侧重点。只有从人的全面发展出发，新媒体视域下的大学生德育应从满足学生的需要着手。因为需要是学生从事各种行动的动机的基础，德育工作者应研究学生的需要类型，并在新媒体视域下创设各种条件去满足学生正常的需要，如安全需要、人际交往需要和尊重的需要等。由于新媒体环境的开放性、平等性、互动性、虚拟性等特点，新媒体环境中人与人之间的关系被极大地丰富和发展了，这种交往关系的全面和普遍是新媒体的最大特色，也是应着重注意的方面，大学生在新媒体中的广泛交流可能会造成学生自我的迷失。新媒体视域下大学生德育应侧重学生健康人际关系的建立，从而促进学生的健康发展。

基于人的全面发展决定了新媒体德育必然要与现实德育相结合。人的全面发展是指人性中的各种属性都得到全面发展，不是其中一种属性得到发展。人性中不仅有现实性，也具有虚拟性。我们在实践中的误区是往往将新媒体德育与现实德育分离，忽视了二者的融合与配合。只有从人的全面发展出发，在虚拟和现实之间保持合理的平衡，做好新媒体德育与现实德育的结合，才能促进学生的全面发展。

第四章 高校新媒体德育环境营造

第一节 新媒体高校德育概述

高校德育环境是大学生德行品质发展的生态园，是高校实现教育目标的"软实力"。大学生在环境熏陶影响下不断学习知识、完善人格，大学生又在独立性发展中主动建构环境，这样一来，人与环境形成了良性的互动。无论是在环境的建构过程中，还是在环境发挥影响作用的过程中，都要求顺应社会的发展趋势，反映社会的发展要求。当前，最显著的社会特色就是新媒体的发展，因此，在新媒体的条件下研究德育环境的建设就成为应有的课题。

一、高校德育环境概述

（一）高校德育环境的含义与分类

关于环境的分类有很多不同的依据，其中比较常见的是依据环境的属性将之分为自然环境和社会环境。由此，我们可为"校园德育环境"下定义，大学校园德育环境是指环绕于大学生学习、生活的周围，并对大学生思想品德的形成和发展发生关联的校内条件的总和。这一定义比较全面地揭示了校园德育环境的内涵外延，但是，仍旧存在着三点不足：一是定义将大学校园的主体局限在了大学生，忽视了教师在校园中的作用，忽视了师生关系这一校园最主要的人际关系；二是定义将环境的范围局限在了校园内部，忽视了高校与社会的密切联系，这样不利于全面促进政治、经济、文化等与高校德育环境的互动；三是定义的重点放在了人文环境上，没有足够重视校园自然环境，自然环境的熏陶对道德的养成有着潜移默化的作用，在定义中应当明确体现出这一点。综上所述，"高校德育环境"可以定义为：高校德育环境是指环绕于大学生和教师学习、工作、生活、交际的周围，并对他们的思想品德的形成和发展发生关联的校内外条件的总和，包括人文环境和自然环境两大类。

高校德育环境是一个复杂、多维、动态的系统，根据不同的维度，我们可以将高校德育环境分为不同的类型，各种类型在分析高校德育环境方面都有宝贵的指导意义。

①根据环境发生作用的范围，可分为外环境和内环境。内环境是指校园范围内的各种条件的总和；外环境则是与高校有密切联系的校园范围之外的各种条件之和。

②根据环境的性质，可以分为宏观环境和微观环境。宏观环境着眼于高校德育的整体工作，而微观环境则着眼于大学生德行发展的方方面面。

③根据环境的基本形态，主要分为物质环境、知识环境、人际环境和制度环境，它们都是构成高校德育环境的必不可少的因素，也为我们建设高校德育环境指引了方向。

当然，上述这些分类绝不是孤立的，它们有交叉重叠的部分，更重要的是，它们是相互作用、相互依存的。在互动中，这些环境磨合、发展，共同推动高校德育环境的建设与优化。

（二）高校德育环境的双向互动结构分析

高校德育环境的建设是一项综合性的工程，对于德育环境"应然"的问题也是众说纷纭，环境的运动性以及人的能动性使得这个问题更加难以把握，学习的理论知识和了解的德育环境之"实然"为基础，努力呈现高校德育环境建设的"应然"，从人与环境互动的维度分析了高校德育环境双向互动的结构。

1. 高校德育环境双向互动结构的内涵解析

人与环境的双向互动结构反映的是人与环境的关系，"人"是主体，是环境的创造者，同时也是客体，是受环境影响的"受体"。环境的创造者同时也受到环境的创造，环境的"受体"也可以去创造新环境，也就是说，无论是作为主体的"人"还是作为客体的"人"，都是具有自主创造性的。"环境"则既是人创造的对象，也是可发挥德育功能的主体之一。人与环境的双向互动结构是通过以下三个层面发挥作用的："人创造环境"，即各种环境都是由人的实践活动创造的，即便自然环境也已经打上了人类活动的烙印；

"环境作用于人"，即人生活于各色各样的环境中，受到环境的影响与熏陶，从而表现出与所处环境对应的行为特征，从"孟母三迁"的故事中我们可以体会到这一点；"人与人之间可以相互作用"，人都是处于环境中的，他们通过实践发生联系，产生沟通，从而相互影响，"榜样示范"就是在这样的机制下发挥作用的。

此外，"环境"是具有相对独立性的。人可以将环境作为一种德育中介，通过营造一定的环境来影响人，使人获得某种道德熏陶。但同时，环境一旦形成又具有了相对的独立性，这是说环境发挥作用不完全依赖于人，还会受到自身的影响，例如，某种德育环境可能因为受到周围大背景的影响而失去了发挥德育功能的时机。因此，我们应当赋予环境更多的灵活性，人也需要在环境中随机应变。

2. 高校德育环境双向互动结构的学理依据

人与环境的双向互动结构的探索并不是无源之水、无本之木，而是建立在古今中外深厚的理论基础之上的，有着学理上的依据。分析、理解这些理论，对于赋予双向互动结构理论根基，发展德育环境理论，更好地指导高校德育环境的建设，都是十分必要的。下面就对应人与环境双向互动结构的三层内涵分别探寻其学理依据。

其一，"人创造环境"在古今中外丰富的德育环境理论中，关于"人创造环境"的论述是比较少的，但是马克思对此是做出了详尽的论述的，他的一句名言是这样说的："人创造环境，同样环境也创造人。"马克思针对旧唯物主义的偏颇指出："有一种唯物主义学说，认为人是环境和教育的产物……这种学说忘记了环境正是由人来改变的，而教育者本人一定是受教育的。环境的改变和人的活动的一致性，只能被看作是并合理地理解为革命的实践。"在这里，马克思克服了旧唯物主义的环境决定论，肯定了人对于环境的创造并指出人与环境通过实践发生联系。那么，人是如何创造环境的呢？马克思和恩格斯认为，人对环境的创造包含着对生产力、社会关系以及人的思想观念等的创造；对社会及人自身的改造，生产力是人们的应用能力的结果。所以，人是生产力的创造者："这些一定的社会关系同麻布、亚麻等一样，也是人们生产出来的。"马克思用这样一个比喻表示人创造了社会关系；人对社会现实关系做出某种反应就形成了某种思想、观念，因此，人的思想观念也是人创造的；同样的，人对社会、对自身的改造也是创造环境的一种表现。当然，马克思、恩格斯也强调人创造环境要受到客观规律的制约，不是随心所欲的、无限制的、绝对的主观活动。人创造环境的能动活动之所以会受到客观环境规律的制约，是因为人创造环境的活动是在一定的生产力水平和一定的社会形式下进行的，只有遵循规律才能真正自由地创造环境、创造历史。马克思主义关于"人创造环境"的理论赋予高校德育环境建设的合法性，即人是可以创造德育环境的，同时也指导德育环境建设既要尊重人的主动性，也要遵循客观规律，这一理论无疑是人与环境双向互动结构的学理依据之一。

其二，"环境作用于人"。关于"环境作用于人"的理论是非常丰富的，首先，中西方的古代德育思想中都蕴含了这方面丰富的理论，既有荀子的"蓬生麻中，不扶而直；白沙在涅，与之俱黑"。也有亚里士多德重视学校环境，倡导"逍遥游"的德育方式，这些古代的德育环境思想闪烁着智慧的光芒，虽然带有一定的历史局限性，但是对于今天的德育工作仍旧有着莫大的指导意义。其次，马克思主义诞生之前的中西方思想中也有着对德育环境的探索。蔡元培也重视社会风俗对道德的作用，并且强调美育的重要性；近代法国的思想家爱尔维修提出了"人是环境和教育的产物"，把环境和教育推崇到了至高无上的地位；英国的空想社会主义者欧文也主张"人是环境的产物"，人们的美德是教育培养的，环境决定人，人的恶习也来源于缺乏教育和环境的恶劣，欧文还创办纺织厂，实践自己"环境造人"的理想。最后，马克思主义的环境理论中就"环境创造人"也有着精彩的论述，马克思、恩格斯从环境创造人的基本前提、逻辑起点、实质、方法论等方面论述这一思想，实现了人类德育环境思想上的根本变革，把德育环境思想提高到了科学的水平。马克思、恩格斯还强调"人创造环境"与"环境创造人"统一于社会实践中，"环境的改变和人的活动的一致，只能被看作是并合理地理解为革命的实践"。此后，列宁、毛泽东、邓小平等都继承了"环境创造人"的思想，并进行了创新与发展。

3.高校德育环境人与环境双向互动结构的探究意义

人与环境双向互动结构的探究并不是纸上空谈，而是有着理论和实践意义的，我们也应当以之来指导高校德育环境的建设，实现其真正的价值。那么，探究人与环境双向互动结构的意义体现在哪些方面呢？可从以下三个方面来揭示其意义。

第一，人与环境双向互动结构明确了环境对于人的道德发展的作用，从而进一步揭示了建设德育环境的意义。"环境创造人"的巧合表明人生存于一定的环境中，依赖环境而存在，也就是说环境成就了人的生存，那么，人的道德发展也是在环境中进行的，并且受到环境的作用。不同的环境成就不一样的道德品质，大到整个社会的大环境，小到每一个家庭环境，都对人的德行养成至关重要，环境对于人的道德发展的作用主要体现在：规范作用，即规范人们的言行、规范人们的认知；熏陶作用，即熏陶人们的道德情感，让人们在道德的环境中感悟道德的魅力；引导作用，即引导人们向着真善美的境界追求；实践作用，即提供人们道德实践的背景等。由此，建设高校德育环境就成了必然的选择，就具有了实践的意义。

第二，人与环境双向互动结构反映了人与环境的互动关系，强调了人的主动性，从而启示我们要重视人在德育环境中的作用。从双向互动结构的三层含义中，我们不难理解人与环境的互动关系，人不仅受环境的影响，而且作为环境的一分子，也对环境中的"他者"产生影响，所以，"人"是高校德育环境建设的重要部分。我们应坚持"以人为本"。那么，如何在高校德育环境中体现以人为本呢？首先要从人的道德发展需要出发，马斯洛的"需要层次理论"告诉我们：个人成长发展的内在力量是动机，即需要。只有从人的道德发展需要出发，才能激发人们从德育环境中受到启发，提升德行；其次要尊重人的主观能动性，德育环境应给予人们自由发展的空间，鼓励人们发挥能动性，开展自我教育，这样培养的德行才是深入人心的；最后要放眼于人的全面发展，道德发展是人的全面发展的必要条件，但不是充分条件，因此，我们要有全局的眼光，既重视道德发展的基础性作用，也关注其他方面的发展，关注彼此的相互作用，促进人的全面发展。

第三，人与环境双向互动结构规定了德育环境建设的基本理念，更好地指导了高校德育环境的建设。

二、新媒体在高校德育环境中的角色

（一）新媒体的道德教育功能分析

媒体的渗透力是强大的，我们的生活中处处可见媒体的作用力，新媒体更是走进了日常生活，走进了各行各业，新媒体的功能有目共睹，其中，新媒体的道德教育功能也是不容小觑的。

新媒体提供的丰富信息包含了大量的道德教育的素材，教育者可以充分利用这些媒体素材进行道德教育，同时学习者自己也可以搜索各种信息进行自主学习，开展自我教育；新媒体催生的一对一的交流方式为德育过程中的道德情感的交流提供了新的渠道，一对一的交流更加尊重人们的隐私，也更好地因人制宜地开展教育，有利于道德情感的沟通与熏陶。新媒体为人们的道德行为实践提供了更多更新的平台。

（二）新媒体的环境功能分析

一方面，新媒体本身就是可以营造一种环境的，即媒介环境。新媒体无疑是媒介的一种，是最新的媒介。媒介环境学就是专门研究媒介环境的一门学科，所谓媒介环境学指的是从媒介本身的特性出发研究各种媒介组成的媒介环境（特别是其中的主导媒介）及其变化已经或可能产生的深远影响。媒介环境学不断颠覆传统的媒介环境的研究，主张从深远意义来展开研究，而不是专注于传播内容的研究；主张剑走偏锋的研究方法，从各个领域着手研究；主张媒介环境不仅影响社会，而且影响了人们的思维认知，具有认识论上的意义。

另一方面，新媒体在自觉或不自觉地影响着诸种环境。在新媒体的影响下，政治环境更透明化，经济环境更开放，文化环境更包容，社会生活环境更网络化，生态环境保护有了新渠道。因此，在今天的世界，新媒体对各个环境都产生了影响，这种作用力是潜移默化的，甚至有些是隐性的，但是我们都生活在其中，都是新媒体化的存在。

（三）新媒体在高校德育环境中的多重角色

涂尔干说过，对于人的教育而言，我们拥有两种载体，首先是学校环境本身；其次是所教的东西。校园的环境具有教育的功能，而且其潜移默化的教育方式可产生深刻的教育效果。同样的，在道德教育上，环境的作用也是至关重要的，影响人的思想政治道德素质形成、发展和人的德育活动的一切外部因素的总和，我们称之为"德育环境"。新媒体的发展使得高校德育环境较之以前发生了很大的变化，新媒体在建设高校德育环境中也扮演了多重角色。

首先，新媒体主导的媒介环境是高校德育环境建设的大背景。新媒体环境是当前世界大环境的标识，其影响力渗透到了各个领域，是最大的时代背景之一，因此，高校德育环境的建设也是在这样的大背景下进行的。

其次，新媒体是高校德育环境建设的新载体，高校德育环境的建设离不开新媒体运一新载体、新手段。新媒体为高校德育环境的建设提供了先进的技术支持：新媒体增添了德育环境建设的内容；新媒体改进了德育环境建设的方法，出现了很多新的建设思路。在此意义上，新媒体扮演的是新载体的角色。

最后，新媒体成就了高校德育环境建设的新趋势。新媒体的时代大背景以及新媒体对高校德育环境建设的作用都决定了新媒体时代的高校德育环境必定要牢牢印上"新媒体"的印记，"新媒体化"是高校德育环境建设的未来趋势。

三、新媒体对高校德育环境的影响

社交网站、网络课程、网络购物、微博……这些基于网络技术、数字技术和移动通信技术的新媒体几乎与大学生寸步不离。有专业人士称，这些新媒体不再是工具，而是形成了一种环境，工具的使用还有选择的自主权，而环境的影响是不可摆脱的。那么，这样一种新媒体环境对于大学生的道德教育，对于高校的德育环境是"拦路虎"还是新机遇呢？新媒体是一柄"双刃剑"，给高校德育环境建设提供机遇的同时也带来了挑战，产生了强大的冲击。

（一）新媒体为高校德育环境建设提供了新载体

新媒体降低了传统德育物质环境的有效性，但也提供了新的德育载体。高校德育环境中的物质环境是指校园中的具有德育功能的实体环境。传统的物质环境比较注重文化性和生态性，在潜移默化中影响了大学生的道德修养，但是，纵观当前的大学校园，大学生很少会驻足阅读名人名言，驻足于竹林体悟竹子的品格，他们更愿意埋头刷微博，更愿意站在电子屏前翻阅新闻，这样一来，传统的物质环境的德育有效性就受到了莫大的挑战。因此，我们必须思考建设依托新媒体的、吸引大学生的新的物质环境。新的物质环境的建设离不开新媒体提供的新的德育载体。德育载体是指承载、传导德育因素，能为德育主体所运用且主客体可借此相互作用的一种德育活动形式。新媒体本身就是一种德育载体，主客体可以通过互联网、手机等进行道德的交流，此外，由新媒体技术支撑的其他载体也进入了高校校园，例如，视频课堂等。这些新的德育载体在时空上打破了时间与空间的障碍，主客体可以随时随地地进行德育活动；在内容上不仅提供了海量的信息，而且淡化了道德教育的政治色彩，更容易为大学生所接受；在使用上不仅方便，而且为德育的反馈提供了新渠道，确保了德育工作的有效性……新媒体的德育载体以其现代化、科技化、便捷化越来越受到欢迎，在高校中的使用也越来越普遍，成为德育环境的新成员。

（二）新媒体拓展了道德知识传播的新渠道

新媒体拓展了道德知识传播的新渠道，促进了道德知识的"内化"。新媒体作为一种传播媒介，对道德知识的传播起着中介作用，其先进的数字化和强大的互动性无疑拓展了道德知识传播的渠道，主要体现在以下两个方面，一方面是新媒体提供给人们获取知识的新渠道，人们接触的知识越发丰富，并且具有自主的选择权，这就要求传播的知识不仅要确保科学性，也要贴近大众、联系大众，新媒体蕴含的"大数据"很好地满足了人们对道德知识的需求；另一方面是传播知识的手段也多样化，不一样的传播手段可以带来不一样的接受效果，枯燥的灌输易引起反感，而绘声绘色的互动易产生共鸣。无论是哪一方面的冲击都要求高校知识环境做出顺应新媒体时代的改变，只有这样才能促进知识的"内化"。"内化"是道德养成的第一步，也是关键一步，只有将客观的道德知识真正转化为主观的意识、信念，才可能"外化"为道德行为，成为有道德的人。

（三）新媒体营造了全新的高校德育人际环境

新媒体的虚拟环境挑战了传统的人际环境，但也促成了人际交流的新局面。传统的高校人际环境缺乏平等性、对话性，大学生的主体地位、自主意识匮乏。学校的人际交往更多的是一种由上而下的"规训"，是教育者对被教育者的规训，是单向的德育。这样的道德教育只能培养"顺从"的乖学生，而不能培养具有高尚道德的"君子"，道德只有当它被真正地接受，并转化为一个人的情感、意志、信念，再付诸实践，才能得以实现。道德内化是个体道德主体对社会道德的学习、选择、改造、发展的过程，是个体根据时代精神和个体内在要求对现存社会道德体系进行积极扬弃，从而形成个体道德素质和道德人格的过程。在新媒体出现之前，人们已经意识到这种人际环境的问题，并开始寻找出路，新媒体的出现与流行无疑提供了一条可行的康庄大道。新媒体的虚拟性、隐匿性等打破了主客体的地位的差别，更加强调平等、倡导对话，主体可以通过论坛发言、上传视频等形式发表道德观点，学生可以自由、自主点击查看；客体可以通过 QQ、微信等向专业老师请教道德上的疑惑，解决自己道德选择的难题；主客体也可以就某个道德热点问题展开讨论，甚至可以匿名发言，这就打消了大学生的顾虑。新媒体带来的虚拟环境对传统人际环境是一种质的改变，人际环境增添了光明的阳光，增添了自由的空气，但是虚拟环境与现实环境的共存也为德育工作带来了新的难题，其中最关键的就是大学生往往会混淆虚拟与现实，将现实环境中倡导的真诚相待道德品质也在虚拟环境发扬，从而为自己带来危险，将虚拟环境中的游戏法则带入现实环境，导致现实秩序的混乱……虚拟与现实都是德育环境的有机部分，而且二者是共通的，但也无法互相取代，只有和谐共处，构建良好的虚拟环境与良好的现实环境相结合的德育环境才能共同为大学生的道德发展做出贡献。

（四）新媒体创新了高校德育制度管理的新模式

制度环境是高校德育环境的保障，有序的制度环境能够保证物质环境、知识环境、人际环境高效地发挥作用。传统的制度环境有着明确的规章制度，规范了大学生的日常行为，但是整个制度环境呈现出强制性、标准化的特点，制度的制定是以维护校园秩序为出发点的，而不是大学生的全面发展，而且制度的制定过程没有学生的参与，学生是被动地接受制度、遵守规定，为了更好地体现校园的有序化，制度往往是追求标准化的，采取一刀切的方式，这样的制度怎会有学生心甘情愿地遵守呢？新媒体时代，大学生的自主意识、创新意识、参与意识得到空前的增长，强制性的制度环境越来越被他们排斥，更不用提收获的德育效果了。因此，在整个校园环境日趋人性化、自主化的趋势下，制度环境必须变革，从而创新出更有效的管理模式，这就是新媒体对高校制度环境提出的新要求。同时，新媒体也为制度环境的变革与创新提供了思路，例如，采用网上征集信息的方式向大学生征集意见、开通校园管理网站、呼吁人人参与管理、给予学生一定的"自治权"……遵守自己参与制定的制度，通过参与管理提高对制度的理解，这些都有利于大学生道德自律的培养，有利于德育环境的优化，有利于形成高校德育制度管理的新模式。

（五）新媒体铺就了高校德育合力的"高速路"

新媒体时代对德育合力提出了更为迫切的要求，也铺就了社会、高校、家庭相互联系的"高速路"。

所谓德育合力，是指社会、高校、家庭三种德育力量相互联系、相互协调、相互作用，共同进行大学生的道德教育活动，从而提高德育活动的有效性。德育合力是高校德育环境建设的必要方面，是营造良好环境的有力力量。在传统的德育环境中，德育合力的重要性已经引起重视，合力形式也是多种多样，例如，召开家长会、邀请社会知名人士来作报告、组织学生实习，等等。新媒体时代暴露出新的道德问题，新媒体自身的环境状况也令人担忧，因此大学生的道德教育任务更加紧迫，对德育合力的呼声也越来越高。在新媒体时代加强德育合力，除了延续传统的合力方式外，利用新媒体开辟新的方式是必然的选择。一方面，我们可以利用新媒体的超时空性，让社会、高校和家庭加入到德育中来。学校可以建立德育网站、QQ群、家校通等，向社会、家长传达学校的德育计划、德育成果，可以和家长实现直接的沟通，这就突破了时间和空间的局限性；另一方面，我们可利用新媒体的隐匿性更好地影响学生，达到更好的德育效果。传统的德育中，教育者与受教育者有着地位上的差异，青年大学生比较抵触说教式的德育，而新媒体的隐匿性可以帮助老师、家长等教育者成为大学生的朋友，在平等沟通中引导大学生的道德发展，促进他们的全面发展。新媒体铺就的德育合力的高速路使高校德育环境增加了畅通性，也增设了交通岗亭，有助于大学生德行的健康发展。

第二节　新媒体背景下高校德育对象

新媒体技术是指依托数字、互联网络、移动通信等新技术向受众提供信息服务的新兴媒体。受高校环境的制约，大学生接触的新媒体主要集中在手机短信、博客、互联网等媒体形态上。这些媒体介质，以其信息的丰富性和交流的便捷性，深受大学生的关注和喜爱，已成为大学生生活中不可缺少的工具，对他们的生活、学习、思想和心理产生重大影响。对高校德育来说，新媒体的开放性能够给高校德育提供广阔的平台，其灵活性和便捷性能够丰富德育工作的手段，其虚拟性和匿名性能够为高校德育提供独特的视角，有利于进一步增强高校德育实效性。然而，新媒体传播的无屏障性、虚拟性、开放性给高校德育带来了新的难题。如何把握机遇、认识挑战、走出困境、实现超越，已成为高校德育亟待解决的重要课题。

一、新媒体对高校德育对象的全面介入

自新媒体诞生以来，高校学生的生活、工作、学习、思想以前所未有的速度发生着变化。新媒体的影响作用已经渗透到大学生生活、工作、学习、思想和心理的方方面面。高校德育工作的主要群体是大学生，新媒体对大学生的巨大影响直接带来新媒体对高校德育机制的影响。

新媒体具有信息传播及时且不受时间限制、信息内容丰富新颖、信息传播手段多样等优势，拓宽了高校德育的信息渠道，日益成为高校进行德育教育的主渠道，为高校德育的发展提供了前所未有的机遇。大学生进行德育的渠道，一半以上的都是来源于互联网等新媒体。教师的课堂德育、辅导员的班会教育所占比例减少幅度很大，仅占到四分之一。报纸广播电视等传统媒体所占比例减少幅度也较大，仅为新媒体所占比例的六分之一。以上数据充分说明新媒体已成为高校德育重要的载体，高校德育机制的构建必然要放在新媒体背景下进行。

（一）新媒体对大学生生活的双重影响

生活即教育，有什么样的生活就需要什么样的教育，生活影响教育，教育也影响生活。随着信息网络技术的不断发展和完善，新媒体逐渐成为大学生生活的重要组成部分。新媒体改变了高校学生原有的校园生活模式，给高校学生的校园生活带来了巨大的变化。新媒体时代的生活必然需要新媒体时代的教育。因而要研究新媒体背景下的高校德育，就首先要研究新媒体背景下高校学生生活。

（二）新媒体对大学生学习的正负效应

新媒体时代，大学生的学习方式、学习态度、学习时间发生了一系列

的变化。大学生正确的学习方式、丰富的知识和自主学习能力是高校德育的有机组成部分，高校学生学习的变化直接影响了高校德育工作。因而研究新媒体背景下高校德育应重视新媒体对高校学生学习的影响。

（三）新媒体引发大学生价值取向的多元化

新媒体对高校德育影响的深度和广度在加强，其中对高校学生的思想和价值观影响最为明显。这是新媒体背景下高校德育的重要关注点。此外，新媒体具有速度快和覆盖面广等优势，为宣传党和国家的路线、方针和政策提供了良好平台，以更好的引导大学生向社会主义主流意识靠拢。一方面，新媒体促进了大学生思想个性的形成，新媒体时代的高校德育实行个性化教育，打破了整齐划一、统一模式的传统德育，有利于人的全面发展和创造性的发挥。新媒体显性地或潜移默化地影响着当代大学生个性的形成与发展。另一方面，新媒体信息的复杂性导致了大学生思想的多元化。现阶段西方的拜金主义思想、社会上的功利主义思想、网络游戏中的暴力思想正在渗透到大学生思想中。由于大学生缺乏独立思考，容易导致思想沉沦、迷失自我，不利于正确的世界观、人生观和价值观的形成。

（四）新媒体对大学生心理健康的利弊

新媒体的不利因素导致高校学生产生了新的心理问题，这是对新媒体背景下高校德育工作者的挑战。心理危机干预是当前高校教育工作中的一项关键性工作，也是高校德育工作的一项重要任务，其成效直接影响到学校乃至社会的和谐与稳定。

二、新媒体背景下德育教育的压力

当今社会的竞争是十分激烈的，大学生面临巨大的压力，其中就业压力占第一位；其次还有学习压力、经济压力等。有很多大学生被这些压力压得一蹶不振，甚至走向极端，结束自己的青春年华。大学生长期压抑的心理应该及时得到释放。另外，由于新媒体具有隐蔽性和开放性，因而大学生在新媒体环境下可以隐藏自己的真实身份，自由地交流各种问题，避免了很多面对面的尴尬，可以在轻松平等的环境中真实地表露自我，有利于自由的表达和心理压力的释放。调查也表明，在新媒体的使用过程中，近五成的大学生产生了心理逃避。大学生在实现自己人生理想的过程中，难免会遇到生活上的压力、交际和情感上的不如意，于是很多大学生选择上网来逃避不如人意的现实。然而，他们越是想逃避，挫折感就越强；而挫折感越强，又更想逃避。

综上所述，新媒体给大学生身心各方面都造成了正反两方面的影响，虽然大学生在一定程度上能够理性地使用新媒体，但是也会受到各种各样不良信息的干扰和诱惑。高校德育工作者要积极利用新媒体的正面影响，还要冷静面对其负面影响，趋利避害，突出高校德育机制。

第三节 新媒体背景下高校德育的挑战和机遇

一、新媒体对高校德育的挑战

新媒体作为一种无国界开放性的传媒工具，载有很多消极、颓废、错误，甚至反动的思想和信息，影响广大学生的思想价值观念。如何认识新媒体带来的挑战，是高校德育研究必须关注的问题。

（一）新媒体给高校德育增添了难度

当前高校德育的内容主要包括世界观、人生观、价值观，以及政治、道德与法制观念的教育。新媒体背景下，校园信息带有信息传播的"时间无屏障""空间无屏障"和"资讯无屏障"特点，信息的发布、传播、使用空间更加自由，并且难以监控。随着科学技术的发展，新媒体已成为高校学生生活和学习不可缺少的工具。在信息高速公路上，存在大量的不健康、不科学、腐朽的信息：如各种反马克思主义，反社会主义的言论，甚至一些落后的、腐朽的资产阶级思想等。这些不良信息通过新媒体被大肆传播，给高校德育工作提出了严峻挑战。

通过校园新媒体可能传播色情、暴力、凶杀等信息，带来一些不道德、不健康的思潮，这些无一不玷污了校园新媒体环境，使高校德育环境复杂化。我们当中的每一个人都或多或少地受着我们主要在其中活动的精神环境的影响。高校学生还处于世界观、人生观、价值观形成的关键时期，他们的思想、心理还没有完全成熟，很容易受到周围环境的影响。信息的传播者隐藏了自己的真实身份，通过虚假身份发布信息，其传播的信息具有不确定性和难以控制性。甚至其中很多信息给高校学生造成错误的价值观念。新媒体对于高校德育工作负面影响的存在，加大了高校德育舆论导向的难度，削弱了高校德育应有的功能和效果。

（二）新媒体易引发高校学生心理信任危机和人格障碍

传统社会在一定意义上是一个"熟人社会"，依靠"熟人"的监督，慑于道德他律手段的强大力量，人们的道德意识非常强烈，道德行为也相当严谨，丢面子的缺德行为大多干不出来。而以手机短信、博客、网络论坛等为代表的新媒体具有明显的虚拟性和互动性，信息的传播者可以不公开自己的身份，经常以匿名或者化名的方式传播信息或和他人进行交流。在新媒体背景下，高校学生的心理自由放任度大，但进入虚拟界域，那条由熟人的眼光、舆论和感情筑成的防线是很容易崩溃的。在新媒体虚拟领域内，大多高校学生缺乏正确的媒体道德意识和法制观念，不遵守媒体规范与道德，不合理使用新媒体资源进行交流。在网上发布虚假的信息，在与他人交流时总是说空话、假话，骗人的事情时有发生。因而新媒体中的言行无法规范，真实性无法保证，甚至一些学生可以公开承认和认可交往者的虚假言论。长此以往，会给高校学生造成这样的错觉：新媒体传播的信息绝大部分是虚假的；与他人交往中人人都戴着虚假的面具，自己与他人交往时也不必以真面目示人。由此引发大学生严重的人际信任危机。大学生在现实的人际交往中，也会受到这样的人际信任危机的影响，不利于其良好人际关系的建立。在新媒体虚拟环境中，大学生言行自由，缺乏规范，责任意识淡薄，言行与现实表现截然不同，长此以往积累沉淀，必然导致大学生双重人格或多重人格现象，进而影响高校学生的审美情操、伦理道德品质、价值观念的培养。

（三）新媒体使传统高校德育模式受到挑战

传统的高校德育是以信息的可控性为前提的，德育信息一般都要通过高校德育工作者严格的筛选和整理，然后按照教育者预先设计的模式灌输给德育对象，这种传统的教育方式具有明显的灌输性。传统的高校德育内容陈旧呆板，方法单一，脱离了高校学生的现实生活，大学生平时的所见所闻与教育者所灌输的相差较远。在传统德育中，许多德育内容抽象复杂，课堂教育过多注重知识体系的逻辑性和完整性，缺乏生动的、寓教于乐的、理论联系实际的内容，常常让学生感到枯燥无味，有的甚至产生逆反心理。在新媒体技术飞速发展的今天，这样的问题显得尤其突出。学生在马克思主义理论课和思想政治教育课课堂上睡觉、走神、看报纸甚至旷课的情况经常发生，极大地影响了教育的效果，阻碍了教育目标的实现。选择针对性强、教育效果好、富有吸引力的教育内容和载体无疑成为大学生思想政治教育工作的又一挑战。在新媒体背景下，围绕高校德育的校园环境是全新的，挑战也是全新的。新媒体技术的迅速发展，形成了一个与真实世界截然不同的虚拟世界。在虚拟世界中，学生表达自己的愿望强烈，借助新媒体平台，自由表达内心最真实的想法的主体意识加强，"单向灌输的教育方式已不能适应他们的思维习惯，渐渐习惯于这种双向、多向的平等交流，自然要求教育从内容到形式都能采用更加民主和自由的方式开展"。高校德育模式改革要与新媒体技术的发展步伐相一致。高校德育的主体（学生和高校德育工作者）依赖的原有教育制度环境已经严重滞后，在教育理念、教育政策、教育目的等方面缺乏前瞻性的理论与实践的研究，对新媒体环境产生"距离感"和"不适应"。

（四）新媒体对高校德育工作者的媒体素养提出新要求

高校学生对新生事物具有强烈的好奇心，成为最早使用、接受和推广新媒体的人群。与之相比，教育者存在新媒体意识淡薄、知识贫乏、技能水平差、观念守旧等问题。新媒体的时效性和便捷性，还打破了原来德育信息垄断和分级传达信息的方式，德育工作者在高校学生心目中的的权威地位因此弱化，可能产生学生教而不听，教而不服的现象。此外，经济全球化带来了文化的多元化，通过新媒体，接受多元文化的学生不再满足于单纯接受教育者的思想道德灌输。借助新媒体，各种信息铺天盖地席卷而来，高校学生通过多种渠道和途径了解的信息越来越多，比较和选择的可能性也大，不愿只拘泥于课堂德育教学。他们还通过电子论坛、微博客、网上调查、新闻跟帖等方式发表自己的观点和看法，这些对高校德育工作者的媒介素养，特别是运用新媒体技术提出了更高要求。高校德育工作者对新媒体技术掌握、熟悉和运用及其创新能力与想象能力的发挥程度，决定了高校德育工作效果的好坏。高校德育工作者熟悉新媒体、更新知识、提高新媒体素养和技术，是迎接挑战的必然要求。

二、新媒体对创新高校德育的机遇

新媒体技术是新时代的产物，为大学生所喜欢和接受，同时也为教育者开展德育工作提供了难得的机遇。在新媒体背景下高校可以借助网络、BBS、移动电视、手机等丰富多彩的手段开展德育工作。新媒体还以其形象、生动、灵活、快捷的优势更能激发大学生学习的热情，这些都大大提高了高校德育的实效性。

（一）新媒体为高校德育提供了更加广阔的平台

高校德育的过程在一定程度上就是信息获取、选择、传播的过程，信息的获取是高校德育的基础。新媒体依托数字技术、计算机网络技术和移动通信技术而形成了巨大的网络体系，具有信息容量大、资源丰富、传输快捷和交互性强、覆盖面广、形式多元等优势，大大地拓宽了高校德育的渠道，丰富了高校德育教学资源。传统思想政治教育由于受各种条件限制，搜集的信息有限，只能从报纸、杂志、书本及亲身经历中寻找素材，内容滞后，缺乏说服力，难以达到预期的效果。而新媒体作为继报纸、广播、电视后出现的新型媒体，在传播信息方面具有及时、大量、交互等优势，时效性强，可以连续流动报道，广泛集纳相关信息，提供多种信息形态，具有其他三大媒体无可比拟的优势，对以往任何一种传播技术和交流工具都实现了突破性跨越。高校德育工作者即可以借助新媒体资源，吸收人类一切优秀文明成果，进行借鉴、创新；新媒体具有不受制度、体制和其他烦琐程序制约的优势，可以大量地、及时地传播正确的思想、理论与政策，在教育方式与手段、工作场合和对象、信息获取与传播上获得了根本性的改善，从而为高校德育开拓了崭新的、空前广阔的理论与实践渠道。

（二）新媒体拓宽了高校德育的渠道

在传统高校德育模式中，一直以课堂教学为主，加上班会、谈话、讨论、社会实践等基本手段来开展高校德育工作，在这种模式下，教育者是高高在上的理论传授者、思想布道者，而受教育者成为被灌输的容器，教育效果不容乐观。而通过校园新媒体，师生之间、学生之间可以传递、复制信息实现资源共享，大学生思想政治工作的渠道大大增加，方式更加多样，时空充分拓展。手机短信、博客、网络论坛以其灵活、快捷的特点，日益成为一种崭新的高校德育教学载体并显示其独特优势。新媒体能够更为方便和快捷地发布更具个性化的信息，在最短的时间，通过文字、语言、图片或者相互交流等方式，把教育内容迅速传递给受教育者，使德育工作更直接、更深入。通过新媒体，大学生不必按传统方式在规定的时间到规定的场所接受教育，而是可以通过手机短信、网络等新媒体，在任何一个地方、任何时间获取所需的知识和教育。加强网络文化建设和管理，充分发挥互联网在我国社会主义文化建设中的重要作用，有利于提高全民族的思想道德素质和科学文化素质；有利于扩大宣传思想工作的阵地；有利于扩大社会主义精神文明的辐射力和感染力，有利于增强我国的软实力。

（三）新媒体丰富了高校德育的内容

新媒体依托数字技术、计算机网络技术和移动通信技术而形成了巨大的网络体系，具有信息容量大、资源丰富、传输快捷和交互性强、覆盖面广、形式多元等优势。新媒体的先进技术极大丰富了高校德育教学资源，在传统德育模式中，德育的基本内容如马克思主义、毛泽东思想、中国特色社会主义理论体系等只能在课堂上被少数学生学习，但在新媒体时代，高校德育内容可以通过网络、手机、博客被更多的学生学习；高校德育工作者也可以利用新媒体平台宣传国家的路线、方针、政策，宣传主流意识形态等，从而丰富高校德育内容。对于教育者而言，可以在大量的信息中选择有针对性、说服力强、最新的信息资料，作为教育材料；对于受教育者而言，可以学习大量的德育信息，提高自己的思想道德素质。从传统高校德育来看，高校德育工作者由于受自身知识、教育资料少且更新慢等主客观条件的限制，德育内容知识点涵盖少、涉及面积小、覆盖面狭窄，影响了高校德育的效果。但在新媒体时代，全球信息资源得以共享，高校德育工作者可以收集到来自不同国家、不同文化背景、不同意识形态的德育资源。并借助新媒体便捷性、交互性强的优势，实现双向的交流互动，从而最大限度地实现德育资源的共享。此外，新媒体的信息每时每刻都在更新，高校德育工作者可以获得最新的教育资料。新媒体使原本狭窄、封闭的高校德育空间变成了全世界、开放性的教育空间，为高校德育提供了极为生动丰富的教育资源。新媒体技术超大的信息量和信息的固有本质，使教育的内容变得全面而丰富，同时具有可选择性和客观性；新媒体技术还使教育内容的形态走向立体化，变为动态，趋向超时空。借助新媒体的音频、视频、动画等活泼生动的技术使马克思主义、毛泽东思想、中国特色社会主义理论体系变得形象生动，大大增强了高校德育内容的新颖性。新媒体信息更迭频率快速，借助新媒体，高校德育工作者可以在短时间内完成德育教育内容的收集、筛选工作，选择那些时代性强的教育内容，从而提高高校德育工作的效果，体现时代要求。

（四）新媒体提高了高校德育工作的实效性

有针对性地开展德育工作是提高高校德育工作实效性的前提条件，这就要求高校德育工作者必须熟悉高校学生，了解他们的思想和心理特点，并按照他们的思想规律开展德育工作。新媒体具有虚拟性的特点，给高校学生营造了一个虚拟世界，改变了高校学生原有的交往方式。在交往中，他们可以拒绝提供自己的性别、年龄、相貌、身份、职业等一些重要的个人信息。新媒体人际交往中的虚拟角色和环境，缩短了人际交往的心理距离，减少了心理防范，为高校德育工作的开展提供了有利的条件。在新媒体背景下，高校德育工作者和高校学生只有符号的交往，双方都不知道对方的真实身份，保护了倾诉者的隐私。在这种受保护的虚拟环境中，高校学生可以毫无顾忌地将内心深处的孤独、苦闷、迷惘倾诉出来。另外，新媒体为高校学生与外界对象的交往搭建了更加宽广的桥梁，当他们遇到心理问题和思想道德问题时，可以通过各种新媒体将自己遇到的困难传达出去，以此得到更多人的关心和帮助。

新媒体虚拟的交往方式，更有利于高校德育工作者掌握学生内心最真实的想法，教育双方可以通过短信、论坛、网络聊天等形式进行真实心态的交流，发表自己的意见，真正实现畅所欲言。还可以通过新媒体的各种渠道对他们的留言发表评论，并将需要的教育内容贯穿在留言、评论中传达给学生，及时帮助学生解决困惑和问题。因而德育工作者能够通过新媒体了解学生最真实的想法，有利于掌握学生的心理和思想规律。此外，新媒体改变了传统德育单调的灌输模式，教学更直观、方式更灵活、形式更新颖，更能迎合受教育者的心理，大大提高了德育工作的针对性和实效性。

第四节 新媒体条件下高校德育环境建设的路径分析

一、以网络媒体建设高校德育环境的路径

网络媒体是继报纸、广播、电视之后出现的"第四媒体"，是当前新媒体的最主要形式，大学生群体中网络媒体的用户非常多。因此，充分利用网络媒体来开展德育环境建设是契合大学生的特征的，是可以获得良好的德育效果的。

（一）培育"网络媒体德育人"

"网络媒体德育人"的概念是针对当前网络媒体工作与德育工作相分离的现状提出来的。纵观高校的德育环境，许多高校都开通了德育网站、德育论坛、德育博客等新的德育载体，但是其中的内容却不尽如人意，多是对中央会议精神、学校规章制度、社会热点事件等的报道与宣传，并没有很好地贴近大学生的道德发展需求，从而陷入鲜有人问津的尴尬境地，这其中的原因是多方面的，网络媒体的工作者缺乏德育专业知识是最关键的原因。网络媒体的工作者掌握较高的新媒体专业技术，他们可以开发、管理德育网站、微博等，但是在网站内容的选择、编排上则显得不知所措，这是因为他们不了解大学生的道德需求、缺乏专业的道德知识和道德教育的实践经验。相反，高校的德育工作者具备渊博的理论知识和丰富的实践经验，但是他们的信息化水平比较低，不能很好地运用网络媒体来进行道德教育，甚至会在思想上排斥这些新生事物，这样一来，他们也是脱离了大学生的，使德育失去了对大学生的吸引力。由此"网络媒体德育人"的呼声越来越高，所谓"网络媒体德育人"是指兼具网络媒体技术和德育专业知识的综合型人才。那么，如何来培育这样的综合型人才呢？可从以下两个方面着手：

一方面，增强对高校德育工作者的网络媒体技术的培训，提高他们的信息化水平。培训应侧重实践，提高实际运用的能力，可以采取讲课、实际演练、竞赛相结合的形式，让德育工作者掌握基本的网络技术。这项培训是长期化的、渐进式的，培训的老师要跟踪教育，指导德育工作者的实际运用工作，以保证高校道德教育增添专业的新媒体分子。另一方面，加强社会网站建设，重视对舆论的引导，提高网络媒体工作者的道德意识与政治素养。社会网站以其丰富多彩的内容、形式多样的活动，对大学生产生了很强的吸引力，如这些网站中增添德育的内容，必定会较好地传递给大学生。加强社会网站的德育功能最重要的一点就是提高网站工作者的道德意识，可以鼓励他们阅读相关书籍，增加自己的道德知识；可以鼓励他们走进大学生德育，实地了解德育的现状；也可以邀请专业的德育人员对网站内容的设计进行指导，制作出新媒体与道德"双专业"的网站、博客。

"网络媒体德育人"的培育工作有着重要的意义，它既是将传统德育转变为新媒体时代德育的催化剂，也是发挥网络媒体德育功能的把关人。虽然眼下要培育专门的"网络媒体德育人"有一定的困难，但是从以上两个方面分别提高高校德育工作者的信息化水平和网络媒体工作者的德育水平是可行的，也是必要的；同时，这两个领域也要打破界限，加强交流，实现人网共用，共同促进新媒体时代的高校德育环境的建设。

　　（二）加强师生的媒介素养教育

　　新媒体时代的来临也意味着"媒介化时代"的到来，人们的身边无时无刻不存在着媒介活动，这对人们的"媒介素养"也提出了更高的要求。到底什么是"媒介素养"？人们是主动的媒介使用者，具有媒介素养的人既是内容的接受者也是内容的创造者，能够理解社会政治内容，有效利用编码再现系统，有责任地生活在社会中。无论从哪个角度定义媒介素养，它终是一种能力，一种媒介能力，包括对媒介的认识、判断、运用等能力。所谓"媒介素养教育"就是开展提高媒介能力的教育，在高校，其面向的对象包括高校的每一位师生，尤其德育工作者和大学生。在高校中开展媒介素养教育有着必要性和重要意义。首先，网络媒体环境自身有着复杂性，存在着诸多问题。互联网的虚拟性、开放性带给人们新的媒体体验的同时也催生了一些问题，网络诈骗、网络犯罪、传播色情暴力信息等成为新的社会问题，因此，人们在互联网世界里并不安全，负面的诱惑非常多。这些问题的解决需要依靠互联网的管理，也需要网民自身提高媒介素养，提高分辨信息、选择信息的能力，而这就是媒介素养教育的教育目标。其次，大学生的媒介素养现状不容乐观，媒介行为处于失衡状态。大学生是网络媒体很好的接受者，却不是很好的分析者、判断者、反馈者，例如，在使用网络媒体的时间上，许多大学生每天都会过长时间地徜徉于互联网海洋；在内容的选择上，对于娱乐类的、购物类的比较关注，而对于新闻类的、教育类的很少问津。然而，媒介素养对于当代大学生是有着重要意义的，是其社会化的要求，是其在新媒体时代生存的必备素质，因此要加强媒介素养教育。最后，德育工作者的媒介素养水平也不高，对于媒介的应用效果不佳，提高他们的媒介素养有利于增强大学生的媒介素养，有利于增强道德教育的针对性，有利于增强自身的信息化水平。综上所述，在高校开展媒介素养教育是必要的，也是重要的。

　　媒介素养教育的途径是丰富的，主要包括：第一，开设媒介素养教育的课程。媒介素养教育的课程有两种形式，其一是专门的媒介素养课程；其二是在大众传媒等课程中媒介素养的内容。这些经验都是我国高校开设媒介素养教育课程可以借鉴的宝贵财富，联系我国高校德育发展的实际，一方面要培养专业的媒介素养教育的教师，编写专门的教材，充分利用各种教育资源；另一方面要开设媒介素养教育的必修课或选修课，使之融入大学的课程体系，还可以邀请相关专家举办讲座，呼吁大学生积极参加。第二，举行校园网络媒体实践活动。媒介素养的教育离不开实践，因此，高校应举办一些与网络媒体相关的活动，例如，网站制作大赛、信息检索大赛等，让大学生在活动中体会科学使用网络媒体的魅力，增强他们的媒介素养。第三，社会各界共同推进高校的媒介素养教育。高校的德育不是一项局限在校园的工作，它需要社会各界的共同努力，例如，政府部门需要加大对互联网的管理力度，净化互联网环境；社会舆论队伍也应增强自身道德素质，提高信息的质量，杜绝不良信息的传播。

（三）完善对网络媒体的管理机制

高校网络媒体的应用非常普遍，为了确保应用的科学有效，良好的管理机制是必不可少的，这是发挥网络媒体德育积极性的重要保障；网络媒体管理机制也是互联网不良信息的过滤网，这些不良信息污染了高校的德育环境，对大学生的身心也造成消极影响，是德育的阻碍力量。因此，完善对网络媒体的管理机制是高校德育环境建设的必要环节。

当前高校网络媒体管理机制的现状既有值得肯定的积极方面，也有有待改善的消极方面。其积极方面主要表现为明确了管理机制的重要性，各级部门着手加强对网络媒体的管理，并且重视高校之间、学院之间的联系与合作。而其消极方面主要表现为管理机制的发展还不健全，管理的措施不全面，管理的效果不理想。对于积极的方面我们应继续保持并发展，消极的方面则需要我们进一步努力探索更好的管理措施。针对此现状也展开了对管理网络媒体的措施的思考，现将思考的结果总结为以下三点：

第一，加强制度方面的规范，使网络媒体的管理有章可循、有规可依。规章制度是高校网络媒体管理的核心内容，它为管理工作提供了具体可行的路径，也从整体上把握着高校网络环境的发展现状。制定网络媒体管理的制度应联系高校与大学生的实际，确保制度为大学生所接受，规定的内容也要涵盖大学生使用网络媒体的方方面面。此外，网络媒体管理的制度应侧重安全管理方面，保证大学生使用网络媒体的安全性与可靠性，具体内容应包括：校园网严格执行实名制的申请要求、制定网络媒体系统的应急措施、加强校园网运行的安全级别。

第二，加强行政方面的管理，为高校网络媒体的管理培养管理人才。高校需要设立专门的网络媒体管理部门，该部门负责整个校园的网络使用，包括制定管理制度、监督制度执行情况、总结管理经验，等等。网络媒体管理部门的人员不仅要具备扎实的互联网技术，而且应具有一定的德育知识，这是营造新媒体德育环境的重要力量。行政方面的管理还要做到协调其他部门，为各学院、各部门的网络使用提供服务，从而提高整个校园的互联网管理意识，提升校园的互联网环境质量。

第三，提高技术方面的保障，使网络媒体的环境更科技、更安全。管理网络媒体的一个重要方向就是增强技术水平，从根本上杜绝不良信息传入高校。目前，常用的网络媒体安全技术主要有防火墙技术、入侵检测技术、防病毒技术、安全设计技术等，这些技术可以在一定程度上将不良信息过滤掉，但是并不能做到百分之百，这就要求技术人员不断进行技术的创新，不断改善安全技术的水平；同时，高校网络媒体管理部门也要积极监控信息内容，利用网络媒体依法删除不良信息和违法信息，保护大学生免受其毒害，净化校园德育环境。

二、解化媒体建设传播环境的路径

手机，原本只是一种人们在移动中进行人际传播的通信工具，又称为行动电话、移动电话。而随着通信技术的发展，手机也完成了华丽的变身，成为一代新媒体的盟主。5G 时代来临后，手机媒体被称为网络媒体的延伸，智能手机迅速风靡全球，也进入了高校，成为大学生的宠儿。如今，4G 已成为过去式，5G 开始逐步主导手机媒体。所谓 5G 是指第五代移动通信技术，其主要优势在于通信速度的大大提升，实现了局域网、互联网、电信网、广播网、卫星网等的融合，形成了一个通播网，向着宽带无线化和无线宽带化演进。手机媒体以其便捷性和丰富的内容深受大学生喜爱，成为他们学习生活的好帮手，因此，新媒体时代建设高校德育环境必须充分利用手机媒体，使其成为德育的新载体。

（一）挖掘手机媒体的德育功能

手机媒体蕴含的功能是形式多样的，无论是手机媒体的传统功能，还是手机媒体的新功能，如微信、手机电视，都能够成为德育的平台，高校德育应挖掘手机媒体的德育功能，可从以下几方面探索：

1. 利用手机 IM 开展大学生的德育工作

IM 的英文全称是"Instant Message"，中文翻译是"即时通信"，使用者可以在线即时地建立私人聊天室，进行一对一或多人的聊天活动。手机 IM 则是手机为终端的即时通信，目前主流的手机 IM 有手机 QQ、手机微信、手机 MSN、飞信等。今天这些手机 IM 早已被大学生们所认识和运用，渗透到了高校的每一个角落，有的大学生甚至 24 小时的手机 QQ 在线、微信在线，在这样的背景下，利用手机 IM 开展德育活动，不仅有利于大学生的德育创新，也是十分必要和紧迫的。一方面，德育工作者可以利用手机 IM 加强与大学生的交流，及时了解大学生道德发展的现状与需要，提供道德发展的引导与帮助。手机媒体的便捷性让大学生可以自由选择沟通的环境，IM 的隐秘性也实现了虚拟的沟通环境，这样一来，大学生可敞开心扉与老师交流，便于老师更迅速、更准确地掌握学生的道德状态，为具体的德育工作明确了方向与重点。另一方面，德育工作者可利用手机 IM 创建德育社群，引导大学生集体的交流。无论是手机 IM，还是微信，都可创建聊天群，这是新媒体相对社群化的体现。德育聊天群的优势在于扩大了道德的影响范围，管理者在群里分享一个信息，群内成员都能够共享，能够集体讨论，还可以加强对大学生群体的管理，通过 QQ 群等了解大家的近况，关注大家的思想动态。

2. 利用手机 SNS 应用来开展大学生的德育工作

SNS 是 Social Network Service 的英文缩写，是社交网络服务的意思，手机 SNS 就是利用手机来进行各类 SNS 应用。SNS 的最大特色就是使用实名制，所以相比较于其他网络平台，其信息的真实度是很高的。在大学生群体中最流行的 SNS 就是"人人网"，他们既可以使用手机上的浏览器登录手机"人人网"，也可以下载"人人网"的手机客户端"手机人人"来登录。手机 SNS 已经成为高校文化的一个因子，这必然应当引起德育工作者的关注。

（二）加强道德自律教育

手机媒体为大学生融入新媒体时代提供了更加便捷的方式，但也对大学生的道德自律能力提出了更高的要求。所谓"道德自律"是与"他律"相对的，他律的形式有很多种，比如，法律规范、舆论监督等，都是通过外在的力量来约束人的行为，而"道德自律"则是利用道德的力量自己约束自己。

道德自律对于道德发展的意义决定了高校德育环境的建设必须加强自律教育，手机媒体的风靡也要求加强自律教育。手机媒体相比较于其他新媒体有着自身的特点，它的开放性与相对私密性同时存在的特点对使用者的自律精神提出了更高的要求。开放性意味着手机媒体的信息鱼龙混杂，一些不良信息会传播到大学生的手机中，而手机又是相对私密的，一般自己的手机不会给他人看到，自己浏览的痕迹也不会被他人知晓，一些自律能力不高的学生就会因此去浏览那些不良信息，久而久之就会阻碍其道德的发展。

在高校加强道德自律的教育是一项需要多方力量努力地工作，首先，要健全手机媒体使用规范和法律监督机制。虽然规范、法律是属于他律层面的，但是完善的规范与法律是进行自律的有力保障，它们为自律创造了良好的外部条件，虽然"出淤泥而不染"是值得称赞的品质，但是这对于社会的整体发展是不利的，因此，相关部门应出台系统的手机媒体规范，从媒体工作者到使用者都有一套可遵循的规范；监督手机媒体行为的法律法规也是必要的，以强制手段杜绝制造不良信息，净化手机媒体环境，并出台具体可行的奖惩机制，增强大学生的荣辱观。其次，要培养大学生的社会意识与责任感，提高其自律能力。道德自律体现在意识和实践两个方面，在意识层面，高校应加强对大学生的社会意识和责任感教育，使其认识到自己是社会的一员，是自己的主人，要对社会、对自己负责，这样的教育可以在班级、党团支部的活动中进行，也可以在德育课或者其他课程中进行。在实践层面，高校应引导大学生的自我约束与自我保护，引导的形式也是多种多样的，其中课外活动是很好的形式之一，采用辩论赛、舞台剧等活动让大学生亲身体会自律的重要性。再次，要营造文明的校园环境，倡导文明的风气。校园的大环境对学生的自律发展起着潜移默化的作用，如若整个校园干净整洁，还会有学生乱扔乱抛吗？如若每一位师生践行文明规范，还会出现不尊敬师长的现象吗？因此，高校需要从整体上构建文明校园，倡导文明校风。最后，大学生自身应加强自我教育，实现自我提升。道德自律形成的关键是大学生自身的养成，只有提升自己的道德觉悟才能从根本上践行道德自律。所以，大学生要坚持自我教育，例如，多多阅读书籍，提高自己的学识；参加集体活动，增强自己的综合能力；游览名山明水、名胜古迹，拓宽自己的眼界。

（三）打造手机"德育微平台"

新媒体的发展朝着"微"的趋势演进，"微时代"成为新媒体时代的新特征。后现代的媒体消费呈现出碎片化的现象，人们用以消费媒体的时间越来越支离破碎，而媒体的种类、媒介的形态越来越多元化，由此人们对媒体表现出了"微小、迅速"的需求，将"微"媒体推到了时代的前端。手机媒体可以说是微时代的绝对宠儿，它很好地满足了人们对"微"的追求，大学生对手机、对微媒体的使用也相当普遍，因此，打造手机"德育微平台"不仅能够创新德育载体，而且也更契合大学生的接受心理。

利用手机微博平台进行道德教育。手机微博将手机媒体和微博有效地融合为一体，集中了二者的优势，是新媒体时代高校德育的新阵地之一。首先，应正确认识微博，树立发挥微博德育功能的新理念。在大学生眼中微博更多的是一个娱乐平台，他们在微博关注明星，关注城市美食，而没有意识到微博也可以传达道德知识。在德育工作者眼中微博也是消遣娱乐的工具，甚至认为是德育工作的阻碍力量。其实大学生对微博的钟爱正是教育的好契机，德育工作者可以开设自己的微博，主动与学生相互关注，留意学生"微言"中的含义，适时引导学生，并且可在微博中发布传递正能量的内容，依靠微博的强大交互性与传播性扩大影响。其次，应科学使用微博，引领微博的舆论导向。微博中的内容包罗万象，自然也存在消极的舆论，德育工作者就需要在微博中发布个性化的"微言"，吸引学生的注意力，形成积极健康的舆论方向。此外，高校德育还需要构建微博信息的反馈机制，将学生在微博中出现的行为特征、心理变化及时地反馈给相关老师，采取有效的德育措施。利用手机微信平台进行道德教育。微信是微时代的产物，它创建的交流平台是很好的德育平台，许多高校教师已经体验到微信的优势，会在微信上下达通知等，但是并没有充分利用这个平台来进行道德教育。对微信德育平台的使用表现为两点：其一是促进师生的平等对话。微信支持输入聊天、语音聊天和视频聊天，师生可以在微信展开自由的对话，在潜移默化中实现人对人的影响，把教师的人格力量传递给学生。其二是创建道德学习小组。微信的群组创建功能也可以为德育所用，创建道德学习的小组，小组成员在微信里进行交流，分享学习资料与学习成果，探讨道德文明发展的现实问题，小组之间还可以展开各类活动，在合作与竞争中学习道德、实践道德，充分发挥微信德育平台的作用。

将手机媒体引入德育教学，打造德育微课堂。德育课程的发展现状不容乐观，许多大学生表示这样的课程缺乏吸引为，内容空泛，脱离实际，我们在呼吁大学生反思的同时，是不是也应该进行德育课程的改革呢？首先，引入手机媒体就是改革的可行性路径之一。打造德育微课堂首先要在备课的阶段借助手机媒体了解大学生的需要和变化，并将之体现在教学内容上，融入教学课堂；其次，要在德育课堂上适当地允许学生使用手机媒体，例如，在爱国主义教育过程中，就可以让学生用手机搜集爱国的真人真事在课堂上交流，这样必定会调动起学生的积极性；最后，要在德育课堂之后利用手机媒体进行跟踪再教育。一方面，通过微博互动、微信聊天等了解学生的掌握情况，收集学生的教学意见，随时地调整教学计划；另一方面制作能够在手机上播放的多媒体课件，并在微博、微信、QQ 中共享，向学生提供更丰富的教学内容，也便于学生自我学习，自我提升。

三、在数字电视媒体下设学校环境的路径

数字电视媒体相比较于网络媒体和手机媒体，在大学生群体中的影响力比较小，但是对于整体的高校德育环境，数字电视媒体是不可或缺的，它是校园科技化与人文化的体现，而且数字电视媒体蕴藏的德育潜力也是可观的，值得去挖掘。

（一）坚持自然化、人文化、科技化统一原则设计校园数字电视媒体

数字电视媒体在高校中的使用形式主要是数字化的显示屏，包括电梯口前的电视显示屏、人民网等移动客户端的显示屏等，这些数字电视媒体方便了大学生随时随地地了解各类信息，也增添了校园的科技韵味。这些科技化的数字电视媒体必须与校园整体的人文环境、生态环境相协调，否则其德育功能会大打折扣，德育环境也丧失了整体性，因此我们应该以自然化、人文化、科技化相统一的理念作指导，来设计校园的数字电视媒体。

自然化是对校园的生态环境提出的要求，一方面，我们要从审美的视角来建设校园生态环境，让校园洋溢美丽大自然的气息。各类各样的植物花草、清澈的小河湖泊、雅致的亭台楼阁……共同构成了美丽自然的校园，也

使大学生在学习之余不出校门就可享受到自然风光，受到美的熏陶。另一方面，我们要赋予生态环境德育内涵，发展生态德育，强调其间接的育人功能。生态德育是近年来德育研究的热点之一，是指教育者引导受教育者在人与自然的共处中感悟自然的魅力，从而形成爱护自然的意识，自觉养成与自然和谐相处的文明行为习惯。生态德育的发展拓展了德育的视域，丰富了德育的内涵，也让校园的一草一木不再仅仅是一片植被，而成了传递道德正能量的载体。

人文化是要求高校德育环境"以人为本"，促进大学生的全面发展和价值的实现。高校德育环境建设的目的就是促进大学生的道德发展，因此无论是在什么样的时代背景下，德育环境都要坚持以生为本，坚持人文化。人文化是体现在每一个细节的，校园设施的布置、教师的教育理念、教学工作的开展等都应彰显人文关怀，让学生在校园中体会到温暖与自由，拥有成长与发展的良好空间，并能够在迷茫困惑时得到师长的关心与帮助。人文化为高校德育环境营造了温暖和谐的氛围。科技化是要求高校德育环境与时俱进，顺应新媒体时代的要求，增设数字电视媒体就是表现之一。但是，纵观当前高校的数字电视媒体设备，其内容很少涉及德育，而且也没有专门的管理人员，使得这些设备的德育功能未被开发。由此，高校可在数字电视媒体上开设德育的板块，板块的设计要具有新意，吸引大学生的关注，板块内容要丰富多样，例如，可有道德研究动态、道德热议平台等内容。也可以在校园广播、校园电视等媒体上传播德育的内容，并向全校大学生征集德育的信息。

自然化、人文化与科技化相统一的理念将高校德育环境整合为一个真善美的整体，存在于其中的数字电视媒体和其他环境因素一起形成了德育的合力。

（二）及时更新内容，确保时效性

道德教育是一项长期性的工作，在过程中教育者要善于把握教育时机，良好恰当的教育时机可以起到事半功倍的效果；同样的，数字电视媒体对大学生的道德教育也要抓住时机，力争达到更好的德育效果。这就要求校园数字电视媒体要做到以下两点：

1. 紧扣时政热点，呈现的内容要反映社会现实，贴近大学生生活

高校校园的数字电视媒体仍未引起德育工作者的重视，其内容多是广

告、娱乐、社会新闻等，并没有相关的道德教育内容。因此，有必要增加这样的内容，并且内容的选择要紧扣时政热点，使数字电视媒体成为对大学生进行时政教育的新媒介。时政教育是爱国主义教育的必要内容，不仅可培养大学生的爱国情怀，而且能够推进大学生的社会化，帮助大学生加入社会政治生活，这也是道德教育的内容之一。但是，数字电视媒体在呈现时政热点时应避免新闻播报似的平铺直叙，而应当加入大学生感兴趣的内容，例如，专家点评、网友意见等。紧扣时政热点是充分利用每一个教育时机表现，是抓住时机的保障。

2. 及时更新内容，加强管理

当前高校的数字电视媒体疏于管理，甚至出现屏幕黑屏了也无人问津，这使得数字电视媒体成了摆设，亟须加强管理，确保数字电视媒体的正常运行，也负责内容的及时更新。之所以要确保内容的及时更新，是因为这是新媒体时代的要求，人们对信息的更新速度要求越来越高。这也是抓住德育时机的要求，大学生往往会通过网络媒体、手机媒体了解到当天的热点，如若数字电视媒体及时地呈现这样的热点，并且增添道德引导的内容，那么就能够适时地引导大学生，进行道德教育。及时更新内容除了要加强管理，明确责任人义务，还需要强调内容的形式美与内在美。形式美是说内容的排版要用心设计，吸引大学生眼球；内在美是说内容要有价值，要能够拓宽大学生的眼界，引发大学生的思考，这才能具有道德教育的可能性。由此，成立专门的数字电视媒体工作小组是有必要的，小组成员应包括数字电视媒体的技术人员和德育的专业人员，共同合作将最新、最热的道德焦点通过数字电视媒体呈献给大学生。

（三）实行"学生自治"的数字电视媒体管理模式

在强调及时更新数字电视媒体的内容时，笔者已经表示过加强对数字电视媒体的管理的重要性，并提出成立专门的工作小组的意见，这个工作小组由高校的德育部门负责，但是其成员应主要由大学生组成，即实行"学生自治"的数字电视媒体管理模式。"学生自治"管理模式实现了标准取向与差异考量、制度规范与人本立场、外部律令与团体监督的结合日益紧密。这种管理模式的优势在于一方面促进了大学生综合能力的发展，包括组织能力、合作能力、信息选择能力等，也提高了大学生的主人公意识和责任感，这些优秀品质都有利于大学生德行的养成以及德行的实践。另一方面也保证了数字电视媒体的内容为学生所欢迎，由学生自己编排的内容自然更容易引起大学生的共鸣，这就增强了数字电视媒体的影响力。"学生自治"的数字电视媒体管理模式中，大学生是主体，应发挥主动性。大学生是主体是说大学生全权负责数字电视媒体的运行，包括板块的设计与安排，内容的选择与编写以及数字电视媒体的运行现状等，大学生需要以团队合作的形式来进行一系列的工作，相互启发，相互监督。发挥主动性是鼓励大学生积极参与管理工作，全身心地投入，努力创新观点，提出有价值的意见，这就要求将管理工作做活、做新。

"学生自治"的数字电视媒体管理模式在实践中应注意：第一，制定完善明确的规章制度，让整个管理工作有条不紊地运行在轨道中，每一位成员也要严格遵守制度，不折不扣地完成自己的工作，并积极协调他人的工作。第二，成员的招募要有计划性，不仅要求具有良好的工作品质，例如，认真负责、积极性高等，而且在成员组成上要兼顾专业特长，要有懂得新媒体技术的相关专业同学、道德教育相关专业的同学、新闻传播相关专业的同学，等等，这是保证工作的每一个环节具有专业性的要求，也是"学生自治"管理模式得以正常实施的保证。第三，"学生自治"管理一方面要积极向老师征询专业意见，不断改善工作，使高校数字电视媒体发展得越来越好；另一方面也要向其他大学生征集工作意见，通过数字电视媒体反映大学生的心声，满足大学生的发展需要。同时，"学生自治"的管理小组也要虚心接受老师和学生的监督，认真对待他们提出的不足，并积极改正。

新媒体时代高校德育环境的建设是走出当前德育困境的有效探索之一，利用环境的隐性德育功能，加入新媒体的时代因素，不仅可吸引大学生的注意，吸引他们参与，而且其德育效果是深远的，对大学生的"成人成才"有着深刻意义。良好的高校德育环境也可以促进文明社会风气的提升，助力"中国梦"！

第五章 新媒体视域下大学生德育理念与模式创新

第一节 新媒体视域下大学生德育指导理念的创新

新媒体对大学生德育产生了巨大的影响，新时期必须根据新媒体带来的变化，结合新媒体的传播特点和规律创新大学生德育，而德育指导理念的创新是创新德育的根本，欲创新新媒体视域下的大学生德育，必须首先创新其指导理念。新媒体视域下的德育创新应坚持以下指导理念：整体育人理念，一元主导与包容多样的理念，德育价值取向与社会道德整体发展趋向相一致的理念，德育内容、方式、方法、途径与新媒体传播规律相一致的理念。

一、树立整体育人理念

整体育人指把德育看成一个完整的整体，从德育的主体、客体、介体到德育的现实环境和虚拟环境，看成一个完整的整体。这样新媒体视域下的整体育人包含两方面的含义，一方面指虚拟空间与现实空间德育的有机结合；另一方面指学校、家庭、社会教育与虚拟空间德育的结合，这两方面的含义共同构成了新媒体视域下整体育人理念的完整内涵。

（一）实现虚拟空间与现实空间德育的有机结合

今天，新媒体给人们带来的最本质的冲击是传统意义上的物理空间概念发生了革命性的变革，"虚拟空间"横空出世。传统的、直观的实在物理空间与虚拟空间相比存在许多本质的区别。实在物理空间可以三维度量，第四章新媒体视域下大学生德育指导理念的创新在物理世界里开展德育工作，必须符合事物的客观性、实在性原则。教育者、教育对象、教育环境和教育媒介都是实在的。教育者在实在空间里把握教育对象的思想的针对性和准确性一般是较高的，教育效果也较理想。

　　新媒体给人们带来的虚拟空间具有全然不同于物理实在空间的诸多特征。在新媒体创造的虚拟环境中，人们的思维悬浮在虚拟空间中，摆脱了肉体的束缚，沉浸在充满数字情感的虚拟世界里。科学家试图通过人工技术操作使虚拟空间更加类似于物理实在空间，以便在虚拟世界中可以不折不扣地解决以往必须在实在空间才能解决的问题，也包括我们关注的德育问题。但是人们办不到。一方面现在的新媒体技术还达不到如此先进的程度，更主要的是我们在价值判断上难以达成共识。虽然我们感觉到虚拟和实在之间存在着共通性，而且这种共通性日趋成熟和稳定，但我们不得不承认，虚拟空间代替不了物理实在空间，物理实在空间也代替不了虚拟空间。物理空间具有实在性、唯一性，某个事物只能在某个特定的时空出现，不可能有第二个空间让其展示同一发展过程。虚拟空间不是唯一的，而是多重的，同一场景可以被模拟到不同的虚拟世界里。即使某一虚拟空间是全部地模仿了某个物理空间，人们在进入其间的那一瞬还是不得不做出判定，虚拟空间应当模仿人类主观感觉的那个世界还是模仿客观存在的自然科学所认定的那个世界。虚拟空间在某种含义上可以理解为它来源于柏拉图主义。网络虚拟空间的物体正是从柏拉图想象力所构造出的理念出发，但那些完美的立体或抽象的思维在意义上却不同于柏拉图所构造的理念，相同的则是网络虚拟空间的信息秉承了柏拉图形式的内涵。

　　鉴于虚拟空间和物理实在空间之间存在的差异，我们认为，不管两者有多大的包容性，虚拟空间代替不了实在空间，实在空间的德育工作并不是所有都可以在网上得到解决的。道德问题一般是复杂和多元化的，单凭肤浅的交流往往看不出、看不准问题症结所在。我们又如何保证新媒体虚拟空间的思想交流具备针对性和指向性呢？再者，道德问题的真相和假象往往很难区分，有时连受教育者自己也分不清到底自己的问题出在哪里。这种情况下开展虚拟空间的德育依然不能保证教育者能准确、及时找到问题真相。而且，虚拟空间模拟不出人类的全部情感，网络和计算机有时缺乏人文关怀。

　　我们一方面认识到虚拟代替不了实在，实在空间的德育任务很难全部放到虚拟空间完成；另一方面，我们又看到虚拟以其强大的优势弥补着实在做不到的漏洞。因为虚拟空间同样具备着"教育者—交流沟通—受教育者—信息反馈—教育者"这一德育基本环节，那么在新媒体虚拟空间中开展德育一定会收到实效。而且如果能够把实在空间的德育与虚拟空间的德育有机结合，一定会收到单一的实在空间德育与单一的虚拟空间德育所不能达到的最优效果。新媒体虚拟空间与现实空间德育的结合可以体现在目标、内容、方法、手段、效果的结合等各个方面。

（二）实现学校、家庭、社会教育与虚拟空间德育的结合

近年来，关于德育合力、思想教育合力的问题引起人们的广泛关注。文章前面部分已经谈到，发挥好德育的合力，一方面可以产生比单一学校德育更强大的力量；另一方面可以产生类似于几何效应的一种新的力量。而面对新媒体环境，实现从单一学校教育向学校、家庭、社会教育与新媒体虚拟空间教育结合的方向转变就显得尤为重要。

随着新媒体突飞猛进的发展，德育出现了社会化、本真化、深邃化、立体化的发展趋势。从空间上看，德育已经完全超出了学校范围；从时间上看，德育也已经完全超出了学校教育的阶段。跨越了时间和空间的特质所界定的德育成为一个终身的、全员的认知理性和实践理性；从主体上看，主体间关系已经完全超出了国家的范围，在全球各民族的各种思想文化的交融和碰撞中共生与融合。

传统德育体制的封闭性与以新媒体为标志的信息社会的开放性形成了强烈反差。新媒体的开放性必然与封闭式的传统德育模式产生矛盾与冲突，教育不是一个孤岛，它不仅与学校其他各方面的教育密切相关，而且与整个社会紧密相连。但是长期以来，我国学校德育与社会德育形成了相对独立的封闭性体系，因此在面对新媒体的开放性时，传统德育体制就存在一定差距。在新媒体视域下，要把单纯的学校德育扩展到家庭、社区、社会乃至新媒体自身，让社会来共同承担德育任务与责任，要健全学校、社会、家庭的网络化的评估体系，尽量减少德育与新媒体的结构性落差，减少信息开放与德育封闭的冲突。客观上，新媒体对学校、家庭、社会、学生的影响是巨大的，新媒体全方位地改变了人类的生存方式。从长远来看，如果德育在新媒体中日渐萎缩的话，道德问题将会面临灾难性后果。我国当前一些大学生的离经叛道、放纵等行为，与信息社会初始时期的无序状态不无关系，与传统德育的功能失效也不无关系。德育体制应与时俱进，如果不与时俱进，自身的生存和发展也将成为问题。因此，在新媒体视域下，德育应实现从单一学校教

育向学校、家庭、社会教育与新媒体虚拟空间教育结合的方向转变。

二、树立一元主导与包容多样的理念

人类进入 21 世纪，德育面临着市场体制和全球化的推进等变化，新媒体的迅猛发展更使文化多元化、社会信息化、社会多样化和个体特色发展等日益明显。在这些新背景下，德育要正确处理新媒体视域下的多元文化激荡、社会多样化发展、学生个性化发展与社会主义核心价值体系主导之间，多元道德冲突与中国传统道德的继承、对西方道德观念的借鉴与扬弃之间的多方面的辩证关系，就必须坚持德育一元主导与包容多样的理念，既坚持以社会主义核心价值体系为主导，又继承中国传统道德的优秀传统，同时借鉴和吸取西方道德文化的积极因素。坚持一元主导前提下包容多样的指导理念，是当今新媒体时代背景下德育的必然选择。

（一）坚持以社会主义核心价值体系为主导

全球化和信息化是推进当代社会发展的主要潮流，新媒体的发展促进了信息化和全球化的进程，新媒体中多元文化、多元价值观相互激荡，西方意识形态对我国主流意识形态的渗透与冲击不容忽视，而新媒体中个体自由、无监督状态下的选择，更使得个体易于接受多元的价值观，也使得道德选择处于迷茫和混乱状态。因此，必须加强社会主义核心价值体系在新媒体环境中的主导。

在新媒体传播环境中，东西方文化思潮的交汇、碰撞更为直接，新媒体传播环境是一个多元文化交织的、多种思想碰撞的相对复杂的文化环境。新媒体由于传者与受者的广泛性与主动性，在价值导向上传统媒体有效的调控手段，如封锁信息源、控制传播渠道、筛选信息流等手段很难实现。因此用社会主义核心价值体系主导新媒体文化是优化新媒体传播环境的需要，更是新媒体视域下创新德育的现实需要。

（二）继承并弘扬中国优秀的传统伦理道德及其德育价值

新媒体环境使中国传统道德面临挑战和冲击。新媒体形成了跨越时空的网络交往，对"私德主导、公德不彰"的中国传统伦理造成了严峻挑战。中国传统伦理道德是建立在"熟人社会"基础上的"熟人伦理"，由于传统社会交往面窄，交往对象大都是熟识的人，传统道德得到较好的维护。而新媒体传播是一个基本由陌生人组成的社会，传统伦理道德面对新媒体构成的陌生人交往表现出滞后性和不适应性。新媒体改变了传统的社会资源的分布格局，社会财富和权力、地位流向代表取代科技发展方向的群体和个人，打破了传统社会等级差序结构和封闭的组织方式以及相应的门第观念等制度与观念。新媒体带来的开放、平等的网络文化精神不断冲击着传统伦理文化中的保守性的精神理念与气质。新媒体由于其去中心化的传播特点、全球性的广泛参与，使伦理相对主义和伦理多元化强化，使中国传统道德面临开放的多元道德文化并存的挑战。

继承中国传统优秀的伦理道德及其德育价值。新媒体传播推进了经济全球化和文化多元化的进程，同时也促进了中国传统伦理道德中的优秀成分逐步得到世界性的认同。如何正确认识和把握中国传统道德，继承中国传统优秀的伦理道德是一个必须认真面对和解决的课题。从人类德育活动的历史来看，德育主要有三种类型：一是继承与发展方式，就是在保持本民族道德体系的历史完整性基础上发展、创新德育；二是移植与复制，以外来道德体系代替本民族道德体系；三是解构与重建，彻底告别本民族的道德传统，在新型价值观念指导下建构新型道德体系和道德价值观念。从后果来看，第一种德育的优势在于保持了道德传统和已有的道德成就，缺陷是局限于民族自豪感而拒绝外来先进价值观念；第二种德育的优点在于吸收其他国家和民族的优秀道德成果，缺陷在于可能造成本民族道德传统的遗失；第三种德育方式的优势在于能够彻底清除既有道德的不良影响，缺陷在于这种方式有可能因为拒绝人类道德成就而陷入道德迷茫之中，脱离公众的道德实际和要求。科学的德育方式应该是在继承本民族的道德传统的基础上，吸收优秀的外来道德价值，不仅保持本民族道德体系的完整性、继承性，而且赋予道德价值观念开放性和时代性。新媒体视域下的德育创新应该在继承、发展中国传统优秀道德文化的基础上，学习、借鉴西方道德文化的积极因素，根据时代发展的特点和新媒体传播特点与规律，促进我国道德文化和德育在新媒体视域下的创新和发展，以适应我国社会发展的需要。

中国传统道德是新媒体视域下德育的精神家园，是不可撼动的"根"。通过对中国传统道德文化进行梳理、分析和扬弃，实现对中国传统道德文化的继承和创新。就主流而言，中国传统道德是以儒家思想为核心、以道家思想和佛家思想为补充的"三位一体"的体系。这个体系随着社会的发展一直处于变化之中。经过认真梳理，学界挖掘出了支撑中华民族近两千年的道德价值，并把其作为推进当前道德发展的思想基础。中国传统道德的核心价值规范包括仁、义、礼、智、信等方面。中国传统文化的道德精神与西方道德价值观的重大区别就在于，西方道德崇尚个人自由以及人与人之间的平等，个人的成功和幸福是决定其道德价值选择的主要动机。但是中国传统文化的道德精神的重心不在于个人，而是把个人的道德修养当作个人参与社会活动、推动社会发展与进步的途径，道德修养从修身开始，直至"齐家、治国、平天下"，这是中国传统道德目的论的总纲领。中国传统道德的重要内容就是关注个人在各种道德关系中如何做出道德选择，在各种道德冲突中坚持操守，施行仁义。正是在反复不断的道德价值冲突和人的道德选择过程中，形成了中华民族独特的伦理风格和道德精神，"以理导欲"而"欲不可纵"，公私分明、公而忘私，"礼、义、廉、耻"德之四维，知行合一，直至于"修身、齐家、治国、平天下"。这些都是宝贵的道德资源，当代中国的道德进步只能建立在对传统道德精神的继承和创新基础之上。当然，中国传统道德文化中的"私德主导、公德不彰"，君臣、父子、男女不平等的"三纲五常"等需要在现代化的进程中予以改进。

中国传统德育在新媒体视域下的继承与创新主要应从以下几方面着手。

首先，传统道德是新媒体视域下德育创新的根基。道德价值观念的先进性和发展性是道德发展的重要标志，每一个时代的道德观念都可以通过反思、批判前人的道德观念进行创新和重构，形成新的道德观念和价值标准，推动道德进步。虽然新媒体创造了与以往传统不同的虚拟与现实共存的环境，其虚拟、开放的环境受到西方价值观念的强烈影响，也表现出西方道德与新媒体环境相契合的一些特点。但无论是从理论逻辑还是历史经验教训来看，德育都不能建立在抛弃民族传统的基础之上，放弃几千年的道德传统转而投入西方的怀抱，或者是毁灭传统将道德前途交付给脱离实际而不可预测的价值体系，后果都将是可怕的。今天中国的德育只有以中国传统道德作为发展的起点，得到中华民族文化的孕育和支撑，才有可能为新媒体视域下社会主义价值体系的构建提供可靠的基础。

其次，传统道德是新媒体视域下实现德育高端目标的必要条件。德育以一定的道德目标为落脚点，而道德目标则是由一系列不同层次的目标系列所构成的，从低级阶段的日常生活中的基本生活规范，到高级阶段的理想、信念等人生的追求，都是进行不同层次的德育所要关注的目标。在新媒体视域下，这些道德目标仍然需要或者说更需要更好地坚持。德育的高端目标是指以远大的人生理想、爱国主义、民族精神、为人民服务为内容的个体道德品质的培养目标。从德育资源来看，中国传统道德价值体系中所注重的就是"君子正其谊不谋其利，明其道不计其功"，大公无私，今天我们的德育目标不可能将每一个人定位于"君子"模式，但中国社会的发展确实需要引导人们为国家的民族前途而放弃个人利益，为人民服务而奋斗一生；从民族精神、爱国主义道德的特殊性来看，这些道德目标都具有非常鲜明的民族和国家的特征，而对于自己祖国的情感、对于本民族的追随必须建立在对以往传统道德的继承上。在新媒体视域下，这些道德目标更需要很好地坚持。

最后，本土道德价值是新媒体视域下民族文化认同的核心。新媒体视域下，各民族文化相互激荡，在此背景下进行德育必须处理好两对关系。一是继承传统道德与道德创新的关系；二是重视本土道德价值与吸收外来道德观念的关系，应该在继承传统美德的基础上创新道德，推动道德价值的现代化。新媒体的发展推动了中国现代化的进程，中国的现代化不仅体现为生产方式的现代化，更体现为思想观念的现代化，公平、平等、自由、对个人权利的尊重等都是现代化社会不可缺少的价值观念。但是，由于中国传统道德的历史性和时代局限性，它是不可能为我们提供现成的解决道德问题的方案的，我们只能不断进行道德观念的创新，追寻适合新媒体环境的、能够推进中国现代化进程的、更具合理性的道德价值观念，并通过德育的途径向公众传播，从而解决各种道德问题。西方发达国家属于先发型现代化国家，在此过程中，西方国家和民族形成了丰富的道德成果，这些成果已经显示出在推动人的发展、促进社会进步等方面的巨大作用。我们坚持本土道德价值，学习西方先进的道德价值观念和德育的思想和方法，可以促进中国传统道德和德育的创新，还可以将中国传统道德通过新媒体等渠道向全人类传播，使中华民族的优秀道德成果走向世界。

（三）学习并借鉴西方道德及其德育文化的积极因素

西方德育文化主要是立足狭义文化角度而言的，是指西方德育的基本精神、原则、理念和基本模式等属于观念形态的德育文化，主要内容包括以自由、民主、平等为核心的人文主义价值诉求，理性主义的哲理基础，自由公民的培养目标，趋于生活世界的实践指向，教育方式多元发展等。西方德育文化值得我们学习和吸取之处主要有自由、民主、平等的人道价值观念，自由公民的现代合理定位，注重个体主体精神、权利与义务对等、契约、正义的公民伦理价值，理论深掘和实践创新并举、现实性与理想性并举等德育优点，而需要防范和警惕之处主要有个体本位的过度张扬、西方文明中心论、意识形态霸权。

西方德育文化的内容存在着一些前后基本一致的深层次的理念和精神脉络，具有不同于东方文化的特征，很多方面表现出与新媒体环境、现代性相契合的特点。一是人文理念深入人心，内涵丰富，涉及面较为宽广，随着历史发展不断丰富、提升，其中自由、民主、平等是最具代表性的人文价值诉求。二是理性主义的哲理基础。理性主义在西方文化中占有非常重要的地位，苏格拉底的"美德即知识"奠定了"围绕着理性树立德行"的德育理路，反思和重建后的理性主义是当今欧美的德育主导信念之一。三是自由公民的培养目标。从个体受教育者角度而言，德育主要是为了实现自我道德方面的完善和发展，形成和谐的个性，成为有德行的人；而从国家而言，主要是为了培养热爱国家、维护国家政权、遵守道德秩序、能为国家和民族做出贡献的道德国民。两者有冲突的地方，也有相通之处。西方德育在两者的结合方面有独特之处，培养奠定在个体主义和自由主义基础上的，既富有德行和自由个性又忠诚爱国、遵法守纪的自由公民成为西方很多国家的德育目标。四是注重个体主体精神、权利与义务对等、契约的公民伦理价值。西方道德文化中的公民伦理价值包括如下基本价值范式：个体主体精神、权利与义务对等精神、契约精神。五是趋归"生活世界"的实践指向。西方德育的唯智主义、主知主义早在其最初萌发时期就已经遭到一些思想家的批评，亚里士多德提出了实践理性思想，恢复德育的生活实践向度。到了现代社会中，人们对传统主知主义、科学化德育模式的缺陷和弊端有了更清楚的认识。恢复德育的人文特性，回归德育的生活实践向度，成为当代德育的主导倾向。

西方德育的以上所有特点，如自由、民主、平等的人道价值理念，自由公民的现代合理定位，注重个体主体精神、权利与义务对等、契约的公民伦理价值，趋归生活世界的实践指向，都契合了新媒体开放、多元、自主的环境。加之新媒体本身是西方科学技术和文化发展的产物，因此西方道德及德育文化本身与之具有更好的契合性，这些是我们应该积极吸取和借鉴的有益因素。而西方德育理论深掘与实践创新并进、理想性与实效性共举的教育路径也是我们应该学习和借鉴的重要方面。

三、树立德育价值取向与社会道德整体发展趋向相一致的理念

德育是道德活动的一种重要形式。它是培育理想人格、造就人们内在道德品质、调节社会行为、形成良好社会舆论和社会风气的重要手段。一种道德，最终能否被社会所接受，关键固然在于它能否反映社会道德关系的本质，是否符合社会发展的必然性，但是，这种道德究竟能够在何种范围和程度上为人们所接受，却取决于它的传播程度，取决于德育实施的好坏。德育不是一种无须外部条件的抽象的、孤立的活动，社会的政治、经济制度对于德育的性质和具体内容有着直接的决定作用，社会道德的整体发展趋向决定了德育的价值取向。新媒体传播促进了我国社会伦理向现代公民社会伦理的演进，新媒体视域下的德育创新应坚持德育价值取向与社会道德整体发展趋向相一致的理念，顺应新媒体视域下我国社会伦理向现代公民社会伦理演进的趋势，注重大学生的公民伦理德育。

（一）社会道德的整体发展趋向决定了德育的价值取向

"现代化"是最深刻揭示近百年来中西方社会发展脉络和世界秩序变动的语境，以新媒体为代表的信息化推动了中国现代化的发展。现代化是一个巨大的社会变迁过程，它通常由物质层面的变革始发，进而引发制度与文化全方位的变革。精神层面的变革是现代化中最深层、最内蕴的变革。现代化与现代性不能仅从社会的政治、经济结构来规定和把握，也必须通过人的体验结构来把握和规定。以德行价值为核心的人的精神气质的现代化是社会现代化的必然趋向，又是全面实现社会现代化之依归。现代化促成传统伦理精神的变迁和伦理范型的转换，同时也呼唤和铸造与社会现代化互动的时代精神气质与人格范式。现代化及其所创造的现代性价值，集中体现在它对社会价值范式与权重的根本性转变上。

伦理道德作为社会结构中的观念形态，随着社会物质与制度层面的改变而变迁，这种变迁有自发的演进与自为的推进两种形态。自发的演进指伦理价值生态因其存在的物质基础的改变而变革，其间有不依人的意志的发展

趋向；自为的推进则是社会主体力量根据变迁的社会生活与利益关系，有意识地推进伦理道德价值与规范，构建新伦理精神与塑造道德人格范式。现代化中的伦理变动是自发、自觉的两种力量相互交织、相互作用的过程与结果，是实然与应然的统一。20世纪80年代以来的中国现代化进程是在以新媒体为代表的信息化推动的全球化的环境下展开的，这种境遇颠覆性地改变了传统社会结构与人的生存方式，使长期处于孤立封闭、自生自长的文化空间结构之中的中国传统伦理文化及其价值范式面临生存境遇的置换，必将产生与时代境遇的深刻矛盾并面临较大的变迁。尽管精神文化历史惰性的特质依然存在，但中国现代化进程中新的社会境遇和人的生存方式促进了传统人伦秩序的改变和新伦理范式的形成。从社会主体道德构建的自觉行为考察，现代化中精神文化的促动因素包含社会主体的自觉行为。社会精神文化难以自发完成自身的历史转型而获具现代性气质，它作为人们生存方式的精神价值凝结，自始至终受到社会主体的自觉意志的规划、导控与指引。代表社会意志的主体通过道德文化建设和德育来导引精神文化与规范社会生活的人伦秩序，现代化中的精神气质的转变是实然与应然的统一。社会变迁经历由器物到制度发展，进而引发思想观念、精神文化的全面转型过程，社会主体的自觉构建与教育（德育是社会主体自觉的体现）则使得这种突然变迁朝向体现社会主体意志的应然发展方向。因此，社会道德的整体发展趋向决定了德育的价值取向，德育的价值取向应与社会道德的整体发展趋向相一致，只有这样才能发挥德育的社会主体自觉作用，才能使社会道德变迁朝向体现社会主体意志的应然发展方向。

（二）新媒体传播促进了我国公民社会的发展

从伦理学的角度分析，公民社会是公民作为社会主体的社会，公民身份的现代含义主要是通过与"臣民"的对比中显现的。臣民是君主专制制度下的无主体性、不自由、不平等的社会存在状态，所形成的是依附型人格，公民具有人格独立、自由平等、权利与义务关系上的对等等特征。

公民社会与国家二元架构下的公民社会是西方公民社会的基本理论维度，对于中国是否存在公民社会一直以来争议较多。公民社会在不同的历史阶段以及不同的文化背景和国别也会有所不同，东西方的历史和现实的差异决定了中国的公民社会不会走西方的老路。中国社会目前正在形成公民社会的基本特征和精神特质，中国市场经济的发展为公民社会的形成奠定了社会制度和经济基础，中国的网络化、全球化际遇进一步改变了传统社会的价值观念。新媒体通过对公共领域的建构，促进了中国公民社会的形成，孕育了现代开放的价值理念与精神气质。

新媒体传播促进了中国公民社会的形成，孕育了开放、民主等现代伦理精神。公共领域的建构必须具备以下三个条件：由私人组成的公众，他们具有独立人格，能够在理性基础上就普遍利益问题展开辩论；拥有自由交流、充分沟通的媒介；能够就普遍利益问题自由辩论，进行理性批判并达成共识，形成公众舆论。新媒体传播为中国建构了较理想的公共领域，推动了中国公民社会的进程。其一，新媒体传播为中国培养了自主理性的公众。新媒体提供的出版空间刺激了个体对信息创造性活动的主动参与，也实现着参与者的自我发现与完善。新媒体将个体置于一个反思和重塑自我的循环之中，由于博客等有相对固定的发布空间，这使传播者的身份相对确定，出于获得他人赞赏的需要，参与者倾向于表现自己的优点而故意收敛个性中的负面因素，使交往行为趋于理性，从而培养了具有独立性、自主理性的公众。其二，新媒体为中国民众提供了可以表达主张的功能强大的话语平台。在此之前，中国大众传媒基本上处于精英力量的主导之下，民众参与度不高。新媒体把传统媒体的受众转变为公众，使中国普通民众大规模介入公共信息传播。当今中国社会各个地区、各个层级几乎都在互联网上建造了信息传播平台，公民的知情权、公共表达、公共监督、公共参与和公共协商等信息权利得到极大的实现。其三，新媒体促进中国公众就普遍利益问题自由辩论，形成公众舆论。新媒体向所有人和所有的问题开放，公共话题的范围从传统公共领域的文学艺术话题，扩展到社会生活的几乎一切领域。公众可以不经过"把关人"的审核把事件上传到网上形成草根新闻，按照自己的意愿自由讨论问题并推动舆论，使公共事务更多地置于公众的监督和评判之下。新媒体通过建构公共领域，促进了我国公民社会的形成，也孕育了开放、平等、民主等现代伦理精神。

新媒体传播促使中国传统伦理向公民社会伦理演进。中国现代化转型与发展为公民社会的形成准备了良好的条件。公民社会是一个器物存在、制度存在和精神文化观念的统一。公民社会的现代性意义通过公民社会精神形态——公民伦理体现出来，公民伦理形态是实现伦理传统创造性转化的必然抉择与过程。

中国传统儒家伦理有心性伦理、制度伦理和日常伦理三个层面。中国传统人格状态分为理想人格与现实人格两个层面，心性伦理揭示了"圣贤人格"理想的崇高价值目标，制度伦理孕育了中国传统社会的现实人格。中国传统社会的现实人格表现出了以依附、无我、不自由为特征的"臣民人格"状态，中国传统理想人格的终极归宿是服从和服务于宗法血缘关系基础上的关系及其统治的需要，中国传统理想人格与现实人格统一与共生于"臣民身份"中。

新媒体传播使广大民众积极参与到公共事务中，公民社会趋向与公民伦理诉求成了当代中国的基本社会存在境况。从传统社会依附型人格走向公民社会独立型人格，成为中国社会伦理变迁和公民伦理趋向的必然蕴含。公民人格的价值包含两个方面。其一，既尊重个体独立价值的主体性，又强调尊重他者权利的主体间性。公民人格在强调对依附性、受动性消除和主体性、独立性获得的同时，强调人所应当承担社会义务和对他人的尊重。新媒体传播环境促进了人们独立性和主体性的自我意识，同时网络社区中的社群化又使人们形成了对他者权利的尊重和认同。一方面，网络化生存解构了传统的整体主义至上的价值模式，在新媒体创造的存在时空中，个体摆脱了现实社会群体与社会关系的制约，凭自由意志做出体现自由意志的价值选择，促进了独立性和主体性的自我意识；另一方面，由于新媒体环境中人们持有各自不同的价值观，在彼此没有根本利益冲突的前提下，人们选择了包容与尊重他人。从而新媒体促进了主体性与主体间性统一的公民伦理精神的形成。其二，既推崇契约精神和规范意识，又高扬德行价值。契约精神是平等主体为了尊重相互间的主体地位与权利而达成契约的精神凝结，是维系公民社会正常交往的最基本的主体人格要求。德行精神是一种道德价值信仰，是主体内在的对美德与崇高人格范型的追求。公民人格既推崇契约精神又崇尚德行价值，在优先强调契约与规范意识的同时，又倡导作为价值信仰存在的德行精神。新媒体所具有的网络文化精神和技术理性与契约精神之间相互贯通，新媒体视域下的网络化生存使差异主体的独立性越发强化，个体权利诉求更加自由与开阔，而现实社会的他律机制在虚拟时空中的淡化，使差异个体间的矛盾更加纷呈。网络虚拟空间的理性化与规范化迫切需要更加完备的法制与契约形式，新媒体不断催生现代完备的契约精神。又由于现实社会的道德规范对新媒体时空中的行为不具有较强的约束力，个体是否遵守道德规范主要依靠其自身的道德水平和道德信仰。因此，新媒体催生了契约精神与德性精神统一的现代伦理精神。

（三）新媒体视域下应注重大学生的公民德育创新

对于新媒体视域下的当今中国而言，伦理道德的现代性是一种应然性的期待与选择，公民伦理形态是实现伦理传统创造性转化的必然抉择与过程。因此，新媒体视域下的大学生德育应根据我国社会伦理向现代公民伦理演进的现实状况，注重大学生的公民德育创新。

首先，认识传统德育的当代困境与局限。新媒体视域下，中国传统德育面临一些困境与危机，主要表现为：其一，传统伦理文化与人格范型相适应，传统德育理念与模式是忽视个体的个性与主体性的；其二，传统德育根本上是一种道德义务与道德责任的教育，在教育内容上缺乏对个体道德权利的应有考量；其三，传统德育有着塑造"圣贤人格"的远大志向，却缺乏对作为人伦底线的基本的理性与规范的关照；其四，传统德育有着发达的亲缘伦理精神教育的传统与根基，但同时存在着公共生活的伦理教育的巨大的"空场"；其五，传统德育在教育方法上维系着由外向内的刚性有余而柔性不足、理性泛化而感情缺失的灌注方法。

其次，注重新媒体视域下中国公民社会伦理进程中的大学生公民德育创新。新媒体视域下中国公民社会、公民伦理的发展趋向对现代德育的期待。中国传统伦理文化及其所规定的传统德育在现代生存方式下的式微与困顿，都呼吁一种基于网络化、全球化的境遇下的，契合了公民社会及公民伦理发展思路的，实现了自身历史性转型并获具了现代性价值的德育形态。这种现代德育形态的现代性价值与意蕴，集中通过其现代性的德育理念体现出来。作为公民社会的精神文化表征的公民伦理与公民人格的价值涵摄与价值规定，框定了现代德育之现代理念的存在形式，体现为：主体性精神、契约精神和权利与义务对等精神等方面。因此，在新媒体视域下，应注重对大学生进行公民德育，应在坚持社会主义核心价值体系教育的前提下，注重培养大学生的主体性精神、契约精神和权利与义务对等精神，并将其具体内化于德育的目标设定、内容取舍与方法论选择之中。

第二节 新媒体视域下大学生德育模式的创新

德育模式对于德育而言具有根本的、全局性的作用，德育模式必须与德育环境，以及德育主体、客体、介体的情况相融合。新媒体的发展给传统的大学生德育模式带来了挑战，新媒体使得德育的环境、主体、客体、介体都发生了变化。因此，应根据这些变化，坚持整体育人理念，建立新媒体虚拟空间德育与现实德育相结合，新媒体视域下学校、社会、家庭、学生相结合的立体德育模式。

一、建立新媒体虚拟空间与现实空间结合的德育模式

新媒体为德育创设了虚拟与现实共存的环境，德育应在整体育人理念的指导下，建立新媒体虚拟空间与现实空间结合的德育模式，以适应新媒体环境的需要，提升德育效果。

（一）明确虚拟性与现实性的关系

新媒体的发展使人们越来越多地在虚拟空间中生活，虚拟空间已成为现代人的又一个生存场所。虚拟空间的本质就是其虚拟性，是指人的活动从以往以物质实体和能量载体为基础的活动平台，转移到以信息网络为基础的活动平台后所实现的一种生存性状。与虚拟相对应的是现实性，是指人的活动在以物质实体和能量载体为基础的物理时空（现实世界、现实社会、现实空间）中所表现的生存性状。虚拟空间的出现使人们在更大范围内演绎着现实中的社会关系，虚拟性与现实性之间的关系存在既有区别又有统一的两个方面。

首先，认识虚拟生存的特点。虚拟生存具有间接性、流动性、隐匿性、平等性、开放性和共享性等特点。在虚拟空间中，人们的交往形式以间接为主，交往手段符号化、数字化，交往内容以信息为主，摆脱了现实社会中交往的直接性和时空局限性；虚拟生存具有流动性、隐匿性，虚拟交往无须见面，上网人可以隐匿自己的身份、年龄、性别、行为目的，可以从事着与其扮演角色相应的各种活动。现实社会中的人有时为了某种利益，戴着面具做人，使人的心理产生压抑。在虚拟社会中，人都是匿名、隐形的，有利于更

真实地表现自我；虚拟生存具有平等性，新媒体提供了人和社会沟通的平台，让每个人都能地位平等地参与公共生活，彼此之间是一种平等的伙伴关系。这种交往是一种较单纯的精神交流，对交流双方不会产生心理上的负担；虚拟生存具有开放性和共享性，过去由于各种限制，大众传播媒介只能提供给人们相对有限的自由表达的空间。新媒体的开放性使得言论自由更加具有普及性。新媒体传播的全球化开启了跨文化交流的新时代，新媒体为不同国度、不同地域的任何一种文化提供生存的土壤，也为人们的知识共享提供平台。

其次，虚拟性与现实性的区别。虚拟性与现实性的区别体现在人们生存的时空特性、社会存在方式、社会存在和发展的深度和广度等方面。其一是人们生存的时空特性发生变化。虚拟空间是时间、空间极度压缩的状况，在时间上实现了信息的即时传递，在空间上，广阔的世界被压缩在一个小屏幕上，这与现实的时空特征存在根本区别。现实主体的存在及其活动都以时间和空间为定位标志，人们可以感知其存在，社会也据此直接或间接地对主体及其活动进行控制。在新媒体虚拟空间中，主体可以异地、异时开展活动，消解了主体的具体时空特性，也消解了现实社会中时空对主体和事件的定位功能。其二是人类社会存在方式不同。虚拟生存以虚拟的方式存在，现实生存则以物质实体的方式存在。其三是社会存在和发展的深度和广度发生变化。现实社会中，人们的活动主要局限于民族、国家的范围，在社会发展中虽然存在多种可能性，但这些可能性由于受到现实的限制，不能都转化为现实性。虚拟空间以虚拟的方式运行和发展，人们可以通过虚拟方式把社会发展的种种可能性展示出来，转变为虚拟现实，使社会发展可以在多种可能性中进行多种虚拟的选择。其四是现实生存的国家独立与虚拟生存的无国界的区别。现实社会中，每个国家都有自己的领土、历史文化、社会制度和法律形式，而虚拟社会是一个没有地域区分的场所，信息跨地域、无疆界、全球性自由流通。发达国家比发展中国家具有信息优势，西方发达国家将本国的社会价值观和社会意识形态通过新媒体传送给其他国家，对一些国家的传统文化带来较大冲击，会导致文化霸权主义的产生。其五是现实生存高度社会化与虚拟生存充分个体性的区别。在现实社会中，科技的发展使社会各部门、各行业连成一个整体，个体利益的满足与实现依附于一定的集体或集团群体性的利益角逐。在虚拟社会中，每个人基于资源共享、互惠合作等一定的利益和需求自觉自愿地互相联系起来，每个人既是参与者，又是组织者，每个人凭自己的意志决定自己的生命形式。其六是现实生存中人际交往、情感的需要与虚拟生存中人机交流导致人际关系淡漠的区别。社会性是人的本质属性，它依赖于人与人之间的直接交往，从而交流感情和结成群体。新媒体改变了人际交往的模式，人与人的交往变成了人机交往，人们之间的直接社会交往减弱，有可能导致人际关系的疏远，导致个人产生紧张、孤僻、冷漠等问题。

再次，虚拟性与现实性的统一。随着新媒体技术的发展，最恰当的选择是对虚拟世界和现实世界并驾参与，不能因为新媒体的便捷而放弃现实生活。虚拟性和现实性两者是统一的。

其一是虚拟性要还原到现实性。虚拟性离不开现实性，虚拟性要还原到现实性，现实社会决定虚拟社会，现实社会是虚拟社会存在和发展的基础。虚拟社会的基础是现实社会。数字化虚拟不过是借助于现代技术使新媒体中的交往具有多向性和直接的互动性，新媒体空间中主体关系的特点是现实社会部分特征扩大化的表现形式，人们在新媒体空间中的关系在整体上没有也不可能超出现实社会所规定的范围。虽然新媒体空间中人与人之间的关系有其自己的特点和规则，但这些特点和规则不可能构成与现实社会相并列的社会。虚拟社会的主体仍然是现实社会中的人，新媒体主体关系中的自我是真实自我、想象自我和多元自我的综合体，表现了主体的人格的多样性。在现实生活中，人格的一些特性因受制约没有或较少表现出来，而人格在新媒体中表现得比较充分，但新媒体主体关系的主体仍然是现实社会关系中的人。从本源看，没有现实社会关系的主体，就没有新媒体中关系的主体。无论新媒体如何虚拟化，置身于虚拟空间的人和创设虚拟空间的人都是现实存在的人。新媒体是虚拟的，人在其中投入的感情和产生的生存体验又是真实的。现实社会关系在本原上决定虚拟关系，现实社会关系决定新媒体中的主体关系，限制、克服或消除新媒体关系中的各种弊病，使其健康发展，归根结底取决于现实社会关系的发展。从本质上看，新媒体关系是现实社会关系的复杂性在虚拟社会的折射、投影、延伸。从法的角度看，关于新媒体关系的立法是以虚拟主体是否侵害了现实社会主体的利益为尺度的，最终受惩罚的是某些虚拟主体承担者的现实社会的主体。从道德的角度看，新媒体中出现的道德问题并没有超越现实社会中出现的道德问题，新媒体关系的调整和新媒体关系主体的改造最终取决于现实社会关系的调整和现实社会主体的改造。但是，新媒体对现实社会的法和道德规范确实提出了挑战，如新媒体虚拟主体的身份、行为方式、行为目标的隐匿性和不确定性，使有些不道德行为难以追查和定罪。虚拟社会要接受现实的最终检验，虚拟社会的最终目的是指导现实、检验现实、接受现实的最终检验，这样才能保持虚拟现实的科学性、规范性。

其二是现实性要反映到虚拟性。虚拟社会相对独立于现实社会，人们在新媒体中的实践活动及观念意识都是对现实社会生存的自我突破和发展。虚拟生存对现实生存有影响，是现实生存的必要补充，并与现实生存相互转化。虚拟社会的发展反作用于现实社会，虚拟社会的发展必然作用于现实社会，形成现实社会新的特点。虚拟社会以人与人的关系为主导的社会关系改变了现实社会人与自然关系为主导的社会关系体系，导致了现实社会主导关系的转变。虚拟社区的许多思想可以修正现实社会管理和制度中的某些缺陷，虚拟社区产生的思想某种程度上能净化和提升现实社会中的精神、文化品位。从道德角度分析，网络伦理对现实伦理将产生新的推动。虚拟社区的虚拟性和前瞻性为僵化的现实社区展示了一种发展模式。虚拟社会是对现实社会的丰富，虚拟世界可以把在现实世界中尚未实现的变成虚拟的现实，原先在物质世界中物质质料与功能统一的局面被打破了。功能从质料中被抽离出来，行使了单独的职能。虚拟社会中，人与人之间的交往带有"去现实化"、弱社会性的特点。虚拟生存可以美化、幻化现实生存，把现实生存理想化。新媒体给丰富的人性提供充分的释放空间，使人际交往变得更加自由和轻松。

最后，应坚持虚拟性与现实性的辩证统一。虚拟生存和现实生存共同构成人类基本的生存环境。人的生存应以现实生存为基础，以虚拟生存为媒介，二者共同作用。其一，只有虚拟性，没有现实性，不能体现人的社会本质。如果人们不能在现实与虚拟之间实现角色的转换，保持现实生存与虚拟生存之间的张力，就会造成心理错位和行动失调。虚拟生存只是现实生存的一部分，但不能完全取代现实生存，不能完全独立于现实生存。如果离开现实性谈虚拟性，就会把人看成是纯粹脱离现实的抽象物。其二，只有现实性，没有虚拟性，不能体现人的历史特点。在新媒体快速发展的信息时代，人们被抛入一个"数字化生存"的处境之中。我们也要历史地看待人的发展，站在信息时代看人的社会本质。在这样一个虚拟性盛行的社会中，谁也不能摆脱虚拟性而真实地存在。人不应该完全地依赖于虚拟世界，不能把虚拟生存方式当成生存的唯一。人的生存应以现实生存为依托，以虚拟生存做延展，二者交织互动，共同构成人类基本的生存方式。

因此，应关注虚拟社会与现实社会、虚拟生存与现实生存即"虚实"的关系，实现其虚实共生、和谐互动的良性循环。随着新媒体虚拟空间的发展，人们对虚拟世界的依赖性增大，必须适应虚拟社会的特点，形成新的虚拟社会的管理体制。

（二）把握好新媒体德育与现实德育的关系

新媒体德育有两种内涵：其一是新媒体视域下的德育；其二是基于新媒体的德育。前者是对新媒体德育的广义理解，指的是在新媒体的社会环境下，传统的德育从理念到内容、手段、机制与组织方式如何发展和创新，是一种德育全面体系的构建问题；而后者是对新媒体德育的狭义理解，指的是把新媒体作为德育的新阵地、新工具、新方法，用以加强和改进德育，是德育局部体系的构建问题。如果我们把新媒体德育看做一种虚拟德育，一种利用新媒体所进行的网上德育，我们可以把面向现实生活所进行的传统德育和网下德育看做一种现实德育。就新媒体德育与现实德育的关系而言，它们是辩证的统一，既相互区别，又相互联系、相互补充。

首先，新媒体德育与现实德育的区别。新媒体德育与现实德育的性质和目的是相同的，都是以马克思主义意识形态为主导的，促使人们形成符合社会发展需要的思想品德的实践活动。新媒体德育与现实德育相比较，教育主体、客体、介体、环境发生了许多变化。

其一是德育主体的身份角色不同。新媒体德育与现实社会传统德育在主体身份认同上存在差异，现实社会德育主体身份的确认总是与一定的社会地位、性格特征等因素直接相连，相对简单和直观。对于新媒体德育来说，交往主体是未知的。交往者的国籍、社会地位、性别模糊不清，给新媒体交往带来了新的不确定性。新媒体空间中的角色与现实生活中角色的关系也是一个新问题，新媒体空间中的角色可以自由地想象和设定自己，可以自由地抒发内心的感受或想象的感受，但无论新媒体空间中的角色多么理想化，虚拟毕竟无法取代现实。这种反差导致了对既有文化和制度的不满，可能造成主体身份认同或辨认方面的错置。

其二是德育的主客体关系发生了变化。在现实德育中，主体与客体有时也相互转化，但总的来说，主体往往处于主导、权威者的位置，其主体性地位往往强于客体的主体性，客体的主体性较难发挥。新媒体德育在主客体关系上则更多地强调主体客体化、客体主体化，强调主客体之间的互动和平等交流。在现实德育中，主体着重指以培训教育对象的思想品德为活动指向的人，包括各级党的组织、政府机构、群团组织，以及各级各类企事业单位的专、兼职人员。主体对客体的教育是有目的的、自觉的。但在新媒体德育中，教育主体不具有特定的身份，目的性、自觉性并不明显。现实德育的客体具有一定的确定性，主体对客体的情况大体掌握，而新媒体德育的客体具有不确定性，客体之间存在较大的差异。新媒体德育的受教育者在教育活动中，主动性大于被动性，整体上呈现个体性、虚拟性、自主性和参与性的特点。

其三是德育的相关道德要素不同。从道德的角度看，除了道德主体不同外，相关道德要素也存在着差异。新媒体社会中的道德意识比传统道德意识淡化，人性趋于自然，交往较少受社会因素的影响，新媒体社会中的主体道德关系具有不确定性且更简单化。新媒体给人们提供了一些新的道德活动方式，如聊天、电子邮件等。这些活动具有独特性、随机性，使人们的交往不必考虑空间距离和文化差异等因素的影响。

其四是德育的介体不同。教育介体主要包括教育内容、方法和手段等。在新媒体德育中，多媒体技术使教育内容形态变为立体化的、动态的、超时空的，教育内容变得丰富而全面，更具客观性和可选择性，但是存在一些负面信息。与现实德育相比，新媒体德育具有更快的传递速度和更广阔的时空，原来相对狭小的教育空间变成了全社会的开放性的教育空间。

其五是德育的环境不同。德育环境包括德育对象所处的环境和德育活动的外部条件两个方面，指的是影响人的思想品德形成和发展、影响德育活动运行的一切外部因素的总和，主要包括自然环境、社会环境和精神环境，起决定作用的是社会环境。新媒体迅速改变着教育环境，使社会环境发生了深刻变化。传统社会由于人际交往面窄，在一定意义上是"熟人社会"，依靠熟人监督、道德他律手段、传统道德得到相对较好地维护。在新媒体空间里，道德主体消除了现实生活中外在的他律性规范的制约，进入了一个完全由陌生人组成的世界，成为一种虚拟存在。传统"熟人社会"中道德他律的外力在新媒体空间失去了作用，道德主体是否遵从道德规范，不易被察觉和监督，不像现实社会中的道德要靠社会舆论、传统习惯、内心信念三者同时来维持。新媒体技术与德育的结合使新媒体环境获得许多优势，教育信息共享有利于收集和传播教育信息，教育信息交流平等、自由、全面、及时，有利于学生进行自我教育，各领域、各层次德育相互联系与沟通；有利于形成教育合力。

其六是德育的物质基础不同。现实德育的基础是物理空间，它的运行主要依靠人们的是非观和社会评价。而新媒体德育的基础是电子空间，与传统的德育相比，建立在网络信息社会基础之上的新媒体德育，必将呈现出自主、开放、多元等一系列新的特点和优势，更加合乎人性，更能促进人和社会的自由全面发展。当前来看，新媒体德育的特点和优势还需人们去创造和发扬。

七是德育的侧重点不同。现实德育中，传统的德育注重培养和造就比较定型的、有着确定模式的理想人格。理想人格是通过个人与他人、与社会发生直接的联系表现出来而被人们认识的。新媒体德育不仅要求学生接受道德规范，形成新媒体空间的理想人格，而且注重为受教育者提供帮助和指导，培养学生的道德主体性。这种道德主体性表现在自主选择判断、自主自律、自我约束、自身责任意识等方面。

其次，新媒体德育与现实德育的内在联系。现实德育是新媒体德育的基础。离开现实德育，新媒体德育会成为无根基的德育，会走向现实德育的反面，更无助于人类道德水平的提高。其一，只有以现实德育为基础，新媒体德育才不至于成为无根基的德育。传统德育往往反映的是社会存在和发展的客观规律的要求，新媒体德育以传统德育为基础，可以在新媒体空间中体现客观规律的要求，否则，新媒体德育就可能变成空想和虚妄。其二，只有以现实德育为基础，新媒体德育才不至于走向现实德育的对立面。在新媒体中体验虚拟生活的人，在一定程度上摆脱了现实生活中传统德育的束缚。如果新媒体德育中有与传统德育相悖逆的成分，就会强化他们对传统德育的否定，可能践踏传统德育准则，使得新媒体道德关系出现混乱，甚至导致现实社会的失范加剧。其三，只有以现实德育为基础，新媒体德育才能最终促进人类伦理道德水平的提高。新媒体是以服务现实社会为目的的，建构新媒体德育的目的之一就在于它能够巩固和促进传统德育。新媒体德育只有以传统德育为基础，才能与传统德育保持一致。其四，新媒体中主体关系的基础是现实社会。新媒体中的主体仍然是现实社会中的人，现实社会关系在本源上决定新媒体中的主体关系，限制、克服或消除新媒体关系中的各种弊病，促进其健康发展，决定于现实社会关系的发展。新媒体德育是现实德育在新媒体上的延伸和发展，现实德育居于支配地位，起着决定作用，新媒体社会在虚拟的实践条件和环境中形成的判断和观念，必须回到现实社会实践中去考察和检验。

新媒体德育是现实德育的拓展、创新和延伸，促进了德育的现代化。其一，新媒体德育对德育的拓展。新媒体的开放性拓宽了德育的空间，新媒体的互动性增强了德育的针对性，新媒体的便捷性增强了德育的时效性，新媒体的多样性增强了德育的吸引力，新媒体带来的积极因素，促进了教育手段的现代化，更促进了教育观念的现代化。其二，新媒体德育是现实德育的创新发展。新媒体的虚拟不仅是对现实的虚拟，而且是对可能和不可能的虚拟，新媒体不仅帮助别人理解既存的世界，更构造出一个可能的世界。新媒体以再现现实、再造情境对现实德育进行创新。新媒体突破了德育的时空界限，扩大了大学生的自我教育空间，有利于现实德育的发展。其三，新媒体空间的道德关系是现实关系的反映和表现。道德关系作为精神关系，植根于现实社会人的社会关系，主要是物质关系、利益关系之中，新媒体空间的道德关系也是现实社会关系间接的、模拟的、曲折的反映和表现。新媒体空间的人人虚拟道德关系不是对人及其道德关系的机械的原本模拟反映，而是对其进行再创造，将旧人性赋予新人性，并渴望人性的矛盾和冲突得到解决、调节、缓和。新媒体空间的人人虚拟道德关系是现代科学技术发展的产物，其中的人是具有主体性的能动创造者。新媒体空间的人人虚拟道德关系既是社会历史条件发展的必然过程，又是道德关系的革命、解放和进步。但是如果新媒体的人人关系处理不好，会容易使人养成依赖性，依附于自己的虚拟人格、网络科技而丧失独立性、主体性和创造性，造成新的奴役和封闭，使人成为工具人、经济人而非文化人、社会人。因此，应妥善处理虚拟道德关系与现实道德关系，做到两者的协调一致，做到新媒体德育和现实德育相互补充。

（三）建立新媒体德育与现实德育相结合的有效模式

在新媒体视域下创新大学生德育，应以现实德育为基础，以新媒体德育为拓展，实现两者在教育目的上的统一、教育内容上的融合、教育手段上的互补。

首先，在新媒体飞速发展的时代背景下，强调德育以现实教育为基础，使新媒体德育成为现实德育的有益补充。在加强新媒体德育的同时，现实德育只能加强，决不能削弱。由于新媒体对高校和社会的影响和渗透，其潜在的建设和破坏能量伴随着不断创新的技术逐渐释放和显现，与大学生的价值观形成越来越显著的互动和冲突。因此，在加强新媒体德育的同时，现实德育只能加强，并且要注重新媒体德育与现实德育的统一、融合与互补。新媒体极大地影响了大学生的学习和生活方式，但是新媒体取代不了学校、家庭、社会的教育功能，特别是大学德育的教育方式离不开言传身教、耳濡目染、激励、群体活动等，新媒体德育可以成为现实德育的有效补充。德育工作者在鼓励大学生通过新媒体获取信息的同时，要引导大学生立足现实世界，正确理解新媒体世界，使新媒体空间丰富的信息成为培养大学生全面素质和良好道德品质的有效补充。就思想理论课的教学而言，要努力实现高校思想理论课教学的现代化、多媒体化。同时，高校德育应从"灌输信息"为主转变为"引导选择"和"灌输信息"并重，把新媒体法制教育和新媒体德育、媒介素养教育作为德育的新内容，引导学生分析信息的价值，有效地利用信息，在道德判断的基础上进行道德选择，提高道德素质。

其次，实现新媒体德育与现实德育教育目标的统一、教育内容的融合、教育方法的互补。其一，在教育目标上，新媒体德育与现实德育是一致的。其最终目标都是培养社会主义合格建设者和接班人，其基本目标都是将社会主义核心价值观内化为学生的道德观念，外化为自觉自愿的道德行为。但二者的侧重点、教育方法和手段有所不同。现实德育侧重于培养学生的理想人格，新媒体德育不仅仅要求学生接受道德规范，形成新媒体空间的理想人格，而且注重为受教育者提供帮助和指导，培养学生的道德主体性。新媒体德育目标内容建设应包括运用新媒体技术实现现实德育目标，适应和驾驭新媒体社会的价值目标的构建。这一目标的建设重点之一是把媒介素养教育融进德育系统之中，其中，媒介道德、媒介法规意识和媒介能力教育是媒介素养教育的重点。其二，在教育内容上，新媒体德育与现实德育应实现融合。现实德育与新媒体德育都应以社会主义核心价值体系教育为主导和主要内容，同时应加强伦理意识和道德责任感教育、网络道德规范教育、网络法制教育、网络安全教育、网络生态文明教育、媒介素养教育。新媒体视域下高校德育的着力点应定位于通过加强教育提高大学生新媒体道德意识，使大学生认识新媒体道德及其特点，自觉遵守新媒体道德；教会学生选择，提高大学生的道德判断力；倡导"慎独"，增强道德自律能力；培养网德，形成大学生良好的网上行为习惯；培育大学生健全的网络人格，提高大学生的媒介素养。根据教育内容的不同，确定在新媒体德育和现实德育中不同的教育方式，对于适宜讨论、互动的话题，可以放在新媒体德育中进行，发挥新媒体及时、互动的优势。其三，在教育方法上，新媒体德育和现实德育可以互补。现实德育多运用传统的教育方法，如灌输法、情理交融法、说服教育法、互动讨论法等，实践证明这些都是非常有效的方法。新媒体德育方法是教育者根据国家的德育目标，结合新媒体传播特点和规律，有目的、有计划地对受教育者施加思想道德方面影响的过程，是实现新媒体德育目的的必要条件，是传统德育方法的一种全新拓展和延伸。而一些基本的方法，如理论教育法、自我教育法、社会实践法等，是现实德育与新媒体德育共用的方法。而且许多教育方法在新媒体视域下得到了创新，如传统的说服教育法向新媒体的情景陶冶法递进。新媒体德育除了具备传统德育方法的特点之外，还具备新媒体自身的特点，注重针对性，突出隐蔽性。而理论教育法、情理渗透法、典型教育法、隐性教育法、自我教育法在新媒体的环境下都得到了很好的继承和发展。总之，根据不同的教育内容选择相应的教育手段和方法，通过现实德育方法与新媒体德育方法的有机结合，可以更好地提高德育效果。

再次，实现新媒体德育对现实德育资源的整合。虽然新媒体德育具有一些新特点，但它所遇到的问题往往是德育学的老问题，有很多在现实中早已存在，只是网络的虚拟性和非实体性加大了其后果的影响力。新媒体德育可以借助传统德育的理论和原则，对我国来说，在坚持社会主义核心价值观的前提下，中国传统道德规范、西方道德的有益因素等应当成为新媒体道德整合的资源。中国传统道德文化的主流思想——儒家伦理是中华民族的精神传统最深层的东西，新媒体不能脱离本民族深厚的文化背景，应以科学务实的态度对传统伦理道德思想进行价值选择，根据时代的发展，按照取其精华去其糟粕的原则，将其中积极的成分进行新的转化，使之适合新媒体视域下的社会发展现实，并对社会发展起到一定的推动作用。

最后，重新审视虚拟与现实的关系，建立虚拟世界的实践干预策略。在德育环境的建设中，要把虚拟社区的管理与现实社区的管理结合起来，把新媒体内部德育资源的开发与新媒体外部社会实践的支持系统建设结合起来，使社会实践活动成为新媒体德育的重要途径。参与新媒体之外的社会实践活动，可以培养学生接触社会、了解社会的兴趣，可以使学生获得最直接的社会实践经验，有助于学生形成正确的道德判断力，并且通过新媒体体验与现实生活的对照，可以使学生更清醒、更理智地看待虚拟世界里的活动。

二、建立新媒体视域下各方面相结合的立体德育模式

创新德育模式使学校、社会、家庭参与到大学生德育中，发挥教育的合力作用，已经是学者和教育工作者普遍认可的问题，而在新媒体视域下如何发挥教育的合力作用，却是一个摆在学者和德育工作者面前的难题。新媒体传播创造了虚拟与现实共存的德育环境，拓展了德育的主体、客体、介体，为发挥教育的合力作用创造了条件。因此，应根据新媒体的特点，建立新媒体视域下学校、社会、家庭、学生相结合的立体教育模式，充分发挥德育的合力作用，提升德育的效果。

（一）教育合力与综合教育论

所谓教育合力，就是在一定的时间内和一定的条件下，实施综合教育所产生的综合作用。这种综合作用，并不是综合教育中各个单项教育作用的加和，而是比单项教育作用大得多的新的教育力量。

综合教育论认为，思想教育过程的结构是"三体"（即教育者、受教育者和教育环境）、"一要素"（媒介——教育目的、教育内容、教育手段、教育活动）组成的。它强调在充分调动和发挥"三体""一要素"的综合作用上下功夫。

综合教育论是对如何发挥教育合力的进一步阐释，更具有参考和借鉴

价值。德育的综合结构是指德育是由特定的体系和要素所组成的，具有特定结构和运行机制，并能发挥最大教育功能的综合教育体系。它不是指各种教育体和要素的随意加和，更不是指各种教育活动的外在的机械拼凑和叠加，它是一种具有内在特定结构和运行机制的有机系统，具有独特性。德育的综合结构表现出两大特性：其一，空间结构的协调性，即德育的体和要素结构合理、运行协调，能够围绕实现教育目标和谐运转，发挥出最大的功效；其二，时间结构的有序性，即各项教育活动按照一定的方向和计划，分阶段地、连续地指向教育目标。

（二）德育主体的内涵

德育主体是指在德育过程中的主动行为者，是具有主动教育功能的组织或个人。在德育过程中，教育者和受教育者都是主动行为者，都具有主动教育功能，因而都是德育过程的主体。受教育者在接受教育过程中，也具有主动教育功能，因而既是教育的客体，又是教育的主体。从狭义的角度说，德育的主体——教育者，包含两个方面：一是进行德育的机构；二是从事德育的人员。从广义的角度说，在德育过程中，教育者（主体）既可以是单个的人，也可以是由多个个人组成的全体（多个教育者、教育者的组合或单位）。因此，从广义的角度说，学校、社会、家庭、学生都是教育主体。

德育主体——教育者（主要指社会和学校中的德育机构和从事德育的人员）在整个德育过程中，负责搜集信息、决策、实施、反馈和调节等各个环节，引导和控制全过程，教育者在德育结构中居主导地位，起决定作用。教育者具有教育功能、管理功能、协调功能、研究功能。

家庭作为教育主体主要通过潜移默化地影响来教育和引导学生，学生自身通过发挥自我教育的主体能动性来发挥作用。

（三）学校、社会、家庭共同创设了教育环境

环境是人格形成的必要条件，人的思想意识是人对环境的反映，人的品德和心理是环境熏陶的结果。德育环境是指德育所面临的环绕在教育对象周围并对其产生影响的客观现实，社会环境、单位环境（学校环境或工作环境）、家庭环境和社交环境相互联结、相互制约，共同组成了德育的环境系统。德育环境系统具有广泛性、直观性、动态性、渗透性、特定性、部分可创性等特征。环境对人施以各种环绕力。这种力的作用能使人习染成一种符合环

境的特性，并被环境同化，形成人格。环境的环绕力具体表现为三种力量：推动力、感染力和约束力。

社会环境主要包括社会、社会文化、社会风气等。社会由经济基础和上层建筑构成，具有整合功能、传讯功能、继往开来的功能和导向的功能。社会文化是人类在社会发展过程中所创造的物质财富和精神财富的总和。社会风气就是社会风尚和习气，以强大的社会舆论和社会习惯势力的形式制约着人们的言论和行动，对人的思想和行为具有潜移默化地影响；学校在引导学生尊重既有的社会秩序，传播统治阶级的价值观念，培养情感和传授知识技能方面，具有特殊的重要作用。学校环境主要包含校风、学风和师德等几个方面；家庭环境主要包括家风、家庭关系、家庭的文化素质；社交环境仅指由情况相近的经常交往的朋友组成的社交环境，即同辈群体的"朋友圈"。同辈群体的"朋友圈"对人的思想品德和心理形成影响巨大，在"朋友圈"中，人们的社会地位、兴趣爱好、文化水准相仿，易于产生"平行影响"。

（四）新媒体视域下德育环境、主体、客体和介体的变化

新媒体传播因其与传统媒体不同的特点，对德育环境、主体、客体和介体都产生了较大的影响，其中有些影响具有划时代的意义。

第一，新媒体在很大程度上影响了德育环境。20世纪90年代以来，新媒体以多媒体的特征、交互性的功能，融合各种媒介于一身，成为人们了解外部世界的新媒介工具，也成为德育所处媒介环境的一部分。以作用的空间大小为标准，可以把学校德育的外部环境分为四个部分：宏观系统——社会经济、政治、文化和社会心理；中观系统——社区；微观系统——家庭；中介系统——大众传媒。当前，新媒体已深入到社会生活的每一个角落，新媒体对德育环境的影响是客观存在的不容置疑的事实。从宏观讲，新媒体影响了社会经济、政治、文化和社会心理，使开放、自由、平等、独立成为新媒体时代社会环境的主要特征；从中观讲，新媒体创造了比现实社区更加广泛的虚拟社区，使虚拟社区与现实社区共同成为人们的生活和精神家园；从微观系统讲，新媒体影响了家庭，使得人们的家庭观念、家庭意识以及家庭成员的交流方式发生了变化；从中介系统讲，新媒体对传统媒体产生了具有实质意义的划时代的影响，使得大众传媒成为广大民众可以自由参与的公共的平台，也使得舆论环境更为复杂。同时，新媒体传播使得传授双方在一定程

度上成为一体，也改变了传统德育的教育者与受教育者的关系，为德育创新创造了条件；随着新媒体的发展，新媒体环境不仅成为影响大学生思想观念、价值取向、思维方式、行为模式、个性心理的重要因素，而且成为影响高校德育发展的重要方面。新媒体创设了多元的文化环境、潜隐的政治环境、非控的舆论环境、缺乏理性的环境、困惑重重的伦理环境。新媒体环境对目前学校德育理念和德育模式的冲击，校园网建设在学校德育应对新媒体环境冲击中的作用，新媒体视域下的教师教育能力等都是值得关注的问题。

第二，新媒体对大学生产生了较大影响。新媒体的技术特点，使其从一开始就具有自由、共享、民主、开放、平民化、世界性和多样性的"互联网精神"。新媒体环境除了带来一系列社会问题，凸显了目前德育的弊病之外，这种网络精神对传统德育带来更深层次的挑战，这种精神塑造了新型的新媒体主体。新媒体创造了网络文化，对大学生产生了深刻影响。新媒体将培养大学生在讨论中的平等价值观，由此培养出"平等文化"，网络文化是注重创造的"创新文化"，是一种"权力分散文化"。新媒体扩大了青少年的交往范围，打破了空间距离造成的地域集群观念，注重网络社区，创造出超地域的"虚拟社区文化"，具有交互性和协同性。新媒体视域下的青少年是更加自主、自由的一代，是首次掌握教育主动权的一代，是新媒体道德和网络文化的重要建设者。新媒体在给人们带来便利的同时，也带来了不可避免的负面影响。新媒体对大学生世界观、人生观和价值观的潜在威胁，对大学生道德意识的弱化，对大学生社会化进程的阻碍，导致交往的符号化以及由此引起的社会适应不良等，给德育提出了新的课题。

第三，新媒体正在改变教师与学生的关系。作为文化现象，新媒体具有虚拟性和真实性并存的特征，新媒体的这些特征吸引了越来越多的大学生，形成"新媒体—学生"这种新的信息机制，同时弱化了传统的"教师—学生"信息机制。在新媒体发展的初期阶段，形成的"新媒体—学生"是一种缺乏教师参与的信息机制，大学生信息摄取较个体化、隐蔽化，接受信息的自主性越来越强，在信息的理解上变得多角度化，不再按照教育者制定的目标去理解信息，而是将信息进行分析归纳，得出自己的认识，化为自己的思想进而指导自己的行动。这种机制显然具有促进学生自我教育的优点，同时又有很大的随意性与盲目性，并不是完全意义上的德育信息机制，因为它缺少教育的主体。随着新媒体的迅速发展，必然要建立一种教师参与下的"教师—新媒体—学生"信息机制，与传统的"教师—学生"机制实现互通、结合使用的交互模式。

第四，新媒体对家庭教育提出了新的要求。家庭教育一直是人们非常重视的课题，面对新媒体时代的新的社会环境，作为社会细胞的家庭也面临新的挑战和机遇。新媒体上大量不健康内容的存在冲淡了部分大学生的民族观念和爱国情感，西化倾向日趋显现，道德多元化日益明显，这些对家庭教育提出了新的挑战。家庭对大学生运用新媒体的影响，最直接地表现在大学生除了在学校外能否在家里获得网络资源。这将影响到学生上网地点的选择以及上网时间的长短，家庭因素又会影响到大学生接受网络的深浅和在网上的活动，进而对其接受网络道德影响的程度和方式产生影响。目前我国东部地区、中部地区以及西部地区学生家里的联网率差异巨大，这将对学生接触和运用新媒体带来一定影响，会造成不同地区的学生在接受新媒体价值影响的程度、途径、类型等方面的差异。父母的文化程度越高、能运用新媒体与学生交流，则会对学生给予积极的指导，对学生的思想品德形成产生积极的影响。

第五，新媒体使社会德育愈加重要。新媒体视域下，社会德育成为人们关注的焦点，被寄予了来自社会各个方面的厚望。新媒体视域下社会道德问题的出现本质上是虚拟世界道德问题的现实转化，新媒体视域下的社会道德问题根源和具体表现相对复杂，既有学校德育的社会延伸部分，也包括具体新媒体社会环境和社会因素直接促成的问题。主要表现有以下几点：其一是社会范围内的道德水平下降和道德信仰的危机。其二是新媒体空间不良信息泛滥，污染了社会风气，毒害了大学生的心灵。其三是新媒体活动导致了学生道德人格的异化。其四是新媒体管理和监督的乏力，导致了严重的网络犯罪和网络过错行为。新媒体视域下社会道德问题的激增，给当今社会德育提出了严峻挑战。一贯以传统理念和既定模式运作的社会德育，面对突然变化了的德育环境时常处于两难的境地，表现为：新媒体视域下社会道德规范与传统道德规范之间的矛盾，政府对新媒体的法律监控与新媒体开放、自由特性之间的矛盾，新媒体的价值多元化与中国传统道德文化之间的矛盾，个体道德自主选择意识与选择能力之间的矛盾。新媒体视域下，社会德育存在如下问题：教育观念陈旧，教育方法和教育内容的呈现形式落后；新媒体社会管理的方法滞后，政府管理乏力，缺少权威性和威慑力；社会各个层面的教育力量整合不够，未能建立一个家庭、学校、社区等多种教育力量协同作用的立体化社会教育体系；德育的实施者"新媒体素质"低下，影响了社会德育的具体实施；社区的新媒体德育几乎是空白，缺少新媒体德育的社会支持系统。

第六，新媒体拓展了教育介体。体现在以下几方面：新媒体极大地丰富了德育资源和内容，教育者可以借助新媒体及时获取丰富的德育资源。新媒体促进了德育手段和模式的现代化，拓展了德育信息的获取渠道，优化了德育信息的传播方式，提高了德育信息的传播效率。

（五）新媒体视域下学校、社会、家庭、学生相结合的立体德育模式

新媒体环境带给德育的挑战之一就是教育影响的多极化和由此产生的教育环境的泛化。新媒体的自由与开放性打破了以往家庭、学校、社会教育之间的界限，使各种教育形式在功能、性质和影响效果与影响机制上变得更加模糊。新媒体视域下，迫切需要整合社会各方面的教育力量，构建一个立体化协同作用的教育体系，形成新媒体视域下的德育合力。

第一，充分发挥学校德育的主渠道作用，主动适应新媒体环境的挑战。其一，新媒体视域下大学生德育的重新定位。我国德育实效较低，主要原因有以下几个方面：重教轻育，重认知轻践行；德育目标的顺序倒错，造成道德主体对高层次的道德未必接受，低层次的社会公德和文明行为也没有养成；重视集体活动，轻视个人修养，个体缺乏内在的道德自律和自觉，其根本原因在于忽略了学生的道德主体性。而在新媒体空间中，学生基本上处于道德任意状态，他们的自主判断、选择、自主行为表现充分，更显示出其道德主体地位。学校德育应顺应新媒体的传播特点，遵循尊重、信任的原则探索德育的新方法，以社会主义核心价值体系为指导，注重培养学生正确的价值观、道德判断力以及道德自制力，培养具有自主、理性、自律的道德判断和道德实践的个体，促进学生形成完善的、健康强大的人格。其二，学校德育内容的优化。新媒体既是德育的手段，又是德育的内容。学校德育应从德育目标出发继续优化德育内容。在原有内容的基础上突出价值观教育，使学生树立社会主义核心价值观，使学生能够"辨别真伪、追求真理、慎于判断"。

增强道德意志力的锻炼和道德选择教育，使学生的道德认知与道德实践相统一。增强关于新媒体的信息素养教育，尤其是新媒体德育，让学生掌握新媒体道德行为规范，强化其新媒体道德意识和责任感。其三，运用新媒体优化教育方式。新媒体是大学生较乐于接受的沟通和交流工具。学校德育工作者可以运用博客、微博、论坛、在线交流、QQ 聊天等方式与学生交流，可以通过建立德育网站、德育博客等方式对学生进行潜移默化的教育。其四，运用新媒体开发新的学校德育资源和渠道。新媒体拓宽了学校德育的渠道，提供了丰富的德育信息资源。运用新媒体进行德育，可以达到德育内容表现形式的优化和德育时空的拓展，可以充分运用多媒体、超媒体技术，使德育内容动态化、形象化；通过新媒体的信息传递方式，可以将德育延伸至学生的日常生活，突破时间的限制；运用新媒体，可以把学校的德育空间与新媒体博客空间、虚拟社区等开放式的德育空间整合，使德育冲破空间的限制，还可以实现学校、社会、家庭、学生之间的良性互动。

第二，充分发挥新媒体视域下社会德育的作用。新媒体环境的特殊性增加了新形势下社会德育实践探索的难度，新形势下的社会德育必须在实践层面进行革命性转变，以应对新媒体的挑战。其一，完善新媒体的立法机制，强化政府的管理职能。在新媒体的社会管理中，立法机制和政府部门管理是其中最重要的方面。在新媒体环境的建设中，除了加快新媒体立法进程，完善各种政府管理职能外，还必须结合新媒体环境变化的新特点，着重解决法律具体执行过程中的可操作性和政府监督管理的针对性，突出体制与具体化方面的创新。政府应加大以下几方面的工作力度：加强对虚拟社区的管理，尤其网上论坛的管理，加强各论坛和主题聊天室的管理；加大对大的门户网站的监督和管理力度；注重管理中技术手段的使用。在新媒体环境中，以往行政命令的管理较难奏效，必须以高科技手段应对各种运用新媒体技术进行的违规经营，如程序监管技术、设置新媒体审计标准、预设防范"滤网"、埋设跟踪程序等，通过技术控制使新媒体控制具有实用性和可操作性。其二，建立新媒体德育的社会支持与辅助系统。新媒体视域下的德育除了正规的社会教育机构参与之外，还必须有社区和公共服务机构的协作与支持。作为一个社会分支单位，社区特指一定地域范围内的具有归属感的人群及社会性活动和现象的总称。随着城市化进程的加快，社区的影响在逐步加大，社区正成为大学生接触社会、参加社会实践的重要途径，大学校园也逐步成为相对独立的社区。大学生参加社区的义务服务和公益劳动，有助于大学生养成服务社会、关爱他人的优秀品质，抵消因虚拟交往而带来的道德人格和社会情感方面的消极影响。社会支持和辅助系统的另一方面就是面向社会的信息咨询机构和心理危机的求助体系。社区应加大对学生因迷恋网络等新媒体而带来的角色混乱、人际疏离、道德情感冷漠、网络依赖等心理问题的救助力度。

其三，注重社会人文精神的重建，加大人文教育的力度。新媒体视域下，社会道德规范体系的脆弱表现反映出的是一定程度上文化的缺失。长期以来，工具主义和科学至上主义的大行其道，严重削弱了人文科学在构建整个社会价值体系中的作用。人文精神和人文科学的缺失必然导致社会道德价值取向的失落和人生境界的低俗与信仰的功利。因此，新媒体视域下的德育观念必须重新唤起社会范围内对人文科学的关注，加大人文科学在德育内容中的比例，提高大学生的人文科学水平。

第三，充分发挥新媒体视域下家庭教育的作用。新媒体的发展为发挥家庭在德育中的作用创造了条件，但家庭却往往是新媒体运用管理比较薄弱的地方。一些父母由于这方面知识的欠缺，无法对学生进行必要的指导，也不能与学生通过新媒体进行交流，使得学生与家长在新媒体交流方面存在障碍。要提高家庭运用新媒体对学生进行教育的实效，协调家庭、学校和社会的教育力量，必须加强家长新媒体知识的普及。因此，可以酌情对家长进行一些新媒体知识方面的指导，提高家长的知识和意识，运用新媒体平台建立家长与学校定期沟通交流的机制。比如，建立家长电子信箱或留言板，使学校教育与家庭教育有机结合起来。

第四，充分发挥新媒体视域下学生自我教育的主体作用。德育实效性较低的根本原因在于忽略了学生的道德主体性。而在新媒体环境中，在没有道德人格的新媒体面前，学生基本上处于道德任意状态，更加显示出学生的道德主体地位。因此，在新媒体视域下，应结合新媒体开放、互动、虚拟隐蔽的特点，注重发挥学生在德育中的主体作用。在新媒体环境中，学生的主体性特征表现为选择自主性、参与主动性、自发创造性、目标自控性。在新媒体德育中，学生无论作为新媒体的主体，还是作为德育过程中"主体化"的客体，都表现出鲜明的主体性。发挥好、引导好学生的主体性是新媒体德育取得成效的关键。应从以下几方面着手：其一，转变观念，尊重学生的主体地位。教育必须培养人的自我决定能力，去唤醒学生的力量，以便能使他们在目前无法预料的种种未来局势中自我做出有意义的选择。学生作为新媒体主体，其自我特征就是通过独立性、主动性、自尊性表现出来的，这就要求教育者摒弃传统的以教育者为主，受教育者被动、服从的教育观，形成教育者与受教育者相互平等、自由的关系，建立互动、平等的师生关系。以往师生关系有两个基本特点，一是"教师—学生"的单向关系；二是师生关系的居高临下特性。在这样的师生关系中，教育带有一定的强迫性。我们应充分运用新媒体交互性、主体平等性的特征，加强师生的互动交流，建立双向和多向的师生交流关系，把以往被动的道德灌输变为学生主动的道德学习，提高德育的实效性。其二，增强学生的主体意识。自我意识是对自我存在的认识，是对自我的认识活动和实践活动的认识和评估。强化学生的自我意识是运用新媒体育人的前提，学生自我意识的强弱一定程度上决定了在新媒体中自知、自控、自主的程度，决定着其主体性的发展水平。新媒体德育应定位于唤起和提高学生自我意识的教育，即增强学生自我教育的意识。我们在新媒体德育中要使学生认识到他们有权利、有义务进行自我教育，引导他们勇于承担责任，正确认识个人与社会、个体与群体、自身与他人之间的对待关系和结构关系，使他们肯定他人的主体性，使自身主体性的发挥始终有利于增强集体的主体性，始终有利于推动社会的发展。其三，塑造学生的主体人格。主体人格是人作为主体所具有的思想品德、心理素质和行为特征的综合。新媒体活动中，人格的稳定需要主体内在的自觉、自控，由此决定了德育必须重视培养以自律力为核心的新媒体道德，引导学生遵守新媒体行为准则，引导学生遵守新媒体道德规范，引导学生在新媒体与现实的结合中提高自律性。其四，在德育过程中充分发挥学生的主动性和创造性，增进平等互动教育。师生关系的革新、教育过程的生动使学生能够轻松地学习，有利于激发学生的主动性和创造性。在新媒体环境中，学生可以随意发表自己的意见，甚至可以以自己为中心选择与人交流，无形中得到了极大尊重与重视。因此，应充分运用新媒体的特点，在教育过程中充分尊重学生的主体性，使学生成为道德学习和道德选择的主人。

第五，加强新媒体资源建设，为形成学校、社会、家庭、学生四位一体的立体德育体系搭建平台。虽然建立学校、家庭、社会德育相结合的大德育体系概念早已为人熟知，但实践中学校仍然是德育的主要承担者，而新媒体为构建学校、社会、家庭、学生共同参与的立体德育体系创造了条件，学校应顺应形势，运用新媒体的特点，主动建设新媒体德育平台，构建学校、社会、家庭、学生"四位一体"的立体德育体系。我们可以借鉴一下中国香港教育统筹局建设的"学童及青少年的网上操守"网站。此网站是一个跨部门、跨社区的合作计划，由香港教育统筹局、警务署、影视及娱乐事务管理处及其他社会人士一同参与制作而成。其宗旨是"提供有关网上操守在社会、道德及法律层面的资讯，为父母提供指引，为教师及同学建议有关的学习活动"，网站设立了"活动""教师中心""学生承诺""家长指引""资源中心"几个栏目。此网站有效地把学生、家长、学校、社会联系起来，能够进行及时有效的互动沟通，可以给教师、学生、家长有效的建议和必要的指导。学校应担负起德育主要力量的重任，在新媒体德育资源建设中发挥主导作用，学校可以和有关教育部门联系起来，建设类似的德育资源网站，以学校为中心向周围辐射，形成学校德育、社会德育、家庭德育、学生自我教育相结合的大德育体系。

第六章 新媒体视域下大学生德育内容与方法的创新

第一节 新媒体视域下大学生德育内容创新

新媒体对大学生德育变革提出了新要求，应根据新媒体带来的新变化，在坚持社会主义核心价值观的基础上，实现德育内容的现代化。应将社会主义核心价值观内化为学生自身追求的价值观和内在的行为准则，并根据新媒体对中国公民社会和公民伦理道德的推进，注重大学生的公民德育，针对新媒体视域下的多元价值观对学生的道德选择能力提出更高要求的实际情况，应注重培养和提高大学生的道德选择能力。

一、培养新媒体视域下大学生德性与德行的统一

由于新媒体视域下价值观的多元化对大学生道德意识和道德行为产生了较大冲击，因此，应加强大学生社会主义核心价值观教育，使之内化为学生自觉的价值追求，并外化为学生的道德行为，实现大学生高尚德性与德行的统一。

（一）德性与德行的概念及其关系

德性是道德的本质规定，是道德的灵魂。德性概念可以从文化人类学、人学、伦理学角度来理解。德性概念的文化人类学内涵即内在化。在词源学意义上，"德性"有两个意思：一是使客观的、外在的东西主观化或内在化；二是优秀或卓越。在中国先秦时期，"德"具有"内得于己，外得于人"的含义，"性"指万事万物的性质和特点。在西方文化中，亚里士多德认为德性泛指使事物成为完美事物的特性或规定，到了近代，德性概念指一种人在获得尘世的成功方面的功用性品质，或者指一种履行道德原则和规范的个人秉性和品质；德性概念的人学内涵即人性之"善"。中国传统思想认为德性

是指人的品质、品性，指人的自然至诚之性。在西方文化中，德性是人的一种内在的、稳定的"善"品质；德性概念的伦理学内涵即从品德到美德。从伦理学意义上看，德性是指个体所具有的理解、内化与践履伦理原则和道德规范的秉性、气质和能力。对德的规定有质的区分，品德意指众多种类、不同等级的德性。美德是得到比较普遍的尊崇、在一定意义上具有普遍和永恒价值的那些品德，是最高的德性境界。

马克思主义认为，人的本质属性是其所拥有的社会关系的总和。德性有赖于后天的修养，是知、情、意、行相互作用的过程，其基础是社会实践。德性具有以下特征：它是规范的内化和积淀，道德主体的主观与客观的统一，自主性、自律性与他律性的统一，是自觉不自觉塑造道德人格的过程，是一种目的和归宿。德性具有内在价值和外在价值。德性作为人格主体自身的价值，决定了德性是生命价值之源，这是德性内在价值的根本所在。就德性的外在价值而言，德性的实现根本上不是孤立的个人活动，而必及于家国天下。德性蕴含了构成一个社会所必应当有的基本规则，德性的社会价值不专属于某个具体的生活领域，而渗透于人类的一切活动领域。

德行即道德行为，是一种复杂的行为。从伦理学上讲，人的行为只是指自觉的、有目的的行为。道德行为不同于一般行为的规定就在于它是自觉的、出于道德准则的，并且是与他人的意志具有本质联系的行为。其一，就德行的特征而言，道德行为是基于自觉意识而做出的行为，是自愿、自择的行为，它不是孤立的个人意志的表现，而是与他人意志有着本质联系的行为。其二，就德行的机制而言，道德行为是有意识、有目的的行为。就行为本身来说，道德行为是由道德意识支配的行为，是道德意识内容的外化、客观化的过程。道德行为具有两个方面：行为的道德意识和行为活动本身。道德意识是道德行为的主导方面，在这里就是道德行为的内在方面，构成道德行为的内在机制和动因。道德意识作为主体化的意识，表现着主体自身的欲望、动机、情感、意志、信念、理想等因素的作用和相互关系。所有这些因素的作用和相互关系，就构成行为主体的价值意识。其三，就德行的过程而言，道德行为是一个复杂的过程，它是主体与客体、主观与客观、内面与外面的统一。这一过程包含着一系列相互联系的环节，其中，最基本的环节就是动机与效果、目的与手段、理智与情欲、选择与责任、自由与必然。道德行为就是这些环节的运动、整合的过程。人的道德行为是自觉选择的行为，行为选择不但要受到行为主体的主观方面的限制，而且要受到来自客体的限制。人有选择自己行为的相对自由，同时也要对自己的行为选择承担道德责任，不仅要对自己的内心希求负责，而且要对外部行为结果负责。要做出正确的、恰当的行为选择，不仅要按照正确的选择标准，采取对行为负责的严肃态度，而且要正确处理选择过程中的各种关系，即正确处理动机与效果、目的与手段、理智与情感、选择与责任、自由与必然的关系。主体的道德行为能力主要是行为选择的能力，而行为选择的能力就在于正确认识和处理这些关系。

德性与德行是紧密联系的。在人们的道德生活中，一定的德行总是以一定的德性为基础的，而人们的德性又总是由一系列的德行铸成的，德性与德行存在着统一与不统一的复杂关系。其一，德性是自觉、自主的行为过程。人的德性是一种道德生活习惯或习性，更是一种凭借意志选择而获得的行为习惯。其二，德性是在行为整体中表现出来的稳定特征和倾向。道德行为整体包含以下两方面含义：一是指构成个别道德行为的主观方面和客观方面的统一；二是指一个人的一系列的道德行为的综合。人的德性不但体现在他的某个持续进行的行为中，更充分体现在他的一系列行为所构成的行为整体中。维系人的德性之质需要道德实践来检验。道德实践是德性外化为德行的"行善过程"，只有内在的德性外化为实在的良好的德行，才会对现实生活具有积极影响。其三，德性与德行存在着统一与不统一的复杂关系。德行之优良选择不仅仅完全取决于德性结构上的"我应当"之自律保证，因为道德行为的发生决定于特定的道德情境，决定于社会伦理秩序给予支持的程度，决定于个人对当时道德情境的利害考量等因素。德行既可以是情境性的，也可以是倾向性的，因而使得德性与德行的不一致在主体的权衡中变得复杂起来。德性与德行的复杂实践关系表现为四对具体德性与德行的统一关系：高尚德性与高尚德行之间的协调统一；卑劣德性与卑下德行之间的协调统一；高尚的德性可能表现出卑下的德行；卑劣德性可能呈现出高尚德行。

德性与德行的统一与否，一定程度上决定着德育是否取得了最终的效果，一个人只有具备了高尚的德性，并达到了德性与德行的统一，才具备了高尚的道德品质。要实现德性与德行的统一，须从两个方面做起。首先，化内在德性为外在德行。任何知与行的统一均表明德行受到以下两个因素的直接影响：一是德行产生的外在不稳定情境因素；二是德性内在的相对稳定的结构因素。情境因素在很大程度上会影响一个主体的德性之稳定。德性对德行的担保要取得实效，关键在于对社会主流意识提倡的道德行为付出代价应给予补偿，进而形成支持高尚德行的社会伦理氛围和社会伦理秩序保证。其次，由德性而德行的中间环节——常德的培养。在社会伦理的建构中，无论是东方还是西方的学者，都不同程度地忽视了由德性而德行的中间环节——常德的培养。常德源于德性，在人性规定性上是无数个体之性趋于完善的集合体，无限接近于天地之性，却远远高于个体人的初端德性，它已具有一定社会集体性的遵循原则和规范要求。德行是在常德指引下的实际行动，体现着人们做事的自觉性、规律性和目的性。德性、德行、常德三者的关系表现为：一方面，德行是常德的真实反映，是德性的社会性活动；另一方面，常德是德行的前提，德行是常德的显现，二者保持高度的一致性，而且，由常德见诸德行，需要实践活动。在人类社会伦理建构中，从德性、常德到德行是一个连贯的进展过程，常德的培植至关重要，起到承前启后的作用。

（二）使社会主义荣辱观成为新媒体视域下大学生的德性目标

在马克思主义看来，德性建构的基础是社会发展的客观需要。某种道德品质要成为全社会崇尚的德性，必须满足以下条件：首先，该品质与现实生活的整体性、同一性、普遍性相关联，因而能够增进社会的和谐与稳定，有可能被全体公民认可；其次，该品质有助于社会的发展，因而具有不容争议的合理性。

从伦理学意义上讲，社会德性建构的目标指代表社会成员的道德理想，具有普遍和永恒价值的那些品德。在新媒体视域下，东西方文化的聚集，价值观多元化趋势的显现，新媒体开放、平等、包容的环境，较宽松的规范和制度，为大学生自由选择价值观和道德文化提供了较大的空间，但也带来了易被西化、价值观混乱等问题。因此，更应提倡社会成员普遍遵守的德性目标，而在当前我国政治、经济社会现实状况下，社会主义荣辱观应成为我国社会成员普遍遵守的德性，更应该成为大学生自觉追求的德性目标。社会主义荣辱观是社会主义核心价值体系的重要组成部分，具备成为社会德性的条件。其一，社会主义荣辱观不是某一个阶级或阶层的价值追求，而是全社会的价值追求和应遵守的道德规范，具有普遍适用性；其二，社会主义荣辱观包含着特定的道德规范，也蕴含着特定的道德德性，"社会主义荣辱观"体现着中华民族的传统美德，是确立价值取向、做出道德选择、判断行为得失、分清是非荣辱、明辨善恶美丑的基本准则。社会主义荣辱观体现了新时代我国社会的道德追求，应成为社会成员普遍遵守的德性。

用社会主义核心价值体系主导新媒体文化。在新媒体传播环境中，东西方文化思潮的交汇、碰撞更为直接，传统与现代文化交织，新媒体使用者以更自由、开放的姿态更真实地表达自己的文化和价值取向，新媒体传播环境是一个多元文化交织的、多种思想碰撞的相对复杂的文化环境。新媒体由于传者与受者的广泛性与主动性，传统媒体有效的调控手段，如封锁信息源、控制传播渠道、筛选信息流等手段很难实现。用社会主义核心价值体系主导新媒体文化是优化新媒体传播环境的需要，也是社会德性建构的需要。应创新发展社会主义核心价值体系在新媒体文化中的内容和表现形式，充分把握新媒体传播的特点，将核心价值的内容和表现形式平等化、具体化、形象化，推动我国优秀传统文化的数字化、网络化。运用议程设置、沉默螺旋效应等传播学原理和手段，强化社会主义核心价值体系的主导作用。新媒体传播融大众传播、人际传播、组织传播于一体，有广泛的互动性，而且在时间的快捷、内容的丰富、深度的拓展上比传统媒体有优势。新媒体传播促进了公共领域的形成。理想的公共领域是在国家与社会之间进行调节，从而更好地保障社会整体利益的场所，具备公共性、独立性和自主性等特征。新媒体由于其互动性、平等性、开放性、超越时空性等特征，形成了较理想的公共领域，是一种全民参与、网状辩论、空前多元的公共场所。它拓展了传统公共领域的内涵，关注内容不仅指向社会政治事务，还指向与现实生活相关的事情。根据新媒体形成的公共领域的特点，合理进行网络议程设置，在BBS、网站、博客上通过设置议题、邀请专家做论坛版主等方式，可以加强社会主义核心价值体系的主导作用。

（三）实现新媒体视域下大学生德性与德行的统一

加强德育，应提升新媒体视域下大学生的德性，增加大学生道德实践的机会，并注重大学生的道德自律，促进形成新媒体视域下大学生德性与德行的统一。

首先，加强德育，提升新媒体视域下大学生的德性。德育是道德活动的一种重要形式，一种道德能够在何种范围和程度上为人们所接受，很大程度上取决于它的传播程度，取决于德育实施的好坏。应根据新媒体环境的变化，加强和改进大学生德育的内容和方式、方法、手段。根据新媒体的特点，在坚持社会主义核心价值体系的主导下，对学生进行社会主义公民德育、媒介素养教育、新媒体德育，提升学生在新媒体视域下的道德意识和水平。运用立体、多面的德育方法，确立现实德育与虚拟社区的德育相结合的指导理念，使现实德育与新媒体虚拟社区的德育在内容、方法、手段上互补与融合。创新德育的方法和手段，将教育内容数字化、形象化地展现在新媒体空间里，吸引学生参与并在参与中受教育。

其次，增加新媒体视域下大学生道德实践的机会，为德性与德行的转化与促进创造条件。德育具有强烈的实践性，其中包括德育必须适应当时社会实践的客观状况和客观要求，必须引导受教育者实际地践行道德义务。只有让受教育者多参加实践，在实践中接受锻炼和考验，才能促进其德性与德行的统一，整体提升道德水平。在新媒体视域下，必须增加大学生在新媒体空间以及现实中道德实践的机会，使其受锻炼、提素质。通过建立德育网站、德育博客，开通德育微博等方式，引导学生通过参与论坛辩论、博客留言、微博交流等方式，参与热点问题、新媒体运用道德等问题的讨论，引导学生在新媒体环境中，在两难或多难的情景中进行道德选择和道德判断，促进形成正确的世界观、人生观、价值观。鼓励和支持学生参加现实中的实践锻炼，比如以奉献为主题的社区服务、"三下乡"社会实践、义务进行新媒体知识普及等活动，引导学生在实践中加深道德认知，培养学生在实践中的道德判断和道德选择能力，提升德性修养，促进德性与德行的统一。

最后，注重新媒体视域下大学生的道德自律。自律是道德发展的最高境界。新媒体使用者的道德自律包括个体自律和业界自律，主要指新媒体使用者自愿认同新媒体规范，以自觉的道德意识对新媒体运用行为进行自我约束和自我完善。加强大学生道德自律是新媒体环境中德性建构和促进德性与德行统一的有效途径，在道德自律、技术支持、法律规制"三位一体"的网络立体管制体系中，技术与法律只是手段，大学生的道德自律才是根本，其主要内容包括：树立主体意识和规范意识，做到自我约束和自我完善。

二、塑造新媒体视域下大学生现代公民人格

公民社会是指一种与私人、独立经济以及民主等概念相联系的，不同于国家的社会形态的，一种文明化的、世俗化的社会存在形式，这个社会由具有自由人格的公民构成并具有自治能力。公民德育是指一定国家和社会为了培养具有基本公民道德素质的，国家、社会所需的良好公民，从公民与国家、公民与法律等角度入手，对公民进行系统的、多元的和制度化的德育活动，将一定社会的基本道德原则和规范内化为公民基本道德素质。

（一）新媒体视域下大学生公民德育的意义

新媒体视域下大学生公民德育是中国公民社会发展的需要。全球化、市场经济、以新媒体传播为主导的信息化为中国公民社会的发展创造了条件，推进了中国公民社会的发展进程，也为加强大学生的公民教育、公民德育提出了新的要求。我国传统道德文化是建立在农业社会族缘、地缘基础上的，以人伦秩序为代表的"熟人伦理"，存在着"私德主导、公德不彰"、上下等级差序较明显等问题，与公民社会所需要和提倡的民主、平等、自由等道德文化存在着较大的差异。随着全球化的推进，市场经济和民主政治的逐步发展完善，公民社会的兴起已经成为一种不可逆转的趋势，而新媒体的飞速发展又成为我国公民社会发展的强大助推力。在西方发达资本主义国家，公民社会的构建已经比较成熟，而在我国却仍是一个薄弱环节。构建现代公民社会，关键是要培养具有现代意识的公民。我们必须着力培养国民的现代公民意识，我国家庭公民教育的淡化，使得大学生公民教育的重要性更加显著。家庭教育是公民教育的第一步。目前在家庭生活中，家长对孩子的教育还停留在传统的德育范畴内，在对孩子的主体意识、国家意识、权利意识、义务意识、法律意识、环保意识等方面的教育上还存在许多盲点。因此要着力培养大学生的公民意识，加强大学生的公民教育，尤其是公民德育。新媒体的发展促进了民众的参与意识，使民主、平等的现代伦理道德观念更进一步深入民众和大学生的心里，为培养大学生的公民意识和公民道德创造了条件。因此，新媒体视域下大学生公民德育是适应中国公民社会发展的需要。

新媒体视域下大学生公民德育是构建社会主义和谐社会的需要。中国社会是一个"熟人社会"、关系社会。在一体文化圈内部，群体片状分立，这种文化模式给予个体良好的私德，却导致了公德淡漠。这些一直影响到今

天的中国社会，对于我国当前社会主义和谐社会的构建是巨大障碍。新媒体的发展促进了公民对国家公共事务的参与，促进了民主政治，但新媒体自主参与的特征，加之新媒体管理中存在的漏洞，"把关人"在一定程度上的缺位，使得公众舆论导向较难控制，使得一些社会问题被扩大化，对构建和谐社会既带来了机遇也提出了挑战。在和谐社会构建过程中必须重视公民教育。在新媒体视域下构建和谐社会更应该加强公民德育。现代社会的构建是基于国民的普遍福利之上的，在本质上是与"熟人文化"相悖的。公民社会是根植于现代政治理念上的，内在地追求公民个体的平等，以对公民权利的维护和对公民义务的明确规定为特征。现代公民教育的使命是吸引个体构建良好的个体道德，给予个体以平等的视角和民主的行为方式。和谐社会的构建是当前我国的建设目标和努力方向，和谐社会中的道德主要表现为公民道德，必须从培养公民道德入手实现和谐社会。新媒体视域下大学生公民德育对构建社会主义和谐社会的作用与意义主要体现在公民人格的养成、社会私德与公德的和谐接轨、公民道德法治国家构建的基础、社会公共精神的养成等方面。

新媒体视域下大学生公民德育是大学生自身健康成长的需要。加强大学生公民教育能促进大学生自身健康发展。大学生思想道德的主流是积极向上的，但是部分大学生对公民概念理解模糊，重权利轻义务，法制意识不强。尤其在新媒体环境中，学生的公民责任意识不强，有的大学生甚至见利忘义。公民教育要让"中华人民共和国公民"的概念根植于大学生的心中，培养学生的平等意识和公共精神等公民伦理观念。新媒体视域下大学生公民德育是改进大学生公民道德现状的需要，目前大学生存在着道德理论认同与具体实践、日常行为脱节的问题，大部分大学生在思想上能认同公民德育的内容，但不能认清自己肩负的道德责任，在进行道德行为选择时会产生偏差。尤其在新媒体虚拟空间里，在无人监督的状态下，大学生的公民道德自律、自觉状况还不令人满意。

（二）新媒体视域下大学生公民德育的内容与取向

公民所需要的是某种丰富的品质，包括自律、义务、礼貌、宽容、公平和慷慨等德性。新媒体视域下公民德育应根据新媒体的特点、公民社会的需求确定教育内容和取向。

首先，新媒体视域下大学生公民德育的内容。公民道德建设应坚持以为人民服务为核心，以集体主义为原则，以爱祖国、爱人民、爱劳动、爱科学、爱社会主义为基本要求，以社会公德、职业道德、家庭美德为着力点，使"爱国守法、明礼诚信、团结友善、勤俭自强、敬业奉献"二十字的基本道德规范深入人心，使建设有中国特色的社会主义思想观念和道德要求成为广大青年的行为规范。新媒体视域下，大学生开展公民德育应包括如下几方面内容：公德教育，通过社会公德教育，使大学生形成符合社会需要的道德品质；公民文化教育，通过公民文化教育，使大学生明确公民的权利和义务，培养参与社会公共事务的意识和行为习惯；新媒体伦理德育，让学生了解使用新媒体时应遵守的道德规范，本着无伤害、互惠共赢、坚持正义、爱国守法等原则，文明使用新媒体，自觉维护新媒体空间的文明秩序；规则教育，通过道德的规则教育，使学生对规则、规范形成正确认识。

其次，新媒体视域下大学生公民德育的取向。公民德育不属于私人道德的范畴，而是公民在参与国家活动、公共生活时表现出来的公共性要求。新媒体视域下大学生公民德育的基本取向包括三个方面。

其一，以公民拥有独立的人格为前提。公民社会要求造就适应现代市场经济和民主政治的新型社会成员，由于我国的国民受封建臣民观念的影响较大，因而提高全民文化和观念、改造我国的国民性成了一项极其艰巨的工程。公民德育的基本取向就是培养社会成员的公民意识和公民能力。新媒体的开放、自由、互动、无中心的传播特点，使全民参与社会公共事务，为加强大学生公民教育、培养公民独立人格创造了条件。

其二，以权利和义务统一为基本的教育取向。中国传统社会是差序格局的社会，人们作为社会成员主体存在的意识较弱，依赖性较强，主动性较差。公民社会将人们在社会生活中的一切差异都消除在法律这一平等的理论起点上，人们可以在法律许可的空间里获得行为自由。而新媒体传播更使得人们的交往范围扩大到全世界，并从现实领域走向了虚拟领域，人们在法律许可范围内的虚拟与现实领域获得了广泛的自由，也对人们的权利和义务的统一提出了较高的要求。公民德育必须以追求公民权利与义务高度统一的自由境界为教育取向，公民权利与义务的统一是公民社会的本质要求，这一要求面向全体公民，体现在道德、政治、法律各个层面。因为权利与义务构成了社会的规范体系，也是保障社会成员获得公正地位的前提。在新媒体这一强调高度自治的虚拟领域，必须对大学生加强权利与义务对等的教育。

其三，以合法性为底线。公民社会是以一种普遍的契约关系和契约精神建立起来并保证其良性运转的，"契约关系的最高表现就是国家法律，公民社会中国家的权力、人们间的权利义务关系都在法律规范中得到体现，公民社会建立的基础、自由市场和民主政体存在的前提是法律化的契约关系"。新媒体空间中会聚了来自世界各地、不同民族、不同文化的人们，只有在坚持遵守法律的前提下，才能保证大家公平、自由地参与交流，并能够互相尊重、包容不同的文化和传统，否则，将无法保证新媒体空间的秩序。

（三）塑造大学生的现代公民人格

人格是由外在的社会环境赋予的，是社会价值精神在人身上的内化和人的"类"本质在个体性上的体现，是人作为活动主体的精神品质和性格气质特征。公民人格就是公民社会价值范式与精神生态在公民个体身上的内化与展示，公民伦理的价值范式与精神从根本上塑造了公民人格特征。新媒体视域下的大学生德育要顺应我国公民社会发展的要求，培养大学生的现代公民人格。现代公民人格的内涵体现在以下几方面。

首先，主体性与主体间性的统一。公民身份和公民伦理的基本前提与本质特征就是公民的主体性价值与地位、公民权利不可剥夺和权利与义务的统一。主体性原则与特征是公民人格成立的基本前提和首要条件。人格一般包含着权利能力。正是黑格尔发现了现代性的基本原理和理念乃是所谓"主体性"。"主体性"从根本上把现代人（公民）与传统人（臣民）区分开来。公民人格是人类社会发展到现代工业社会后，在市场经济条件下生成的独立人格形态，公民人格最本质的价值规定就是独立性、主体性。公民人格除了强调主体性，还强调其所应当承担的社会义务和对他者主体权利的尊重，公民人格既包含主体性，还包含主体间性。马克思认为人的本质是一切社会关系的总和，公民人格的价值蕴含不仅停留在个体独立性、自主性，还包含个体对社会义务的承诺与认同、对他人权利与独立主体性的承认与尊重。公民人格是存在于主体间的交往互动中，通过主体间性的尊重来实现主体性价值的，公民人格主体性的实现以其尊重主体间性为前提。新媒体的传播特点决定了学生在交往中的独立性、主体性，同时广泛的、无中心化的、陌生人之间的交往又决定了他们必须在坚持自己的独立性、主体性的同时，尊重他人的主体性权利，从而实现主体性与主体间性的统一。

其次，契约精神和德性价值的统一。契约精神作为公民伦理的基本价值范式，它是平等主体在同一生存平台上为了尊重相互间的主体地位与权利而达成的契约和规则的精神凝结。契约精神一方面揭示了公民社会中的契约、规则和制度具有优先性和不可毁损性；另一方面指公民人格要摒弃人们由于出身和社会关系的差异而产生的现在的人格不平等，具有普遍的平等性。契约精神从根本上说就是一种公民道德品格中的规范意识，是一种现实人格、底线人格。契约精神揭示了公民人格的基本特征，但公民人格并不排斥它应有的德性精神的价值面向。德性精神是一种道德价值信仰，是原发于主体内在情感世界的对美德与崇高人格范型的追求。契约精神是一种内化了的道德观念与品格，公民社会对规则过分倚重，易导致对契约、规范的片面强调而忽视公民德性价值，最终导致人情冷漠和生活世界被割裂的现象。因此，现代公民人格在优先强调契约精神时，也应重视德性精神的作用。新媒体环境中，首先要求人们遵守规范，在遵守规范的前提下，推崇德性精神，倡导建设高尚、和谐的新媒体文化，因此，新媒体环境对培养大学生契约精神与德性价值的统一提出了要求，也创造了条件。

再次，多元范型与一元价值的统一。公民社会是一个在充分分化基础上形成的社会，社会主体的个体差异和社会价值评价体系多元。在多元的人格状态及其价值取向中，各种人格范型之间以一种平等的身份存在，并在法律规范范围内交互生存，这就决定了公民社会的人格范型的自由性和多样性的外在特征。人格范型及其价值的平等和多元必须确立这样一个前提：自由人格和多元价值之间有一种为各方共同接纳和信奉的一元价值标准，这就是作为底线道德的制度认同与法治精神。新媒体的高度开放性，使全世界各民族的道德文化充斥其中，由于没有根本的利害冲突而能够和谐共存，人们须遵守的一个基本规则是对制度与法制的认同。新媒体空间中多元的文化对大学生的价值观带来冲击，应注重对大学生进行社会主义核心价值观教育，使其牢固确立社会主义核心价值观，坚持在此基础上的多样化。

最后，多元价值中的共生性独立人格。培养主体的共生性独立人格是新媒体视域下德育的根本要求。共生性人格具有以下特征：其一，个体是一个独立性的存在，个体以形成独立人格为前提；其二，这种独立性是以承认他人的独立性，人与人之间的平等、公正为其规定性的；其三，共生性是一种新的人的结合关系，它不是依附型关系的加入，而是它的否定之否定；其四，这种共生性不是追求完全的同质性，它更多的是一种异质文化之间的"和而不同"。共生性主体的生成体现了民族文化自觉与价值导向建构这两个过程的统一。一方面，它体现了民族文化自觉得以实现。共生性主体具有在多元文化中依据本民族主导价值观进行自我选择、自我发展、自我超越的能力，这种能力使价值观认同的困境在社会层面和个人层面都得到解决，使民族文化自觉得到实现。另一方面，它体现了中国特色社会主义价值导向内化的完成与共生性主体的出现。"共生性主体能够在多元文化中保持自身的统一性，因而具有坚持并发展本民族文化的能力，这种能力是民族文化自觉的具体表达，它推动了有中国特色社会主义的内化，促进了共生性主体的形成。"新媒体传播为共生性主体人格的形成带来了挑战和机遇，也创造了促进其生成的条件。新媒体的开放环境将大学生置于一个价值观多元化的环境中，教育者有意识地、不着痕迹地引导，在新媒体空间中坚持社会主义核心价值观的主导，有利于培养大学生的民族文化自觉，有利于其核心价值观的确立。

三、提升新媒体视域下学生的整体道德能力和水平

道德选择是人类活动中最重要的选择形式之一，新媒体空间道德多元化的环境对大学生的道德选择能力提出了新的要求，因此，应注重新媒体视域下的道德选择教育，提升学生的整体道德能力和水平。

（一）道德选择的机制、自由与实现

道德选择是人在一定的道德意识支配下，根据某种道德标准，在不同的价值准则或善恶冲突之间所做的自觉自愿的抉择。道德选择体现人的价值取向，又是价值观的表现形式，它以心理活动和行为活动的形式把人们内在的价值观念、道德品质等呈现出来。

首先，道德选择的机制分析。可以从道德选择的心理机制和社会机制两方面来分析。

道德选择的心理机制。道德选择首先来自认识的选择性。其表现在主体的信息感知模式、认知定式和期待以及人的注意。定式和期待使人能认识到特殊的对象，从而有选择地接受信息；注意犹如在黑暗中打起的一束光，它指向哪里，哪里就会显现出来。正是注意的不断变化，才使我们的认识面

逐渐扩大。道德选择又依赖于情感，情感是人类道德发生的直接心理基础，也是道德选择的重要心理依据。情感包括理智感、审美感和道德感，是广义情感中的最高层次，其选择作用最为突出；意志是一种直接的、现实的选择机制。意志就是自觉确定目的，根据这一目的来支配、选择、调节自己行动的心理过程，是知识和情感相互作用而形成的一种活动能力，是把主观的东西见之于客观，把内部的倾向变为外部的活动。意志通过自己的活动，使主体形成一定的倾向和目的，这种活动就是意志的决定和选择。

道德选择的社会机制。道德选择的社会机制即道德选择是怎样在社会结构中进行的。一方面，多层次和多方面的道德要求为道德选择奠定了客观条件；另一方面，在社会关系和社会制度确定的前提下，个人身份和地位的确立是通过选择来实现的。道德选择不仅在多种可能性之间进行，而且要在价值冲突中进行，价值冲突增加了道德选择的困难。价值冲突表现为两种性质不同的形式，即同一价值体系内部的不同道德要求之间的冲突和不同价值体系之间的对立。在价值冲突中做出正确的选择需要提高选择主体的选择能力，确立选择的标准，认清选择所要达到的社会目的。冲突要求人们思考、选择，这就是道德选择的社会机制。

其次，道德选择的实现分析。道德选择的实现由道德选择的自由、道德选择的尺度、道德选择的规定性、道德选择的过程等部分组成。道德选择必须有一定的前提，这个前提就是自由，道德选择的自由表现为两种形式，即社会自由和意志自由。社会自由是道德选择的外在可能性，人的意志自由是选择的内在自由，也是较为重要的道德选择前提。道德选择的自由是社会自由与个人自由的统一，是必然与自由的统一。道德选择以自由为前提，以道德责任为结果，主体在自由地选择对象的同时，也自由地选择了责任。

道德选择的尺度。道德选择总是依据一定的标准进行的，这个标准就是道德选择的尺度。道德选择的尺度具有确定性与不确定性、主观性与客观性、功利性和超功利性。道德选择的确定性是指任何道德选择都是根据一定的尺度进行的，该尺度在价值体系中的地位是确定的；不确定性是指尺度的确立依赖于主体的认识，尺度的作用取决于它在道德体系中的地位，尺度的价值存在于具体的选择之中；主观性决定了选择尺度都是具体的；客观性决定了尺度都是普遍的；功利性是指道德选择尺度的确立，都是为了达到或实现某种利益的；超功利性指选择的尺度虽然来自利益关系，但又具有相对独立性，与利益关系并没有直接的决定关系。选择的尺度反映社会整体的利益，而不是个人利益，而且选择的尺度往往需要人们做出个人牺牲。

道德选择的规定性。道德选择并不仅仅是理智的事情，还必须有意志的参与，意志与理智相结合构成了道德选择的规定性，体现在自主、自决、自控三个方面。自主是道德选择的基本规定性，它使道德选择成为选择主体的活动，而不是外在的活动。自主性的第一个含义是说，道德选择是有目的的，这个目的就是"善"。自主性的第二个含义是说，道德选择是"我"的选择。自主性的第三个含义是说，道德选择从一开始就是一种主动的选择。自主性从出发点和性质上规定了道德选择的内容，而这一内容就是意志的自决。只有自决的意志才是现实的道德意志，这种自决使选择成为自主的选择。自决建立在明察、深知的基础上，是根据道德的本性、客观的规律和现实的条件做出的决定。它着眼于长远的目标、理想的境界，把每一次决定都看作道德攀登的一步、自我完善的一种形式。道德选择在性质上是自主的，在内容上是自决的，而在过程上则是自控的。自控是道德选择的基本规定性之一，是保证选择顺利进行的机制。道德选择的自控性表现为选择开始时的控制、选择过程中的控制和选择结果上的控制。

道德选择的过程。道德选择是道德行为的前奏，道德选择的过程就是道德行为形成的过程，表现为道德动机的选择、道德目的的选择、道德手段的选择等。任何行为都是有动机的，动机就是直接推动个体活动以达到一定目的的内部动力。人们之所以能够选择动机，不但是因为人有自由选择的能力，而且是因为动机本身提供了选择的可能。动机的好坏对行为的善恶往往起着决定的作用，几种动机共同发生作用形成了某种行为；目的不同于动机，动机是行为的原因，而目的则是人们预定通过行为所要达到的结果。目的是行为的灵魂，规定着行为的方向，选择正确的目的是道德选择的关键环节和主要使命。目的不仅仅是主观的东西，它是客观的关系在人们头脑中反映的结果，其本质是主客体的统一。选择目的既是选择活动自主性、自决性的突出表现，也是道德责任的主要依据；目的和手段是密切相关的。在目的既定的情况下，手段的选择具有极为重要的意义。一是正确地选择手段可以尽快实现目的，只有目的和手段在性质上一致时，才能有助于目的的实现。二是选择手段可以强化道德选择的责任。动机和目的都是为主观的东西存在的，对它们的选择是一种思想斗争，对于形成人的品质极为重要，但由于还没有表现出来，选择的责任尚不明显。只有经过手段选择之后，目的、动机才开始由观念形态向现实形态转化，从而表现出一定的道德责任。三是道德手段可以扩大人的自由。选择自由是人的一种能力，这种能力是由不断积累选择经验而形成的。在众多的手段之间进行抉择，既表现了选择者现有的自由，又为选择自由的增长奠定了基础。

（二）道德选择教育的特征

道德选择教育以强调人的主体性为根本特征，以允许道德选择为前提，以实现对人的本质、主体性、社会理性的充分尊重为本质内涵，以提升道德认知能力、判断能力、意志力和道德实践能力为核心内容，以实现人的主体人格的完善为最终目标，是新的德育的理念和实践形式。道德选择教育的特征表现为以下几点。

首先，道德选择教育注重"以人为本"。德育的对象是人，德育的目的也是使人成人。道德选择教育反对德育的功利主义，功利主义是我国德育的一个弊端，表现为德育急功近利，教育课程随社会要求变动较多，重说教，强调理性、公正而忽视关怀品质的培养，导致德育信度的丧失、效度的缺损和地位的下降。道德选择教育承认学生是具有独立人格的完整的人，尊重学生的人格和需要。

其次，道德选择教育融入"生活世界"。道德与生活相融一体，"生活世界"是道德选择的源泉和基础。但是我国的学校德育却存在着重知识教育、与生活世界脱离的现象。道德选择教育是一种回归"生活世界"的德育，道德选择要在生活中展开，道德选择教育要以贴近大学生生活的方式进行。

最后，道德选择教育注重道德选择能力的提高。传统的德育对现实的认识和理解存在着误区，德育主旋律的声音很响，但很难入心，没有很好地利用现有的道德现实的资源优势。多元的价值观念、多样化的道德体系可以为道德主体提供选择的可能，有比较才能有判断和抉择。传统的德育形成的道德观念、道德意识容易发生变化。道德选择教育强调对道德现实情况的充分运用，最为关注的结果是道德选择能力的提高。

（三）新媒体视域下大学生道德选择教育的价值取向

人们的道德选择教育是以道德价值为基础的。马克思主义认为，价值是一个关系范畴，它体现着主体与客体的利益关系。道德价值作为道德主客体价值关系的反映，体现着一定的社会道德现象（客体）对于个人、群体和社会（主体）的意义。对个人来说，道德是自我肯定、自我发展和自我完善的必要形式。对社会来说，道德是发展生产力和科学技术的精神动力，是巩固和完善经济关系的精神条件，是上层建筑的精神内核，是社会文明的精神向导，是培养社会主义新人的精神要素。总体来看，道德的价值就在于能促进个人和社会的相互改造、相互超越、共同发展和完善。

道德选择教育的基础是道德价值。道德选择教育一方面是一种理性的选择，体现着人们对事物发展客观规律的认识、利用；另一方面又是一种价值选择，体现着主体的利益和需要，牵动着主体的感情、心绪，影响主体的意志，具有强烈的主体性。与人类一般的选择活动相比，道德选择教育具有明显的利他性和超功利性。即道德主体在利益矛盾的选择中，对道德的践行仅出于对道德准则的认同、尊重和诚服，不是以获取个人的某些外在私利为条件的。这种行善超越了行为者自身的外在私利，无疑具有超功利性。然而，道德选择教育作为一种价值选择无疑也具有个人功利性，功利主义或幸福论的一个合理之处在于它们对人的行为动机和动因的分析，揭示了人的道德选择教育的功利性。道德选择教育是对人们之间利益关系选择优化的过程，在一般情况下，道德主体在进行道德选择教育时，总是自觉地利用主体自身的利益来衡量客体属性对于主体道德需要所具有的意义。新媒体视域下大学生道德选择教育的价值取向体现为以下几点。

首先，确定道德价值的等级序列。作为道德选择教育尺度体系的第一层次，它包括两方面内容：一是社会生活所必需的、最简单、最起码的公共生活规范，如守信诚实、尊重人的价值和尊严等。二是以"整体协调"的原则，评判那些人与环境、与集体发生关系时的行为和思想的道德规范。这些道德规范主要用于审度人与事、人与群体发生关系时的道德行为和思想。

其次，坚持正确的道德价值导向。任何社会都必须有一些共同的道德价值目标和道德标准，这是社会存在和发展的基本前提。根据社会实践发展的需要，每个社会在每个时代都有占主导地位的道德价值和规范。在我们当代中国，中国特色社会主义核心价值体系是主导的和基本的道德价值和规范，我们应坚持以社会主义核心价值体系来影响和教育人们。

再次，允许多种价值观念存在，尊重人们不同的价值选择和追求。在现时代，人们的价值取向和道德标准越来越多元化。在法律和社会共同的生活准则范围内，我们应尊重人们不同的价值选择和追求。在新媒体视域下，在坚持社会主义核心价值观的前提下，我们尊重个人的不同选择。

最后，做好传统道德观念的现代化。在现实生活中，传统道德观念与市场经济发展、信息化社会的道德要求不相适应，使人们易产生道德困惑。我们应根据时代和社会实际情况的变化，在发扬中国传统道德优秀因素的基础上，促使其增加民主、平等的现代因素，实现其现代转化。

（四）以提高道德选择能力为道德选择教育的核心

新媒体视域下大学生道德冲突的特点决定了道德选择教育的核心是提升其道德选择能力。

一般来说，道德冲突的类型有三种：一是同一道德体系内不同道德原则、道德要求之间的冲突；二是不同道德体系、原则规范之间的矛盾和冲突；三是个体道德心理上的冲突。第一种冲突往往发生在同一文化语境中。第二种冲突时常发生，突出表现在社会变迁迅速之时。由于新媒体传播的高度开放和自主性，全球化的进一步推进，使得新媒体空间充斥了各种文化和价值观，使大学生受到多元价值观的影响和冲击，在面临道德选择时经常处于不同价值观冲突的两难或多难境地。第三种冲突表现在个体心理之中。其一是个体所扮演的不同社会角色所承担的不同的道德规范之间的冲突。在新媒体环境中，个体经常扮演着各种不同的虚拟角色，有时性别与年龄都是虚构的，这使得学生在道德选择时经常处于迷茫、冲突之中，甚至淡化了责任意识。其二是个体人格中的自我冲突。弗洛伊德用"本我""自我"和"超我"来说明人格在动态发展中的矛盾与冲突。"本我"是道德心理结构中最底层的部分，即本能冲动，它的唯一机制是趋乐避苦，"本我"是无意识、非道德的东西，是社会发展和人类生存的潜在的危险力量。"自我"是后天形成的意识结构，是一种理性的道德机制，它既不违背和对抗社会的伦理道德要求，又想方设法地找到实现个人欲望的合理途径。"超我"是个体道德心理结构中的最高层次，是传统的道德观念和善恶标准在个体身上的内化。"超我"

按至善原则行事，目的是为至善至美而奋斗，在内容上与本能冲动对立。三者密切配合，使人能有效地与外界现实进行交往，满足人的基本需要与欲望，同时也为社会所允许和接受。但是这三种常常发生冲突，当社会化的"我"面对"本我""自我"和"超我"的同时要求时，强烈的道德冲突就产生了。在新媒体环境中，由于人们隐去了真实的身份，可以不受现实中的身份、地位等制约，人们更乐于表现真实的"自我"，应该说"本我"的成分更多，所以会较多地遇到三个"我"之间的冲突。

创新新媒体视域下的德育方式，促进学生道德选择能力的提高，主要有情感型、渗透型、环境型、互动型等德育方式。

情感型道德选择教育模式。大学生道德选择教育不仅要以理服人，而且要动之以情、以情感人。在新媒体视域下，教师应积极运用新媒体平台与学生沟通交流，达到情感的共鸣，促进学生自觉接受主流价值观念，并内化为自身的道德意识，外化为道德行为。一是情感投入式。情感是开启学生心灵的钥匙，情感是学生将其自身的认识转化为行为的必不可少的因素，是德育工作实现内化的中间环节。情感投入促进德育诸要素的反应速度和水平，情感的投入可以对德育工作起一种价值评估的作用，情感投入体现着德育主体行为选择是否协调进行和和谐发展。二是平等谈心式。现代教育的发展和社会进步为民主、平等的师生关系提供了基础，新媒体的发展为师生平等交流搭建了平台，由于新媒体的虚拟性、平等性，教师可以隐去身份，与学生直接交流。

渗透型道德选择教育模式。渗透型德育模式就是教育者运用有教育意义的知识学习和进行有培养价值的组织活动，使学生潜移默化地在思想、道德、价值观等方面受到感染、熏陶和陶冶。一是人文知识长效渗透。新媒体环境的多元化对中华传统文化、人文氛围产生较大冲击。高校德育要认真研究人文教育的内涵和特征，丰富现代德育的内涵，充分运用新媒体平台，形成人文知识长效渗透的德育模式。二是科学精神重点渗透。所谓科学精神，是指从科学中凝练和提升出来的文化精髓和价值观念体系。科学精神的重点渗透德育模式一方面要教育学生脚踏实地、刻苦钻研；另一方面要教育学生以开放的眼光、宽广的胸怀、敏锐的洞察力去认识世界和掌握世界大势。三是制度规范强化渗透。要把社会主义核心价值体系、新媒体管理法规和道德规范的内容，借助新媒体平台，通过数字化的形式对学生进行强化渗透。同时，高校要根据党的教育方针和培养目标形成指向明确的制度规范。这些制度规范必须坚持社会主义的办学方向，坚持爱国主义和集体主义的价值取向，体现社会主义的本质要求，为形成积极、健康、高尚的校园环境和成才氛围发挥规范作用，制度规范强化渗透具有诸多功能，包括教育功能、约束功能、导向功能、塑造功能等。

环境型道德选择教育模式。现代教育思想十分重视环境因素在德育中的作用，许多教育家认为德育环境和德育内容同样重要。新媒体环境对于大学生产生了深刻的影响，通过加强社会网站和校园网的管理，建设以社会主义核心价值体系为主导的、健康高雅的新媒体文化，会对大学生产生积极的影响。同时要加强校园文明建设，校园文明建设总的目标要求应是较高的文化品位、浓郁的人文氛围、浓厚的学术色彩和高雅的文化景观，通过优良的新媒体环境和校园文明建设，发挥环境育人的作用。

互动型道德选择教育模式。社会互动理论认为，任何客观的社会组织形式都是由个体之间的社会互动构成和维系的。在社会互动的过程中，个体具有解释社会互动符号的能力，从而判定情景，使社会互动顺利进行，只有通过解释人们在微观社会联系中的社会互动性质，才能真正理解社会结构及其变迁。这一理论对德育的意义主要在于德育工作本身具有社会互动的特性。而新媒体的广泛的、去中心化的互动交流传播模式，更为互动型道德选择教育提供了绝佳的平台。教育者可以通过在线交流、网络聊天、论坛等方式与学生进行广泛的交流。一是思想互动。这不只是在简单意义上强调教育者与受教育者简单的相互对立的"你""我"都成为互动的主体，而且更强调"你""我"都作为完整的精神实体而相通。二是活动互动。从认识论上看，活动是社会互动的重要形式。实践活动是连接参与者与教育过程的媒体，因此，通过活动互动方式，把思想从运用要求转变为选择行为理论，具有重要意义。三是教育互动。教育互动贯穿在思想、活动互动过程中，对两个互动过程发挥指导作用，是德育互动的方向。教育互动包括理解和接受两个过程。在德育的互动中，德育双方的理解过程不是独自进行的，而是在一定的情景活动中发生的，交流过程是一种教育形式。接受是活动互动反映的自然或精神客体与认识、实践主体之间的相互作用关系，是德育工作中的接受主体对教育的选择、整合、内化的过程。教育互动模式体现为三种基本方法：其一是价值澄清法。在我国社会的整体转型、新媒体传播带来的价值观的多元化给学生的价值观带来混乱的情况下，迫切需要培养他们的价值观澄清和选择能力。价值澄清法的最大特点是把学生放在主体性的地位上，充分调动学生的积极性、主动性，使他们根据自己所持有的价值观，通过主体思考和分析，对自己的行为和他人的行为进行判断与评价，并且审慎地做出自己最终的选择。其二是自我教育法。自我教育法是教育者引导学生主动地自觉学习、自我反思、自我锻炼，通过思想转化和行为控制来形成正确价值观的方法。新媒体视域下自我教育法是比较适合的方法，通过培养学生的价值认识、价值判断、价值评价和价值选择能力，使他们能够根据正确的价值观念去分析、判断和评价现实生活中所遇到的人与事，并做出相应的价值选择。其三是角色扮演法。所谓角色扮演法，就是教育者引导学生把自己置于别人的角色上，通过体验他人的价值承担，培养学生对他人处境、需要的敏感性，以及设身处地地为他人着想的移情能力。新媒体环境中，可以创设不同的场景，让学生扮演不同的虚拟角色，这为学生多种体验创造了条件，但由于虚拟与现实存在一定差异，所以也需要现实中的社会实践活动、青年志愿者活动等与虚拟空间的角色扮演相互补充，对学生进行全方位的教育。

（五）以提高新媒体道德与现实道德的转化能力为德育的着力点

道德是调整人和人之间以及人和社会之间关系的一种特殊的行为规范的总和。新媒体道德就是在新媒体环境或新媒体条件下调整人和人之间、人和社会之间关系的一种行为规范，是对新媒体时代人们通过新媒体而发生的社会行为进行规范的伦理准则。

1. 新媒体道德的特点分析

新媒体道德的特点表现为：其一，新媒体道德的发展从"依赖性"走向"自律性"。与传统社会人们的道德意识与道德行为相比较，新媒体道德更少依赖性、更多自主性，为人们道德主体意识的觉醒、道德主体地位的确立创立了条件。在新媒体社会里，人与人的交往具有匿名性，使现实社会道德主要依赖于周围外在力量约束推动的实现机制在新媒体社会失灵。新媒体社会需要的是自主、自律型的道德，是一种他律与自律结合、更多依靠自律的道德。其二，新媒体道德的发展从"一元"走向"多元"。现实社会的道德是一元的，与现实社会相比较，新媒体世界里各主体自由交流、平等对话，不同地区、不同种族的人们自由交往，彼此不同的道德意识、道德观念碰撞和融合，由于没有实质性的利益冲突而共存，新媒体道德是多元性与开放性的统一。其三，新媒体道德的发展从"滞后性"走向"超前性"。"超前性"是指道德作为人类的一种价值目标，往往蕴含着比现实更高的理想成分。"滞后性"是指道德作为一种能够在人类意识中长期积淀的传统，往往表现出自己的保守性或惰性。新媒体道德中"超前性"和"滞后性"并存交叉，人们在新媒体空间中表现出的道德观念总体上趋向于更宽容与平等，反映了人类道德文明发展的趋势，表现出"超前性"。同时新媒体的高度自由和开放，使得新媒体空间的信息和道德表现良莠不齐，而新媒体管理法规与规范亟须进一步完善，新媒体对人们行为的自律性要求比现实道德的要求更为苛刻和严格，新媒体道德表现出与技术相比的滞后性。

2. 新媒体道德与现实社会既有道德的关系分析

道德被认为是在人类社会交往活动中形成的调整人与人之间社会关系及行为的规范和准则。由于人类社会交往空间的不同，新媒体道德往往被从两个角度进行阐释。一种观点认为，新媒体道德是现实社会道德在新媒体社会中的延伸和应用，是人们在新媒体空间活动中应遵循的行为规范和道德准则。另一种观点则认为，新媒体道德与现实社会道德存在明显区别，新媒体道德其实并不像传统的道德那样，是靠舆论来约束、规范个人行为的，它是以新媒体使用者自身的素质为特征的道德自律。这就将不同社会空间中的道德依赖的基础做了区分：现实社会道德依赖他律，新媒体道德依赖自律，以上这两种观点都有可取之处。新媒体道德是现实社会道德在新媒体社会中的延伸和应用，是人们在新媒体空间活动中应遵循的行为规范和道德准则。由于新媒体道德所处环境的特殊性，社会舆论对新媒体空间的道德基本起不到监督作用，因而维系新媒体空间的道德主要靠法律、新媒体管理规范、新媒体使用者的自律。因此，新媒体道德依赖他律和自律的结合。

新媒体道德与现实道德是紧密联系又有所区别的。新媒体使用者是新媒体道德的实践主体，但人的思想、行为不可能脱离现实生活而完全虚拟化。因此，新媒体道德要反映现实既有道德的需求，保持一定的延续性，同时新媒体道德要反映新媒体这个特殊领域的特殊需求，具有自身一些特点。

新媒体道德以现实道德为基础。新媒体建构的虚拟世界是在真实世界的基础上建立起来的，是真实世界电子意义上的延续。新媒体道德的设计以现实道德作为客观参照系，使新媒体道德与现实道德达到根本点上的一致，使新媒体道德既适应虚拟世界的特殊性，又不与现实道德发生根本的对立，并尽量发挥新媒体道德对现实道德的促进作用。

新媒体道德对现实道德的推进。现实道德是人们在长期的社会实践中形成的，而新媒体社会是现实社会的发展和延伸，人们的网上活动与现实社会的活动在本质上是一致的。这就决定了现实道德的一般原则同样适用于新媒体社会，新媒体社会为现实社会既有道德的实现提供了更为广阔的实践空间，新媒体社会的道德水平将影响到现实社会的稳定和文明水平。

新媒体道德对现实道德有反作用。新媒体道德与现实道德之间是互动的关系。由于新媒体的开放性、虚拟性，人在新媒体空间中的生活与现实社会不同，这就决定了新媒体道德具有不同于现实社会中既有道德的新特点，并动摇着现实社会既有道德的基础，对现实道德具有一定的反作用，表现在积极和消极两个方面。如果新媒体空间的秩序良好，人们习惯了比较讲道德和秩序的氛围，当其回到现实社会的时候，也会克服一切不良习惯，成为一个遵守道德规范的人。如果新媒体空间的秩序混乱，人们受到它的影响，在现实社会中也会延伸其不道德的行为。

3.新媒体空间中大学生的道德特点分析

新媒体空间中的大学生道德表现出与现实道德不同的特点，具体表现为道德意识的多元性、道德行为的反传统性、道德关系的草根性。

道德意识的多元性。新媒体传播是一种网状式无中心的分散结构，不同国家、不同民族、不同团体的各种道德都融汇在一起，它们会产生强烈的碰撞与冲突。新媒体空间中价值观的多元化使得大学生的道德意识呈现出多元性的特点。

道德行为的反传统性。新媒体空间交往的匿名性，使得大学生在新媒体交往中形成的虚拟关系比现实关系变得更加复杂和难以规范。传统现实社会的家庭关系、婚姻关系等在网上被颠覆和虚拟，造成一系列反现实、反传统的行为和倾向，如很多大学生认为在网恋中可以有多个恋爱对象，有时在贴吧或论坛里发表不负责任的言论，这些也会影响学生在现实社会的道德选择，给社会伦理道德带来新的困惑和挑战。

道德关系的草根性。人是社会关系的总和，现实社会里社会关系的建立往往需要比较长的时间，还会受到各种社会条件的制约和影响，但一旦建立就具有相对的稳定性和延续性。而在新媒体空间，大学生很容易建立起各种"速成"的社会关系，但这种关系却很脆弱和松散，因为它抽空了社会关系所需要的社会内容，人们不必为虚拟空间的社会关系承担一些责任和义务，因而显得随意性较大。

道德人格的双重性。新媒体空间中多元道德、多元文化的存在，常使个体处于矛盾的道德选择中，给大学生道德人格的形成与发展造成挤压和扭曲。一些学生长期沉溺于网上交往，使得他们在网上交流很顺畅，但在现实生活中却表现得性情孤僻，不会与人交往，这种道德人格使他们难以适应社会。

4. 大学生新媒体道德与现实道德的相互促进与转化的路径

新媒体环境使学生在新媒体空间的道德与其现实道德存在一定程度上的不一致性，发挥新媒体道德对现实道德的促进作用，实现大学生新媒体道德与现实道德的良性相互促进与转化，是提高学生整体道德水平重要手段。

从教育入手，实现新媒体德育与现实德育的有效结合。德育是培育理想人格、造就人们内在道德品质的重要手段。新媒体道德的超前性与滞后性并存的特点，使得大学生在新媒体空间的道德表现有时优于其现实空间的表现，有时低于其现实空间的表现。因此，应从教育入手，实现新媒体德育与现实德育的有效结合，在教育内容、教育手段、教育活动设计等方面，实现交叉与融合，促使学生将在现实中形成的稳定的、优良的品质呈现在新媒体活动中，将学生在新媒体活动中吸取的民主、平等、参与的积极因素应用到现实活动中，从而实现新媒体道德与现实道德的相互促进。

加强新媒体管理法律和规范建设，规范学生在新媒体空间的道德行为。规范是引导人们形成优秀道德习惯的必要手段。由于新媒体发展迅速，从世界范围看，新媒体管理法律与规范的制定落后于新媒体的发展，这就使得新媒体空间的一些行为处于无章可依的真空地带。因此，应加强新媒体管理法律和规范建设，规范学生在新媒体空间的道德行为，从而促使大学生形成新媒体空间中的优秀的道德习惯和道德品质，并使之促进整体道德水平的提升。

注重学生自律，促进形成虚拟空间与现实空间道德品质的统一。"慎独"

是道德的最高境界，由于新媒体的开放性、匿名性、虚拟性，传统道德的舆论监督等手段在新媒体空间的作用较弱，新媒体空间的道德很大程度上依赖于个体的道德自律。新媒体既是大学生可以充分展现个性、抒发情怀的舞台，也为提升大学生的道德判断能力、选择能力，锻炼道德意志，提高道德自律能力提供了条件。因此，应注重加强学生的道德自律教育，通过在新媒体空间和现实生活中创设两难或多难的、无人监督的道德环境，让学生在无人监督的、充分自由的环境下进行道德选择，并着重加强学生在现实生活中的道德实践，促进形成虚拟空间与现实空间道德品质和道德行为的统一。

第二节　新媒体视域下大学生德育方法形式的创新

方法是主体为了达到预期目的，在认识世界和改造世界中所采用的方式和手段。新媒体的发展使德育方法从静态走向动态，从平面化变为立体化。应运用网络媒体、手机媒体等新媒体平台创新德育方法，改进德育形式，创新运用自主性德育、参与性德育、主体间性德育等形式，突出德育的针对性和实效性。

一、运用新媒体创新德育方法

（一）运用网络媒体创新德育

互联网已成为最主要的新媒体。联合国新闻委员会把互联网正式列为继报纸、广播、电视之后出现的"第四媒体"。网络媒体包括网站，博客、播客，网络电视，网络广播，网络报刊等。在重大事件的新闻传播中，网络媒体正在实现"草根"走向"主流"的角色转变。大学生在思想、道德、价值观方面受网络媒体的影响较大。

首先，加强社会网站建设，使之成为对大学生进行教育的重要阵地。社会网站具有专业技术力量强、信息量大、形式新颖等优势，对大学生具有较强的吸引力。社会网站包括新闻网站、网络论坛社区、社交网站等。

新闻网站是中国互联网世界的主流媒体，包括综合类新闻网站、门户网站的新闻频道和传统媒体的网络版。新闻网站的发展呈现出问政、参政能量巨大，动员社会积极、有效，关注弱势群体，音、视频传播飞跃发展，技术跟进快速、主动等特点。社交网站日益成为融合性社交平台和媒介平台，社交网站的发展不仅意味着可能改变人们的社交方式，而且还会对新闻信息的生产与传播方式产生影响。社交网站发展迅猛，也引发了许多问题，包括：挑战国家安全，成为西方国家进行政治颠覆的工具；威胁个人信息安全，制约社交网站的良性发展；非法信息传播和虚拟问题现实化，网络的虚拟性、匿名性、隐秘性为学生提供了道德自我弱化的场所，体现了对学生社会化的阻碍、潜在道德滑坡等社会隐忧。加强社会网站建设应从以下几方面做起。

其一是强化社会网站的社会责任意识，弘扬社会主旋律和主流文化。由于除了国家和地方政府主办的官方网站外，大多数专业网站是自负盈亏的企业，它们把追求经济效益放在较为突出的地位，这就易导致网站内充斥虚假广告、过度的娱乐性甚至色情等不健康的内容。因此，必须强化和重申社会网站的社会责任意识，要求弘扬社会主旋律和主流文化。因为网站作为媒体具有传播文化和价值观的作用，只有弘扬社会主旋律和主流文化，以社会主义核心价值体系为指导，才能使社会网站的内容更健康积极。

其二是国家主流媒体与网络媒体适当合作，将国家大力提倡的内容以适当的方式在社会网站、论坛上展现。这里有两个层面的内容。第一层，官方网站应做好表率，发挥对其他社会网站的示范、带动作用。第二层，国家主流媒体与网络媒体适当合作。目前，我国媒体机构开始进驻社交网站。

其三是加强对社会网站、论坛的舆论引导，培养思想先进、理论水平较高的意见领袖，发挥其在网络舆论中的引导作用。自20世纪90年代末以来，网络论坛成为草根舆论表达的新平台，并成为舆论格局中与传统舆论相对峙的新领域。一方面，网络论坛高度的自主性给了网民广泛的话语权，在维护公民表达自由权利、完善舆论监督方面具有一定的积极作用；但另一方面，网络论坛匿名、随意、无序的过度表达又引发了许多问题，一些不负责任的发帖、跟帖等违法、违反道德的言论产生了不良的社会影响。所以，应加强对社会网站、论坛的舆论引导，通过培训网站管理人员，提升其政治理论和文化素质，培养政治素质过硬、理论水平高的舆论意见领袖，通过邀请专家到论坛做客等方式，对舆论加以正确的引导。

其四是加强监管，通过完善法律、法规和监管技术手段，规范社会网站的行为。目前，我国除了将现有的法律适用于新媒体空间外，也出台了一批有关新媒体的法律、法规，包括由全国人大常委会制定的法律或做出的决定、行政法规、司法解释、部门规章等。并形成了初步的法律体系。从目前来看，我国的网络立法与现在飞速发展的网络技术和实践还不能契合。网络空间和现实空间的利益冲突、网络技术进步等因素对网络主体的权利、义务带来重大影响。在我国，网络立法的当务之急不是大规模地制定新法，而是尽可能扩大现有法律、法规的适用范围，对网络空间的特殊问题进行补充、修改，保持现有法律体系的稳定。从长远看，制定一部专门的网络基本法非常必要。

其次，加强高校校园网络建设，发挥其德育功能。提高高校网络道德建设的水平和效果，坚持重在建设的原则，完善校园网络系统。校园网络建设应体现五个"统一"，即互联性与特色性的统一、知识性与思想性的统一、丰富性与主流性的统一、疏导性与互动性的统一、教育性与服务性的统一。

建设高校专题德育网站、德育论坛，搭建网络德育平台。可以将德育网站挂在学校学工部或团委的网站上，也可以单独设立专题网站，还可以根据工作需要设立专题网站，如科学发展观网站、创先争优网站。目前学校德育网站存在的问题是内容相对单一、形式较单调、对学生的吸引力不大。应在坚持社会主义核心价值体系为指导的前提下，将教育内容丰富化、形象化、数字化，增强网站的吸引力和凝聚力，发挥德育网站对学生的教育作用。可以设立校园论坛。可以让学生针对社会问题自由发表言论，教师给予适当引导，效果较好；绝大多数学校设立了百度校园贴吧，成为大学生发表言论、老师了解学生思想的平台；而人人网等校园社交网站，成为教师和学生都比较喜欢参与的交流平台，达到相互了解、互通信息、交流感情和心得的目的。

加强校园网络管理，尽量减少师生同消极信息的接触。健全校园网络管理制度建设，确保校园网络管理有章可循，明确责任，并实行经常性的检查监督和必要的奖惩措施，把好各种信息的进出和传播关，为健康信息创造更加便捷的通道，尽可能减少消极信息在校园网络上传播。

最后，建设德育博客、微博，发挥其教育作用。博客、微博作为新兴媒介在大学生中产生了广泛影响。博客、微博已经成为大学生发表言论、相互了解、交友的平台。

博客、微博对传统传播理论的突破。其一是传统"把关人"在博客、微博中的缺失。由于博客的匿名性、交互性、平等性，人们可以随心所欲地在网上发布信息，人们既是信息的接受者又是信息的发布者，这使得过去大众传媒组织所特有的把关特权开始为广大的公众享有，在传统传播环境下由少数传播组织控制把关权的状况被庞大的博客"把关人"所颠覆。其二是博客、微博凸显了议程设置功能的非权力化。大众传媒的议程设置受到政治、经济和意识形态关系的影响，带上了权力色彩。议程设置功能在博客中存在的方式、所起的效用不同于传统媒体，最大限度地淡化了议程设置的权力色彩，凸显出非权力化的议程设置特点。由门户网站和传统媒介主导，博客网站在自身信息筛选的过程中靠近传统大众媒介的口味，呈现一种潜在的议程设置，符合上一级选择条件的博客能参与到整个传播链条中去，不符合选择标准的博客个人站点将逐渐退出博客传播的过程。其三是博客、微博挣脱"沉默的螺旋"的轨迹。博客的出现打破了传统媒体的垄断，公众掌握了更大的话语权，"沉默的螺旋"理论正在被打破。博客的匿名性降低了从众现象的发生，博客的个人性和平等性避免了行为的趋同化，博客的进步性体现了公开表达个人意见的愿望，在舆论的产生过程中，被传统媒体忽视的议题在博客里都可以得到有效传播。博客在一定程度上挣脱了"沉默的螺旋"的轨迹。

运用博客、微博进行德育。博客、微博成为大学生比较喜爱的交流工具。一些德育博客应时而生，德育博客目前在不少高校已发展成为德育工作的重要补充和桥梁，进一步开发德育博客，发挥其对学生的教育作用，应从以下几个方面着手。

1. 处理好四对关系

一是德育博客与高校德育工作的关系，德育博客要根据德育工作的特点，做好针对性、导向性、实效性与开放性、自由性的融合。二是德育博客与其他网络平台工具的关系，使德育博客既有随机性、隐蔽性和容易接受性，又具有导读性和启发性。三是德育博客引导与思想教育网下处理的关系，做到新媒体德育与现实德育的有机结合。四是德育博客建设主体与访问主体的关系，做到主体间的平等、友好交流。

2. 掌握好三个比例

一是内容建设中原创文章与转载文章的比例。应以原创文章为主，适当转载有价值的精品文章。二是宣传推广中走出去与引进来的比例。德育博客建设主体可经常到彼此空间访问，学会走出去和引进来。三是互动交流中答疑与设问的比例。既要注意答疑解惑，也可根据需要适当提出问题，引导学生参与讨论。

3. 把握德育博客的发展方向

一是推进大学生思政博客的建设力度，将思政博客的建设与繁荣大学文化相结合。既要把先进的大学文化通过新媒体传播给大学生，又要通过建设新媒体文化繁荣大学文化。二是拓展建设主体，努力使之成为全校工作的关注点。引导高校党政干部、辅导员、学生参与到德育博客建设中来。三是打造精品思政博客，增强大学生思政博客的教育实效性。可以多请一些德育专家、理论专家，推出"名师博客""学者博客"等一系列精品思政博客，不断加强大学生德育博客的深度和吸引力。

（二）运用手机媒体创新德育

手机媒体的基本特征是数字化，最大的优势是携带和使用方便。手机媒体作为网络媒体的延伸，具有交互性强、信息获取快、传播快、更新快等特征。这些特征使得手机媒体渗透到生活的各个层面，深刻影响着人类的传播活动。

手机媒体的优势与不足。手机媒体的优势表现为以下几点：一是高度的移动性与便携性，真正做到分众传播。二是信息传播的即时性、互动性。手机媒体是一种开放的互动式传播，集人际传播、群体传播、组织传播、大众传播于一体，具有人性化的特点。三是受众资源极其丰富。四是多媒体传播，可以更真实地反映所报道的对象。五是私密性，对手机媒体用户来说，自由选择和发布信息的权限扩大，私密性得到保证。六是整合性，手机媒体能整合多样的传媒形态，承载报纸、广播、电视等传统媒体的内容；能整合多元的传播主体，将生产信息的传者与接收信息的受众合二为一；能整合多样的传播方式，既可实现点对面、面对点的传播，还可实现点对点、一点对多点、多点对多点等丰富的传播方式。手机传播的不足表现为：虚假与不良信息传播，侵犯个人隐私，信息垃圾，对信息安全的冲击等。

手机媒体对生活方式及文化的影响。首先，手机媒介技术建构了新的社会生活方式，体现在新媒体对时间观、空间观、社会交往、公权力与私权力的影响等方面。一是手机媒介传播时代的时间观表现为手机媒介造成时间的碎片化，加剧对时间的焦虑感。二是手机媒介建构的空间观，表现为公共空间与私人空间在手机中的无缝对接。工作空间是公共空间的一种，手机的使用促成工作场所这种公共空间与私人空间的交错重叠。三是手机营造的虚拟空间——手机社区，在虚拟空间活动的主体可隐去真实身份，比实在生活更能敞开自我，实现与他人的纯粹精神交往。四是手机媒介传播时代的社会交往表现为手机媒介拓展了社会交往的广度，促成了社会交往形式的多元化，消解了社会交往的深度，呈现出一种平面化、仪式化、快餐化的特点。手机媒介在中国社会公权领域的应用体现在：开放话语平台，沟通民意；树立及传播形象；构建公共信息的快速传播通道，助力公共事务管理。五是手机媒介在中国社会私权领域的应用体现在：信息获取权、民主参与权、隐私权。其次，手机作为传媒，其传播的大众文化主要以媒介文化这一大众文化的亚文化形式为主要内容，并且在自身的传播过程中又形成了一种媒介文化现象。手机文化产品遵循了多样、实时、互动的开发原则，手机媒介文化的特质有五个方面：情感体验娱乐化、民众参与普适化、自我表达个性化、文化风格时尚化、精神消费快餐化。

运用手机媒体对学生进行德育。手机媒体给大学生思想道德带来了较大影响。手机已成为大学生生活中必不可少的物品。由于手机媒体本身以及手机文化的自身特点，其对大学生思想道德产生了较大影响。根据手机媒体的特点，创新德育的方式主要有以下几种。

第一，运用手机短信等平台，对学生进行互动、平等的参与式德育。传统德育效果低下的原因之一是教育以教师说教为主，教师对学生处于居高临下的姿态，学生参与程度较低。运用手机短信平台，教师与学生可以进行双向或多向的互动交流，而且可以根据学生的具体情况进行定向的交流，有利于学生在教育过程中的参与，利于形成平等的教育关系，可以提高教育的针对性和实际效果。

第二，开发德育手机报平台，对学生进行社会主义核心价值体系的教育。如何使社会主义核心价值体系的内容入耳、入脑、入心，是对学生进行教育的重点和难点。运用手机报的定向发送、无条件接收的特点，既可以开发专题的德育手机报平台，也可以结合普通的手机报，在内容上增加德育方面的内容，同时注意把社会主义核心价值体系的内容形象化、具体化、数字化，从而使社会主义核心价值体系的内容以润物细无声的方式进入学生的视野和大脑。

第三，运用手机短信群发等功能，对学生进行学业、就业指导等服务。手机短信的群发功能是对学生进行服务的很好的平台，运用手机短信群发功能，可以把学生选课情况、就业招聘单位、招聘会等信息以短信形式通知给学生，使广大学生在第一时间获取信息并为下一步的学习和就业做好准备。

第四，通过红色短信大赛等形式，发挥学生自我教育的作用。学生是接受教育的主体，也是自我教育的主体，如何发挥学生在教育中的主体作用是教育取得成效的关键。在手机媒体运用普及的今天，收发短信成为大学生之间交流的重要方式。通过开展红色短信大赛等形式，引导学生开发内容健康积极的短信，远离垃圾和不健康的短信，增强学生对道德信息的选择和判断能力。

第五，加强手机媒体的管理，营造积极健康的手机文化。我国对手机媒体的管理正处在摸索阶段，目前我国手机媒体管理中存在的主要问题表现在：管理责任不明，存在监管空白；管理依据不足，缺乏法规政策；管理力量薄弱，不良信息泛滥；利益驱动明显，消费陷阱较多；产权保护不力，侵权盗版严重；业务模式雷同，产业生态恶化。目前对于手机媒体，应从以下几方面加强管理：其一是明确责任主体，理顺管理体制。手机媒体管理涉及不同行业和产业部门，要明确相关管理部门的职责，加强协调配合，建立和完善管理体制机制。其二是健全法规制度，严格依法管理。要尽快对从事新闻信息服务的手机网站、手机报纸等的资质审批、内容监管做出具体规定，引导手机媒体健康有序发展。其三是完善技术手段，强化技术管理。要不断完善技术手段，提高管理的技术含量。要建立对不良信息、不良 WAP 网站的监控系统，及时发现这些信息并予以处理。电信运营商要继续加大技术投入力度，建立相应的工作流程，积极配合相关管理部门的工作，加大对 SP 的管理。四是推动行业自律，强化自我约束。要制定自律规范，强化自我约束。电信运营商要主动承担相应的职责和任务，协助健全信息服务类业务的管理和控制机制，促进无线互联网行业的协调健康发展。五是规范免费 WAP 网站管理，实施登记备案制度。

（三）运用电视新媒体创新德育

电视新媒体包括数字电视、IPTV、移动电视与户外新媒体等。

运用户外、车载、电梯间的电视媒体等，传播优秀道德和价值观。根据户外、车载、电梯间的电视媒体强迫收视的特点，将社会主义核心价值观的内容数字化、形象化地展现在人们面前，使人们在潜移默化中受到教育和熏陶。同时通过这些媒体对优秀道德的传播，营造良好道德建设环境与氛围。

运用校园电视平台，对学生进行德育。校园电视是学生在学校中收看电视节目的主要工具，一般放置在宿舍和教室里。校园电视除了播放国家和省市电视台的节目外，还可以播放学校电视台自制的节目。学校可以结合学校和学生自身的特点，制作与学生生活紧密相关的、内容健康向上的电视节目，对学生起到引导和教育的作用；同时可以增加学生与校园电视互动的机会，通过学生参与节目制作，在节目播出过程中通过短信参与、有奖竞答等形式，把学生吸引到积极健康优秀的校园电视节目中来，让学生在参与中接受教育。

二、运用新媒体改进德育的形式

（一）自主性德育

自主性德育是一种肯定德育主体具有相对独立地位和权利的德育，是一种充分肯定德育主体内在道德需要的德育，是一种内化了社会需要并对社会完全负责的德育，是一种充分地体现人的生存价值和生命意义的德育。

自主性德育作为一种以教育者与受教育者的自主性为特征的学校教育，必然遵循自由性、理性、价值性的原则。自由性原则，即理性的、有限制的、完全的"平等自由"的自由原则；理性原则，自主性德育具有客观性、合理性、合法性，还包含情感上的稳定性和意志上的坚定性；价值性原则，自主性德育追求的是人的个性的解放和体现，是人的权利的落实，以及人的人格和尊严维护的原则。自主性德育就是坚持对教育者和受教育者的双重人格尊重。这是自主性德育与传统德育的最大区别。

新媒体视域下自主性德育的现实诉求。首先，新媒体环境产生了实行自主性德育的迫切需求。当代社会在现代科技的冲击下发生了重要的变化，特别是建立在新媒体等现代科技基础之上的信息化趋势，使国际化社会的概念日益普及和日常化，国与国之间的信息传递日益简单和快捷，多样化社会对人的个性素质要求越来越直接和深刻。因此，一方面，现代社会造就了人的个性发展的环境和空间；另一方面，现代社会对人的个性化要求越来越高。

作为人的个性化特征的人的自主性，也必然成为社会和个人发展追求的目标。由于新媒体的全球性的、去中心化的交互性使人们的交流跨越了时空和国界，这需要培养学生走向他人、学会交往、学会合作的社会历史人格，使人从孤独的个人走向富而有礼的整体，从孤立的自我走向高尚、友谊、互助的群体。所有这一切可以说都需要以人的自主性为前提。社会的这种需要要求教育应该做出与此相适应的变革和应答，也就产生了社会对自主性德育的诉求。其次，新媒体环境为自主性德育创造了机遇与条件。新媒体的开放性、互动性、虚拟性、参与性为自主性德育创造了机遇与条件。新媒体的开放性使其空间中容纳了世界各国家、各民族的文化和价值观，包含了海量信息，为学校和师生自主选择信息提供了平台，也使学生在自由选择中促进了其个性的发展；新媒体的互动性使师生可以在线即时交流，有利于师生的对话和相互理解；新媒体的虚拟性使师生可以隐去现实中的真实身份，以平等的姿态、敞开心扉进行平等交流，有利于建立师生平等的关系，提高教育效果；新媒体的广泛参与性可以使师生随时、随地参与到讨论和交流中去，使学生的需求得到理解和尊重，有利于自主性德育的开展。

新媒体视域下自主性德育的价值观。自主性德育是促使教育者和受教育者充分地发挥个体教、学自主性的德育。新媒体视域下，培养和生成受教育者自主性的道德意识、道德能力、道德习惯，是自主性德育追求的价值目标。自主性德育所依据和主张的以个人自主为主，是意在推动传统德育中的以他律为主的德育方式向以自律为主的德育方式方向转化。这种德育思想要求学校德育一方面要考虑社会的道德需要；另一方面则应该考虑受教育者及教育者个人的道德需要，并考虑德育的自愿性、自觉性、意义性等特点，着重通过促进道德主体的自我道德意识的增强和道德自觉性的增加来增强德育的效果。由于新媒体环境是一个以法律规范为主导、主要依靠个体道德自律来维持秩序的空间，这种德育方式有利于提高学生的道德水平。在德育的管理方面，应该结合新媒体的特点，运用新媒体为介体和手段，促进传统的封闭式、单一式、半强制式的德育管理体制向开放式、多样化、民主性的德育活动组织体制转化，使德育活动更符合德育规律，使德育活动成为教育者和受教育者都自觉、自愿、自主、自由、愉快参与的活动，使德育真正发挥提升人的精神和人格的作用。自主性德育的价值观念，应该能够积极有效地促使教育者和受教育者两方面都能充分地表现人的超越性、高尚性、自主性，真正地促进学校德育质量的提高。

新媒体视域下自主性德育的目的观。自主性德育的目的无疑是培养具有自主性道德的人，而一个具有自主性道德的人，其人格结构则可能逻辑地表现为自主性道德意识、道德能力、道德习惯、道德精神等，其关键之处在于受教育者的自主性德性素质的培养方面。而最注重道德自主性的新媒体环境，为坚持和发展自主性德育的目的提供了条件。倡导和宣扬受教育者个体的自主性意识，倡导公民个体权利意识、责任意识、民主意识，是对我们以往的"自律"道德意识的发展，促使道德主体不仅要主动地约束自己，使自己的行为符合社会道德的要求，还明确地要求道德主体能够和坚持自己为自己做主，学会自己决定自己的事情。这要求德育不仅要向学生合理地传授道德知识和道德意识，而且要促进受教育者既将这些道德知识内化为自己的思想和信念，又将这些道德知识转化为受教育者的道德行为和道德习惯，可能时还应该化为他们的道德精神。自主性德育所追求的目的是培养受教育者的自主性德性素质，由于作为德育主体的受教育者要经历由道德意识向道德行为、道德习惯、道德精神的一系列转化，从而使德育主体的德性素质成长成为一个逻辑、生成、持续的发展过程，也使受教育者的德性素质养成将具备生成性、稳定性、开放性、正义性等特征，从而为自主性德育目的的内涵赋予了时代和革命意义。

新媒体视域下自主性德育的活动机制。自主性德育的活动机制，是指由决定自主性德育活动的各种条件、要素、力量所形成的决定自主性德育是这样活动而不是那样活动的控制系统，这个系统决定着自主性德育的方向、方式、趋势，是自主性德育活动内在的决定因素。首先，新媒体视域下的自主性德育活动机制具有自身的特点。成人是自主性德育活动机制的逻辑起点。其一是由自然人向社会人再向道德自律的人的转化。新媒体环境对于促进学生向道德自律的人的转化具有更重要的作用，基于新媒体而开展的德育活动从其活动的起点处就坚持尊重教育者和受教育者的人格和权利，承认并坚持教育者和受教育者的自由和自主权利。其二是由"单子式"的个人向世界历史性的个人方向发展。新媒体广泛互动交往的特点、新媒体文化中的社群文化对于促进学生由"单子式"的个人向世界历史性的个人方向发展很有益处。"单子式"个人主要是指每个个人都是以一种彼此分离、孤立、封闭的单子方式生存着，人与人之间缺乏一种开放性的精神交往和合作，人在本质上是一种"孤独的个人"。新媒体视域下通过社群交往、互动交流的自主性德育，以受教育者自由、自主为特征的德育模式，是以人作为一个权利和责任的统一体为前提的。在这种教育模式中，无论是教育者还是受教育者，每个人都是一个独立、自由的个体，都有与他人（任何人）平等的法定权利和自由，也有与他人（任何人）相同的责任和义务。新媒体视域下的自主性德育有助于学生确立主体意识和主体地位，并帮助学生摆脱"单子式"的状态。其次，新媒体视域下自主性德育活动机制的主要原则。新媒体视域下，自主性德育在其活动机制的建构中，将结合新媒体的特点，发挥其优势，努力坚持多样性、开放性、有效性的原则。多样性是指在学校德育的活动形式上，既要坚持传统德育活动中有效的课堂教学和课外活动的形式，又要努力开拓一些新的德育形式，诸如网上与网下结合的参与性教学、活动性教学等。自主性德育的开放性，表明其活动机制不会将自己局限于一时一地，而是将自己置于社会发展的大环境之中。在国际化、民族化的德育学习和借鉴以外，自主性德育的开放性还包括在具体的德育活动中，以灵活多样的形式完成德育的使命。自主性德育的有效性是指根据新媒体的特点，使教育活动的形式和内容符合学生的特点和成长、成才的需要，注重德育的有效性。

　　新媒体视域下自主性德育活动中的师生关系表现出以下三个特点：其一，新媒体视域下自主性德育活动中的师生关系是一种师生相互交往性的平等关系。新媒体视域下自主性德育，就是建立在自主性德育思想基础上的、能促进教育者和受教育者双方进行平等对话的交往性教育活动。在这种教育活动中，一方面，受教育者和教育者双方都是带着自己的需要来从事这项活动的，其中受教育者期望和需要在学习中受到教育者的指导，教育者则需要通过受教育者的学习和成长活动而完成自己的职责和实现自己的信念和理想，双方共同的需要使这种交往形式成立。另一方面，教育者和受教育者地位平等的交往性学习有利于受教育者道德素质的生成。其二，新媒体视域下自主性德育活动中的师生关系是一种帮助指导的关系。在这种相互的、合作的道德学习过程中，学习者应该是独立的、自由的。因为道德发展是个体选择的一部分，真正道德的生长发生在个体内部。自主性德育正是借鉴了"教育即生长"的原则，主张保证受教育者独立自由的学习权利，让学生拥有广泛的学习选择权，让学生做自己学习的主人，自主地选择学习的内容、形式和方法。其三，新媒体视域下自主性德育的师生关系是一种引导、启蒙、提高的关系。教育中的师生关系就由学生的自主学习、自主选择、自主评价、自主需要与教师的积极指导、热情帮助两方面合力形成。这种由师生双方面需要有机形成的师生关系，是一种在尊重学生自主权利和尊严前提下的指导、启蒙、促进关系。

（二）参与式德育

参与式德育的实质是生活德育、活动德育、体验性德育、社会化德育，是学生在真实的生活（包括学校、家庭、社会）中通过参与活动和亲身实践来体验的德育。与我们倡导创设德育情境不同，参与式德育更强调真实、自然、无痕的社会生活场景。

首先，参与式德育的特点分析。参与式德育的特点概括起来主要表现为实践性、开放性和生成性三个方面。参与式德育的本质是实践的，实践的观点是参与式德育首要的观点。只有在实践中学生的主观认识见之于客观行为，潜在品质才变为显性品质。学生只有在德育实践过程中将内化的德育知识、信念外化到行为上，才能形成相对固化的品德。参与式德育具有显著的开放性。参与式德育，其实质是让学生参与到真实的生活中来，满足其不断发展变化的需要。这需要教师通过创设一定的情境来提升学生的需要和兴趣，让学生接受无痕的教育。参与式德育是一个不断生成的过程。杜威认为道德真理是相对的，任何道德都必须服从于不断变化的社会需要。时代在变，新环境下的新问题、新情况层出不穷，学生的需要、兴趣和观念在不断变化。因此德育活动在理念、内容、方式上也要变化，是一个不断变化、生成的过程。参与式德育就是根据时代发展的要求，加强德育的主体性、针对性，使学生真正成为个性化与社会化有机统一的"道德人"。

其次，新媒体环境与参与式德育的契合。一方面，新媒体环境对参与式德育提出了迫切要求。新媒体传播的特点决定了其为德育提供了一个与以往不同的教育环境。新媒体环境对传统以灌输为主的教育模式提出了挑战，迫切需要构建与新媒体相适应的、现代开放的参与式德育。新媒体的开放性、信息的海量性产生了实行参与式德育的诉求。新媒体改变了以往众多媒体地域性传播的特点，新媒体空间上的开放性导致了新媒体传播地域上的全球覆盖，时间与空间上的开放性导致了信息的海量存储，而由于"把关人"的监管不到位，这使得信息良莠不齐，对学生的价值观和思想冲击较大，仅靠传统的灌输式教育较难奏效，迫切需要以学生参与为主的、充分发挥学生主动性的参与式德育。另一方面，新媒体环境为参与式德育的实施提供了机遇与条件。新媒体环境在对参与式德育提出迫切要求的同时，也创造了参与式德育构建的有利条件。新媒体的交互性与即时性为学生创造了参与德育活动、确立主体地位的有利条件。新媒体的互动性是新媒体信息发布的低门槛和信息传播方式的灵活性所带来的直接结果。互动性不仅体现在传受双方交流的增强，还体现在整个信息形成过程的改变。信息不再依赖于某一方发出，而是在双方的交流过程中形成的。新媒体最大的吸引力就是用户的主导性、自主性得到了空前的增强。同时，新媒体是即时传播，用户可以随时随地"面对面"地交流。这些传播特点比较有利于学生参与到教育活动中，不必受时间和空间的限制，而且增加了教育者与受教育者的即时沟通交流，使得彼此相互了解和理解，有益于提高教育效果。新媒体的个性化与社群化为学生创造了较广泛的交往环境，新媒体真正实现了个性化服务。用户可以自由地选择信息接收的时间、地点以及媒介的形式，传者可以用"信息推送技术"，根据用户的需求为他推送信息的专门化服务。新媒体传播不仅具有综合性、主动性、参与性、渗透性和操作性的特点，而且具有灵活性、开放性和交互性的特点。新媒体个性化的特点为学生自主选择学习的内容、培养和发展学生的个性创造了条件。新媒体的社区、BBS和自由论坛等充斥在虚拟空间中，这些社群往往形成一些很牢固的人际互动网络。学生通过参加社群内的活动，可以就某些话题交换意见，这对于培养学生的群体意识与合作性具有较大作用。新媒体的匿名性、虚拟性为学生创造了较真实的生活和社会环境。由于新媒体的匿名性、虚拟性，教师和学生都可以隐去身份，较真实地表达自己的内心想法，有利于创设较真实的生活和社会环境，让学生没有心理负担地进行道德选择和道德判断。因此，新媒体环境为参与式德育的实施提供了很好的机遇与条件。

最后，新媒体视域下参与性德育的实施。新媒体视域下参与性德育的实施可以分为以下几个方面。

其一是运用新媒体，构建学校、社会和家庭参与的大德育格局，形成德育合力。现代社会的教育已不是单纯的学校教育或家庭教育，参与式德育需要社会、学校、家长、学生的共同参与。因此应顺应教育的综合化发展趋势，形成学校、社会和家庭齐抓共管、多管齐下的合力，促进学生的全面发展。新媒体的开放性为建立学校、家庭、社会之间的立体联系，构建大德育格局创造了条件。通过建立辅导员博客、德育网站、校长信箱、家长反馈平台、班级博客、校友之窗网站等平台，让家长了解学校的教育情况并可即时反馈意见，让学生了解学校和辅导员的情况并即时互动，让社会参与到学校教育中来。通过网上联系与网下联系相结合，建立学校、学生和教师与家庭、社会之间走出去和请进来的互动。面向社会开展德育，学生价值观的变化和道德行为、观念就能在较大程度上与社会发展相契合。学生直面社会培养出的道德能力，使其进入社会后能从容面对和处理复杂的社会道德现象和道德交往实践。

其二是运用新媒体增强学生的参与性，发挥学生在教育中的主体性作用。在学校德育中，教师应意识到不同学生的特殊性和差异性，以学生为本。学生是主体，是关键，是目的，充分发挥学生的自主性和能动性。新媒体是全面参与的、充分展现个性的媒体，学生可以自由地在新媒体空间中浏览信息、发表言论、上传视频和图片，而博客、微博等相对固定的新媒体为培养自主的、理性的个体提供了平台。德育工作者可以通过议程设置功能对网站、论坛的内容、问题进行有效设置，引导学生参与到讨论中，并通过讨论自主做出道德判断和道德选择。

其三是运用新媒体让学生参与人际交往中的道德实践。新媒体的最显著特点是广泛的交互性，人们可以通过新媒体与世界各地的人们进行广泛交流，这样就拓展了学生的交往空间。同时，新媒体的去中心化和虚拟性，使得新媒体中没有领导与被领导，只有身份平等的新媒体用户，新媒体为大学生创设了广泛的、平等的交往空间。学生通过在新媒体中的交往，去深化或改变生活中已有的道德观念，因此学生在新媒体中的自我教育因素比较多。教育者可以通过与学生在线交流、加入社群，并通过较强的影响力获得社群的倡导者身份，从而对学生进行有效的教育。

（三）主体间性德育

"主体间性"一词可翻译为交互主体性、主体之间性、主体际性等。现象学大师胡塞尔认为，自我与他我通过拥有共同世界而形成一个共同体，单一的主体性也因之而过渡到主体间性，这种主体间性是通过"共现""统觉""移情"而实现的。海德格尔认为，主体间性是主体与主体之间的共在，是"我"与他人对同一客观对象的认同。哈贝马斯认为主体间性是人与人在交往中形成的精神沟通、主体的相互理解与共识。

马克思关于社会形态和人的发展的三个阶段的论断，实质上是对主体性向主体间性转向历程的科学概括和总结。在"人的依赖关系"阶段，个人的主体性被群体性所掩盖。在"以物的依赖性为基础"阶段，人的主体性从属于物的主体性。在"个人全面发展和自由个性"阶段，以个体的全面自由发展为基础，寻求个体与个体、个体与群体、人与自然的自觉融合和统一，主体间性的本质体现了类主体性。总之，主体间性是主体间关系的规定性，是主体与主体之间的相关性、统一性、调节性。主体间性的含义可以从三个方面来理解：其一，主体间性的根据在于生存本身。因为主体与主体相互联系、相互依存、共同发展是现实世界的客观现象。其二，主体间性是一种关系。主体间性不是把自我看成"单子式"的个体，而是看成与其他主体的共在。其三，主体间性是一种方法论。这种方法是处理人与人之间关系的方法，即对待他人要尊重、同情，而不是排斥。

首先，主体间性德育的内涵分析。当前对德育过程中的主客体关系有三种不同的观点。第一种观点认为，教育者是主体，受教育者是客体。第二种观点是主导主体论，认为教育对象是教育过程的主体，教育者发挥主导作用。第三种观点认为，教育者与受教育者之间互为主客体，提出了双主体说。第一种观点影响最深，它的"主体—客体"模式、理论上的主客二分，只体现了德育的一个过程、一个方面；第二种观点中，受教育者的主体是被教育者所规定了的主体，仍然是德育的配角；第三种观点把德育中本应是统一的"施教"和"受教"割裂开来，仍只强调单极的主体性，仍然是"主体—客体"模式。

主体间性德育以马克思主义主体间交往思想为指导，同时借鉴西方哲学关于主体间性研究的成果以及当代我国哲学界的相关成果。马克思主义的

"人的社会"和"社会的人"是一种最深刻意义上的主体间本位。他提出的"人与人的关系"是主体性的"交往关系""社会关系",从一般意义上规定了主体间的关系。"交往""交往实践""交往形式""精神交往""交换""物质交换"等概念,着重规定了人们之间即主体间的物质关系、精神关系和实践关系。学者任平以马克思主义理论为基础,对交往实践做了深入研究,他认为交往实践是主体间的物质交往活动,体现主体间性,他提出了"主体—客体—主体"相关性模式,这一模式具体表现为"主体—客体"和"主体—主体"双重关系的统一结构,任平的观点对构建主体间性德育具有借鉴作用。主体间性德育是指两种关系的统一:一种关系是教育者与受教育者都作为德育的主体,二者构成了"主体—主体"的关系;另一种关系是教育者与受教育者都是德育的主体,是复数的主体,他们把教育资料作为共同客体,与教育资料构成"主体—客体"的关系。这即是主体间性德育。

其次,主体间性德育的特征分析。主体间性德育的第一个特征是指教育者与受教育者是共同的主体间的存在方式。在主体间性德育中,受教育者不再被视为客体,而是与"我"一样的另一个主体。这种教育方式体现了以人为本、对他人的尊重。主体间性德育的第二个特征是指教育者与受教育者之间的活动是主体间的交往活动,而不是教育者的单项活动。

主体间性德育强调教育者和受教育者都是德育的主体,教育者是与他人共在的自我。主体间性德育的第三个特征是指教育者与受教育者之间是相互理解的,他们通过换位思考的方法来实现人的思想品德的提高,而不是通过"单子式"的硬性填鸭教育来实现。主体间性理论为德育提供了新的哲学范式和方法论,继承并吸收了主体性德育的优秀成果,克服了以自我为中心、视受教育者为纯粹客体所带来的局限。

再次,主体间性德育是新媒体发展的必然要求。随着新媒体的快速发展,人类逐渐进入新媒体时代,在新媒体空间中,人与人的交往呈现两大特点:其一,"去中心化"。新媒体的隐匿性、虚拟性使人们具有安全感,使人与人之间的交往更加自主开放。在这里没有领导者和被领导者,只有倾诉者和倾听者,各种道德标准在新媒体交往中只会越来越趋向统一,因为符合社会要求的各种道德标准是这种交往的基础。其二,信息共享。新媒体的开放性使其成为信息的海洋,供人们分享,人们在分享的同时,又为这个海洋提供新的资源。信息共享还体现为一种人与人之间的平等的双向的交往，捧出自己的思想，接纳别人的思想。但同时新媒体空间中海量的信息是良莠不齐的，甚至有些是有害的。要以社会主义核心价值体系来引导新媒体的发展，充分考虑受教者的兴趣爱好，遵循新媒体传播的特点和规律，对学生进行教育。"单子式"的主体性德育常常是教育者为唯一的主体，只注重教育者单向的信息输出，受教育者成了信息的唯一分享者，他们很少有输出信息的权利、机会。这样的德育在新媒体视域下是行不通的。因此，德育的主体间性转向是新媒体发展的迫切要求，体现了德育与时俱进的时代特征。

最后，新媒体视域下主体间性德育的实现路径。主体间性德育理论认为，在德育实践中，教育者和受教育者双方的地位是平等的，彼此之间要互相尊重、信任和理解。我们要以主体间性德育理论为指导，根据新媒体的特点，在新媒体德育过程中突出主体间性的实现。

教育者运用新媒体，采取各种途径把德育信息传播给受教育者。一是教育者把受教育者放在与自己交流互动的同一平台上，根据受教育者的兴趣、需要和现实个性有针对性地进行教育，促进其全面和谐发展。二是教育者可以通过电子邮件、心理网站、德育网站，采用自由讨论、平等对话等形式，运用启发式、互动式、交流式的教育方式解决受教育者的思想问题。三是教育者要把教育内容数字化，利用多媒体形式占领新媒体阵地。

受教育者充分发挥自己的主体性。一方面，受教育者面对新媒体空间良莠不齐的信息，主动地选择接收信息，这同时是一个受教育者提高辨别能力的过程。另一方面，主体间性理论以交互性作为其存在的基础，受教育者借助新媒体平台，充分发挥自己的能动性，通过与教育者相互沟通和理解的一种良性互动，受教育者把社会主导的价值观纳入自己的认知范畴加以消化和吸收，并自觉地外化为良好的行为习惯。

主体间交往过程是一个双向互动的过程。在新媒体德育中，教育者和受教育者互相信任、共同对话，是一种平等的参与合作的关系。受教育者不仅可以迅速地反馈信息，而且也可以积极地影响他人，转化成教育者。教育者和受教育者在共享中相互促进、共同发展，建构了一种双向互动、开放性、探索式的德育模式。

（四）嵌入式德育

目前教育界的嵌入式教育一般指两种情况：一种是嵌入式技术教育，主要是将计算机技术、电子技术和其他学科与技术相结合进行综合教育的方式。在这一教育方式下，培养的是有深厚理论基础和实践经验的 IT 行业的高端人才。另一种是课程嵌入式评价法。这一评价方法以通识课程教学为基础，教师以一种不受外界干扰的、系统化的方式，对学生作业按课程目标各个方面来评出等级，以此来衡量学生的学习效果。教师对学生的评级数据为院系评价报告提供了很多用问卷调查法和目标测试法所不能提供的信息。目前我国一些图书馆在原来传统信息素养教育的基础上，进行嵌入式信息素养教育，基本是基于第一种和第二种情况的融合而进行的。图书馆嵌入式信息素养教育就是指在借鉴传统信息素养教育的基础上，借助一定的终端，通过先进的技术嵌入用户计算机、移动通信工具，或者通过"馆员——教师"协作模式融入专业课堂教学来开展信息素养教育。嵌入式信息素养教育是一种新颖的、高效的信息素养教育方式，其教学效果较之传统信息素养教育明显，是未来信息素养教育的发展方向。

目前，嵌入式德育的提法较少。有些人提到，应不仅把德育作为一门与科学课程并列的课程去讲述，也应该将德育嵌入教学，让学生在问题发生时进行探讨，或进行自我反省，或进行表扬，让学生切身感受到德育问题，并亲身分析此事，这样他才是真正意义上的感同身受，从内心接受或摒弃一些习惯或做法。这里所讲的德育嵌入式与我们前面提到的创设教育情景，参与式德育比较类似。嵌入式德育是一个综合的、广义的概念，既包括在借鉴传统德育的基础上，教育者借助一定的终端，通过先进的技术嵌入用户计算机、移动通信工具，对学生进行德育，也包括通过网上与网下结合，教育者以协作者的身份参与到学生德育活动中对学生进行德育。

新媒体视域下嵌入式德育的优势。一方面，嵌入式德育可迎合大学生的信息行为模式。因为，现在绝大多数的大学生都喜欢使用数字资源，都熟悉 Web2.0 技术，可以说，网络等新媒体已经成为他们生活中非常重要的一部分。另一方面，嵌入式德育可不受时空限制地对学生进行教育。嵌入式德育的地点可以不受物理空间和时间的限制，它可以无处不在，只要有教师和学生，有新媒体用户终端，就可以进行。而且教育的形式比较自然，基本上是一种无痕的教育。

新媒体视域下嵌入式德育的实现模式包括如下几种。

首先，通过嵌入用户计算机网络空间来实现。德育嵌入计算机网络空间是指把德育信息内容经过数字化处理以后嵌入到用户的计算机桌面、浏览器、常用学习软件、常去的网站、热门搜索引擎等用户虚拟环境中，还可以嵌入到院系网站、学生活动主页、社交网站、即时通信工具等网络环境中，以营造德育信息在虚拟空间无处不在、用户可信手拈来的局面。

其次，通过嵌入学生手机等移动设备来实现。利用手机这个便捷的通信工具开展嵌入式德育，其前景将是非常乐观的。可以借助手机报的特定用户、强制播出的特点，将德育内容融入其中。借助手机短信互动交流、私密性、容易被接受的特点，将德育内容融入其中。还可以利用4G的可视化技术为教育者和学生提供一个实时的、虚拟的"面对面"的环境，让教师和学生间的沟通更具亲和力，从而提高教育效果。

最后，在新媒体空间中针对热点问题和情境进行嵌入式教育。通过在网络社区等设置热点问题讨论，并由理论知识功底深厚、经验丰富的教育者来主导和引导学生的讨论，教育者扮演与学生平等的角色，让学生在问题和情境中进行道德判断，做出道德选择，有利于提升学生的整体道德水平。

第七章 新媒体环境下高校德育创新的具体路径

第一节 改革思想政治理论课及其他通识课

在传统媒体环境下，高校在德育的途径和方法方面取得了丰富的研究成果和大量的实践经验，成效显著。但新媒体环境给高校德育的整个过程和所有参与者都带来了巨大的改变，在这种情况下如果不能从实际出发，在德育的途径和方法上进行新的研究和尝试，德育效果必然不能使人满意，很有可能还会引发大学生的排斥心理。因此在新媒体环境下，高校应在前期成果的基础上，根据时代发展要求，从大学生特点和新媒体特点出发，不断创新德育教育的途径和方式方法，致力于提高德育教育的针对性和实效性。

课堂教育是教育的主渠道，"牵牛要牵牛鼻子"，积极推动新媒体环境下思想政治理论课和其他通识课的创新正是"牛鼻子"所在。MOOC 作为一种新生事物，具有巨大的生命力和光明的前景，依托 MOOC 改革思想政治理论课及其他通识课，推进传统课堂和 MOOC 的有机结合，顺应了德育教育发展的趋势。

一、在思想政治理论课和其他通识课中探索应用 MOOC

要建设学生真心喜爱、终身受益的高校思想政治理论课，实施高校思想政治理论课建设体系创新计划，全面深化课程建设综合改革。因此新媒体环境下思想政治理论课和其他通识课的创新亟待开展。

MOOC 从产生到现在仅有很短暂的历史。新型在线开放课程和学习平台的兴起，拓展了教学时空，增强了教学吸引力，激发了学习者的学习积极性和自主性，扩大了优质教育资源受益面。教育部要求采取"高校主体、政府支持、社会参与"的模式，构建具有中国特色在线开放课程体系和公共服务平台，并坚持以公益性服务为基础，引入竞争机制，建立在线开放课程平台和可持续发展的长效机制。不分学籍、不限年龄地域等资格、几乎所有人都能上线收看、并报名参加课程的"慕课"，正在使高等教育机构的教学内容、方法、模式和教学管理体制机制发生变革，给高等教育教学改革发展带来新的机遇和挑战。

要用好课堂教学这个主渠道，思想政治理论课要坚持在改进中加强，提升思想政治教育亲和力和针对性，满足学生成长发展需求和期待，其他各门课都要守好一段渠、种好责任田，使各类课程与思想政治理论课同向同行，形成协同效应。在新媒体环境下，高校应探索引入优质思想政治理论课和其他通识课 MOOC 资源。高校可以选择比较成熟、确实有需要的一些课程与一流 MOOC 平台合作，为学生提供来自全国范围内知名教师主讲的多学科、高水平、多视角的在线课程服务，价值导向鲜明地引导学生更加全面客观地认识当代中国和世界形势，阐释中国特色。

MOOC 在思想政治理论课和其他通识课中应用的优势主要包括以下几个方面。第一，教学资源的共享性。MOOC 以优质资源的在线免费共享为核心理念，能够向全国范围内的学习者提供一流大学的一流课程，使得学习者得以突破时空限制实现自主学习，在一定程度上实现了"有教无类"。第二，教学资源的精品化。在传统模式下，各高校之间存在着师资不均衡的显著状况，优秀教师的授课范围相对有限，只有一小部分的学生能够享受到高品质的教学服务；MOOC 凭借特有的精品教学资源优势，能够明显改善这一局面，MOOC 教学资源一般选聘来自全国范围内、学术造诣较高、具有丰富授课经验的一流教师队伍，采用一流教材，精心编排课程内容，精细拆分知识点，突出要点和难点，采取先进的教学方法录制。很多课程图、文、声并茂，非常具有吸引力，丰富多彩，水平很高。第三，学习方式的个性化。在传统模式下，通识课和思想政治理论课一般只能在教室内开展，任课教师只能以单一的教学计划和推进策略，来面对全班几十名不同的学生个体，教学计划不可能因为某个同学学习进度上的差异和精力的分散而进行个性化调整。MOOC 则体现了个性化的教育理念，很多 MOOC 平台都提供 iPhone、iPad、Android 三个版本的 APP 下载功能，方便用户在移动设备上进行各项操作，无论学生身在何处，只要有网络，轻轻一点即可享受一流大学和大师的精品课程；学生可以自己决定上课时间与进度，对于有困惑的章节可以反复播放和学习，还可以随时查看本人的学习进度；每节视频课结束后要完成作业答题闯关，才可进入下一环节的学习；MOOC 的课程视频通常较短（一般是 10—15 分钟），通常每周更新一次内容，更适合利用碎片时间学习；大部分 MOOC 平台都提供了社区功能，便于志同道合者相互交流、结交好友和下载笔记。来自全国乃至世界各地的学习者就同一课程展开热烈的讨论，颇为壮观。

二、推动传统课堂与 MOOC 的有机结合

需要指出的是，在 MOOC 的应用上当前仍然存在一些争议。MOOC 虽然具有独特的优势，但并不是万能钥匙，无法代替传统课堂。MOOC 忽视了教育者与被受教育者之间的即时互动关系，无法产生现场的思想交流和头脑风暴。为了弥补这种缺憾，在当前形势下，可以逐步尝试推动传统课堂与 MOOC 的有机结合，提升教育效果。

首先，引导教师更新教学观念。高校要积极引导任课教师认识和研究 MOOC，转变传统课堂中教师的"独角戏"角色。师生关系应由"下行式"转向"平行式"转变，教师不应再仅仅是单纯的信息传播者，学生也不应仅仅是单纯的受众，师生交流要从过去的知识单向传授关系转变到一种循环互动的双向传播模式中来。树立促进学生全面发展的教学观念，在重视主渠道、主阵地思想引导作用的同时，注重对学生道德品质和创新能力等综合能力的培养，同时发挥政治、育人和人文三大功能。

其次，革新思想政治理论课和其他通识课的教学方式。应实现教师本位向学生本位的转变，改变单一灌输宣传的教学方式。一是推动 MOOC 和翻转课堂的有机结合，由学生自主安排时间在线学习课程内容并完成线上作业，由教师集中时间现场答疑、讲述专题、互动交流等，把课堂变成"研讨室""讨论室"，给学生以正确的导向，既能够提升学生的自主性和参与度，又能够发挥思想政治理论课和其他通识课教师的作用，保证他们的课时量和积极性。二是紧扣时政热点，善于结合时事授课，培养学生明辨是非的能力，增加课堂内容的趣味性。三是引导或要求思想政治理论课和其他通识课教师主动出击，积极拓展线上德育空间，注册微博、微信等在线平台账号，善于在授课学生中"圈粉儿"，采取图、文、声并茂的多媒体方式，向大学生介

绍党的理论、路线、方针、政策，提升大学生对党和人民事业的认同感。因此建议相关教师充分运用最受大学生欢迎这几类软件，广泛开展线上教育。

最后，借助 MOOC 平台推进理论研究。依托 MOOC 平台，能够有效地对全校范围内的大学生在线学习状况进行长时段、全方位、多角度的统计和分析，借助日益成熟的大数据相应技术，为高校传统德育课堂的改革和德育理论研究提供数据支持。

第二节　创新新媒体环境下的学科德育教育

新媒体环境下的学科德育是指面对新媒体带来的机遇和挑战，专业教师借助于线上线下多种方式挖掘和提炼学科专业自身所具有的德育价值，把专业课教学目标与德育目标有机结合，教学内容与德育内容相互渗透，不断改进教学方式和方法，提升学科德育的针对性、可接受性和实效性，引导学生培养高尚的道德情操和良好的精神素养的一种德育形式。要把德育渗透到教学的各个环节，增强德育工作的针对性和实效性。加强学科德育，在全员育人、全方位育人、全过程育人中的意义非比寻常。在新媒体环境下推进学科德育，就要积极引导专业教师充分认识到德育在大学生全面发展中的重要地位，认识到新媒体环境下高校德育工作的困难性和复杂程度，认识到专业教师肩负的德育教育使命和义不容辞的责任，引导他们深入挖潜学科德育价值，精心设计课程内容，改进授课方式，在授课进程中潜移默化的开展德育教育，推动学科教育与通识教育在德育中的有机融合。

一、全面推广普及学科德育观念

相比传统媒体环境，新媒体环境下的高校德育工作的困难程度和复杂程度不言而喻，外来因素和不可预知的因素增加，迫切要求专业教师确立学科德育观念。专业教师和德育教师一样，都肩负传道授业解惑的神圣使命。专业教师不但要教书，更要育人。专业德育的基本理念就是要求各个学科的教师都参与到德育工作中，而不是将德育工作仅仅视为德育教师的分内之事。但在实际过程中，专业德育的开展水平却通常不尽如人意，专业教师和德育教师不能够协同开展德育工作，专业教学和德育教育"两张皮"的情况随处可见。即使在具有德育教育意识的专业课教师群体中，水平也因人而异，取决于专业课教师对课程内容德育价值的挖潜程度和教学方式。在新媒体环境下转变专业教师的学科德育教育观念，首先，要综合运用新媒体和传统媒体，全方位、无死角地在全社会、全校园内营造一种学科德育的风气和氛围，引导专业课教师抛弃专业课只教授专业知识、德育工作由德育教师开展的落后观念，真正使学科德育的观念深入人心，把德育教育贯彻到学科教学的全过程中来。其次，高校要统一布置、整体推进专业德育理论研究，充分调动专业教师的积极性，吸纳专业教师进入学科德育研究队伍，在课题立项、论文发表、绩效考核等方面给予大力支持，根据学科专业发展变化，不断创新学科德育理念，保持学科德育的与时俱进。

二、深入挖潜学科内在德育价值

所有学科门类都内含着潜在的、如金子一般闪光的德育价值，相比于公共课在德育方面具有独特优势。专业课系统丰富的专业知识能有效激发学生的求知欲，培养学生的科学精神与创新精神；专业课与经济社会发展之间的密切联系更有利于引导学生关注人类社会的共同命运，培养他们的社会责任感、服务意识、职业道德；专业课的实践性、技术性有助于培养学生脚踏实地、精益求精的精神等。史鉴使人明智；诗歌使人巧慧；数学使人精细；博物使人深沉；伦理之学使人庄重；逻辑与修辞使人善辨别。因此要鼓励专业课教师深入挖潜学科内容中的德育价值，借助新媒体的海量资源优势搜集资源和精心设计教学内容，将价值观、道德观念等纳入其中，社会科学类专业应突出体现马克思主义中国化的最新理论成果，引导学生践行社会主义核心价值观，增强对党和人民事业的认同感；自然科学类专业应突出培育科学精神、探索创新精神，展示本专业在我国社会主义建设中的成就，提升学生的民族自豪感；提升学生本专业的职业道德素养，培养学生与学科相匹配的思维方式和精神气质，帮助学生在生活中实现认知和行为的提升。

三、积极创新学科专业德育方式

要立足当代大学生思想道德及价值观发展需求，坚持"贴近学生、贴近实际、贴近社会"，遵循学科专业德育规律和实效性，创新学科德育方式方法。第一，引导专业教师借助多种平台开阔眼界，学习和借鉴校内外优秀课堂经验。新媒体平台给予了人们"足不出户知天下事"的机会，专业教师可以通过网络媒体和手机媒体一探究竟，观摩全国乃至全世界范围内的优秀专业课教师与学生打交道的方式，深入思考如何帮助学生建立起完善的德育知识结构，如何将学科德育贯穿到学科教育的全过程，从而激发灵感、举一反三的应用到自身的授课过程中来。第二，创新课堂教学方式方法，倡导专业教师运用新媒体改进学科教学的方式和方法，鼓励教师在课上开展 PPT 教学，以图文图像、音频视频的形式给予学生身临其境的别致体验；善于采取"情境讨论"的方式，引导学生通过思考，培养道德判断能力。第三，创新课下教学方式方法，鼓励专业教师开通微博、微信等线上平台，将学生吸纳到自己的粉丝群体中来，在线上和学生分享知识、交流看法，引导学生求真、求善、求美；善于带领学生通过"实践体验"方式，引导学生养成正确的道德行为习惯。

四、继续推进专业教师师德建设

"学高为师，身正为范。"在与学生的教学互动中，教师的一言一行都会受到学生的强烈关注，教师自身的道德品行也会潜移默化的在教学过程中表现出来，只有具备高尚的道德情操，在举手投足之间流露出对真善美的追求，才能真正具备"以身作则，为人师表"的道德资本。在新媒体环境下深入推进师德建设，可从以下角度出发：一是利用专题网站、微博、微信、校园网、校报校刊、校园广播等多种平台，借助重要节日、重要活动日等时间节点，开展内容多样、丰富多彩的主题教育，大力弘扬爱岗敬业、教书育人、严谨治学、无私奉献的职业精神，在线上和线下营造氛围，引导教师提升道德修养，做党和人民满意的好老师。二是充分运用演讲比赛、网络投票、在线互动等方式开展"师德标兵"等评选活动，动员专业教师积极参与到评比活动中来，激发他们修身养性、提升自我的欲望和积极性。三是综合利用新媒体的平台优势和传统媒体的信息权威优势，以人物访谈、专题片、纪录片、专题栏目等多种表现方式，全方位、立体式地宣传师德典型，展现典型教师的精神风貌，倡导尊师重教的校园风尚。

第三节 推进新媒体环境下的校园文化建设

校园文化是广大师生在长期的教育教学实践过程中形成的，以学生为主体，以校园为主要空间，以育人为主要导向，以精神和行为文化等为主要内容的一种文化，反映着师生的共同追求、价值观念、行为准则、道德规范、生活方式等，是中国特色社会主义文化的重要组成部分，是大学的精神和灵魂，是高校赖以生存和发展的重要根基，是人才培养的重要载体和基本要素，具有教育导向功能、示范功能、熏陶功能、激励功能和娱乐功能等。校园文化深刻影响着大学生思想观念、行为规范、生活方式和思维方式的选择，文明、健康、向上的校园文化既是大学生健康成长的基本保证，也是实现德育教育目标的重要途径。要大力开展学生喜闻乐见、丰富多彩，积极向上的学术、科技、体育、艺术和娱乐活动，建设以社会主义文化和优秀民族文化为主体、健康生动的校园文化。在新媒体环境下，高校要善于借助新媒体推进校园文化建设，拓展线上育人空间，延伸校园文化功能。加强高校德育工作的信息化、数字化、网络化，更好地营造健康向上的校园文化氛围。

一、构建校园主流媒体

在新媒体环境下推进校园文化建设，首要的就是抓好阵地建设，紧紧抓住话语权。校园主流媒体是高校重要的舆论阵地和形象窗口，是学校党团组织发声的舆论喉舌，是沟通学生与学校之间的枢纽和桥梁，要充分发挥新媒体与传统媒体的互补优势，推进多种媒体的有机融合，构建以网络媒体、手机媒体为突破口的新媒体和以校报校刊、校园广播、校园杂志为重点的传统媒体在内的立体式主流媒体传播渠道，发挥校园主流媒体的育人作用。

第一，形成规模效应。高校应顺应新媒体趋势，充分认识扩展线上教育平台的重要性，主动出击，拓展思想政治教育的主阵地、主渠道。只有占领宣传思想阵地，才能在应对意识形态领域复杂形势时牢牢掌握主动权。一是在"搭台"类型上，要注重了解和掌握校园网舆情，开辟理论论坛、时事政策、思想教育、文化建设、政策咨询、热点解答等专题网页，及时宣传党和国家方针政策，回答师生关注的问题，不断拓展校园网络文化育人的渠道和空间，努力把校园网建设成为师生的共同精神家园。此外，应广泛进驻微博、微信公众号、网络日志、论坛等大学生使用率和活跃程度高的多种载体，力争把自身平台账号做大做强。二是在"搭台"的机构上，学校、学院、思想政治理论课教师、专业教师、班主任、辅导员、学生社团都要抓住时机，注册账号，亮出身份，营造积极向上的网络氛围和环境，宣传正能量。

第二，善于密集发声。一是增加发布内容的频率，以短小精湛的内容为主，迎合大学生"短评快"的阅读方式，每日都可结合实时话题不定时发布内容。二是集体发声，尤其是在有重大时事发生的时候，众多校园主流媒体要导向一致，相互配合，表明立场，亮明观点，形成规模效应，给大学生以正确的引导。

第三，正面宣传为主。应深入研究网络特点规律并运用正确的战略战术，最大限度地挤压负面信息、错误思想观点的传播空间，改善网络舆论生态。要弘扬主旋律、传播正能量，善用榜样的力量来激励大学生。宣传榜样并不是包装、制造假新闻，也不是无厘头的将其进行"神化"，而是将发生在生活中的、优秀的、能够引发人的共鸣的真人真事，用新媒体的各种途径报道出来，给大学生受众以情感上的冲击和思想、行为上的引导。

第四，及时引导舆论。"地球村"时代，人们可以"不出门而知天下事"。只要每天打开计算机、手机、数字电视等，林林总总的最新消息就会呈现到大家面前。无论是国内国外，还是政治、经济、文化、社会、生态等各方面的新闻，都常常会引发大量的点击和争议。高校在线上搭建的微博、微信公众号等要密切关注最新时事，引导大学生舆论向正确的方向发展，鼓励大学生发表正确的观点，这正契合了大众传播学中的"沉默的螺旋"理论。在新媒体环境下，当舆论被引导向正确的方向发展时，持正确观点的大学生们也会大胆地参与进来，错误的意见会被压制下去，便于主流声音的扩散和传播。

二、培育校园主流文化

校园主流文化是校园文化体系中最重要的组成部分，在整个校园文化体系中处于领导地位，是鼓舞校园人积极向上的精神号角，是引导教师和学生们向往真善美的精神食粮。在新媒体环境下培育校园主流文化，可以从以下几个角度着手：

第一，深入培育大学精神。大学精神是一所大学在发展过程中形成的、具有独特气质的精神形式的文明成果，是大学生命力的源泉，是大学文化的精髓和核心所在。要深入挖掘学校的办学历史和文化内涵，科学提炼学校精神，注重从中华优秀传统文化中汲取营养，形成与社会主义核心价值观相统一的大学核心价值，依托网络媒体、手机媒体和数字电视等各种平台，以专题栏目、公众号推送等多种方式在大学生中广泛传播大学精神，充分发挥其在大学文化建设中的导向、熏陶和激励作用，不断增强大学生的责任感、使命感、归属感和荣誉感。

第二，加强校史校情教育。在线下通过征文比赛、演讲比赛、知识竞答等活动加强校史校情教育，广泛在大学生中进行校训、校歌、校徽的教育和普及；在线上，除了积极开展校史校情教育以外，还要善于宣传优秀校友的典型事迹，增强大学生爱校意识，激发他们对学校的价值认同和情感认同，鼓励他们继承和弘扬学校优良传统，勤奋学习、立志成才、报效祖国。

第三，倡导优良校风学风。大力营造崇尚科学、严谨求实、善于创造、和谐有序的良好校园风气，在线上线下通过优良学风班评比、知识竞赛、讲座、学习互助社团等形式，营造严谨勤奋、积极向上的校园氛围，引导大学生明确学习态度，端正学习目的，认真刻苦地学习专业知识，不断提升个人的综合素质。

第四，培育校园制度文化。充分利用校园网、校报、宣传栏、广播台、微博、微信等传播手段，使师生员工全面、深入、及时地了解学校的各项规章制度，自觉规范日常行为。与此同时，要不断增强广大师生的制度意识，引导师生把学校的规章制度内化为自觉的行为规范和习惯。

三、创新舆论引导方法

大学生思想活跃、个性张扬、敢说敢做，对于喜欢的事物有追随的勇气和魄力，还喜欢分享和传播；而对于不喜欢的事物则关注度和接受度都较低，甚至还会出现排斥心理。在这种情况下，如果采取老套僵化的方式与他们沟通，必然难以取得理想的效果。在新媒体环境下与大学生打交道，需要不断创新方法，以大学生喜闻乐见的方式给予他们思想上的引导。

第一，从被动应对转向主动引领。全力抓住网上舆论工作这个重中之重，依法依规管理，努力变被动应对为主动引领，让网络空间的正能量更加充沛。要转变守株待兔、被动应对舆论态势的观念，善于主动出击，紧紧抓住新媒体的话语权，主动引领学生坚定正确的政治立场，理智地看待热门事件，正面地理解和传播热门内容，自觉抵制和拒绝负面信息；同时要积极借助和依靠社会力量，维护绿色网络环境。

第二，从无的放矢转向有的放矢。有良好的受众意识才能有良好的传播效果，在新媒体环境下受众已经细分到了非常极致的地步，大学生也是一类特征鲜明的受众群体。依托新媒体，学校德育可以精准定位大学生受众，遵循传播规律，讲究传播技巧，实现从无的放矢到有的放矢的有效传播。高校德育工作的主要对象是大学生，做好德育工作首先需要认识和把握大学生所处的学习、生活环境，结合实际深入研究德育的内在规律，在新媒体环境下以大学生群体为传播对象，有的放矢地开展教育。

第三，从灌输教育转向渗透教育。渗透教育是以"潜移默化""润物无声"的方式对受教育者的思想、观念、价值、道德、态度、情感等产生影响，以实现教育的目标的一种教育手段。传统德育模式中，有些高校及德育工作者喜欢采取填鸭式的灌输教育，无法激发学生的兴趣和积极性。在新媒体环境下，如果依然沿用灌输教育的方式，必然难以收到预期的效果。从灌输教育转向渗透教育则符合了大学生在新媒体传播模式中的受众需求，有利于取得更好的传播效果。具体说来，新媒体下的渗透教育可从以下几个角度出发：

熟练运用网络语言。网络语言是从网络中产生或应用于网络交流的一种语言，包括中英文字母、标点、符号、拼音、图片和文字等多种组合，往往在特定的网络媒介传播中表达特殊的意义。目前，网络语言以其巧妙、幽默、简单化的特征越来越赢得大学生的喜爱，成为他们网络生活中必不可少的一部分。使用网络化的语言不仅能够极大地吸引大学生受众的注意力，也可以将晦涩难懂的理论知识通俗易懂地表达出来。新奇好玩的语言风格，往往能收到传播效果上的奇效。不过值得注意的是，使用网络语言要讲究尺度，过度地将语言网络化，一方面可能会带来对汉语语言的冲击；另一方面可能会助长大学生"泛娱乐化""浅阅读"的态势。

采用多媒体的形式。纯文字、长篇幅、思辨性强的内容，并不能有效吸引生活快节奏、浅阅读的大学生；而包含文字、图形图像、音频视频的多媒体表现形式却能够带来感官能力上的统合，更能给人以身临其境的感受。媒介即人的延伸，即任何媒介都不外乎是人的感觉和感官的扩展或延伸。新媒体集合了文字、图片、视频、音频等表现形式，正在改变大学生受视觉支配的状况，使他们正在找回长期失落的"感觉总体"，重新回到一种感觉平衡的状态。

选择恰当推送时间。一般情况下，大学生晚间课业任务相对较轻，心态比较放松，消遣需求上升，时常出现孤独和寂寞的心理，很多喜欢宅在宿舍、自习室等地方浏览消息、在线聊天，此时是校园主流媒体主动出击的"黄金时间"，要善于抓住这个受众注意力集中的时间节点做文章。

培养学生"意见领袖"。意见领袖作为一种社会现象，给我们提供了一些德育教育的启示。在信息传播中，信息输出不是全部直达所有大学生受众，有些只能先传达到其中一部分，而后再由这一部分把信息传递给他们周围的人；有的信息即使直接传达到普通学生，但意见领袖的解释和评价也会发挥重要作用。因此，发现、培养和支持大学生意见领袖，是推进德育隐性教育的有效途径。

积极创作原创作品。原创在新媒体时代的潜在含义往往是"有价值"，而优秀的原创作品更能给人带来一种"值得一读"的体验。在茫茫的信息大海中，大学生对于很多老生常态的信息往往表现出非常低的关注度和耐心，而对于火爆网络的原创作品，却能够呈现较高的搜索度和关注度。创作更多有意义的优秀原创作品，是新媒体环境下推进大学生教育的有效途径。

四、开展校园文化活动

校园文化活动举办频率高、学生参与人数多、互动程度高、育人效果好。要善于结合学生需求，有机融合新媒体与传统媒体，组织开展内容丰富、吸引力强的各类校园活动。一是要积极开展丰富多彩的线上校园活动，善于利用新生入校、党团活动、主题晚会、时事新闻、毕业离校等时间节点，广泛发动学生参与进来获取信息和陶冶情操，充实精神生活，升华道德境界。二是深入推动线下与线上校园活动的有机结合，充分发挥新媒体在活动组织宣传、氛围营造和文化熏陶中的载体优势和作用，以学术讲座、演讲朗诵、辩论赛、主题晚会、素质拓展训练等形式广泛开展文明校园、平安校园、诚信教育和创新创业教育等活动。广泛地在校园文化活动中应用新媒体，不仅能够提升学校新媒体官方账号的关注度和曝光率，更能够将德育教育从线上拓展到学生现实生活中来，倡导学生身体力行。

第四节 发挥新媒体环境下学生组织的作用

学生组织既是高校校园中的重要力量，也是高校德育中不可或缺的参与者。在传统媒体环境下，学生组织得到了长足的发展，不仅数量庞大，而且在很多方面都发挥了积极作用，不仅能够帮助大学生开展自我教育管理和服务，还能够协助学校及教师开展德育工作。在新媒体环境下，学生组织更是焕发了生机，各种学生组织的官方微博、官方公众号如雨后春笋般出现，呈现出一篇欣欣向荣的景象。因此，在新媒体环境下开展高校德育工作，就要高度重视学生组织的作用，充分发挥线上学生党团组织的作用，加强线上班集体建设，推动高校德育工作从学生中来，到学生中去，与学生打成一片，以期取得良好的效果。

一、充分发挥线上学生党团组织的作用

第一，建设学生党团组织官方网站或主题网站，设置理论学习、主题活动、志愿服务、典型人物、风采展示等专区，并辅以美观大方、亲和力强的版面设计，增加网站的吸引力。第二，依托学生党团组织微信公众号平台、官方微博等方式弘扬主旋律、传播正能量，与大学生开展互动交流，及时掌握学生的思想动态和学习生活动态，拉近与大学生之间的距离，增加情感上的交流和认同。第三，精准把握校园文化活动、新生入学、党团节日、毕业典礼等时间节点，充分运用校园展板、旗帜、学生社团服装等载体，充分发挥学生组织的人际交往优势，展示主题网站网址、官方微博二维码、微信公众号，提升关注度和曝光度，扩大在线平台的粉丝群体。第四，秉承"内容为王"为理念，充实和丰富线上平台内容，在线为大学生受众提供价值导向鲜明、内容新鲜、有深度、有趣味的信息服务，以理服人、以情感人，争取在大学生群体内掀起一股党团文化新潮流。第五，依托在线平台，加强党校、团校建设，加大对入党积极分子和学生骨干的培训力度，积极开展爱学习、爱劳动、爱党爱国、爱社会主义等系列主题教育活动。

二、加强线上班集体建设

新媒体为班集体建设带来了全新的平台和工作方式，能够有效帮助班主任、辅导员、班委开展工作，推动学生自我教育管理服务。要乐于和善于借助QQ、微信、微博等平台优势，创新班级管理服务方式，加强线上班级集体建设。以在大学生中得到广泛应用的腾讯QQ为例，能够给班级集体建设带来极大助力。第一，拓展班级德育新天地。QQ由于其非面对面社交的特性，可以有效地拉近班主任、辅导员和同学们的距离，拉近班委与普通同

学的距离，实现即时平等传播，消除学生的心理压力和沟通障碍。既使班主任、辅导员、班委得以轻松洞悉大家的思想动态，又便于普通同学倾诉和调适情绪，使他们放下思想包袱，排解负面情绪，正常地学习和生活。第二，丰富班级管理新途径。平等互动、方便快捷的即时通信软件减少了大学生参与班级工作的难度，任何问题都可以轻松在线集体讨论，又可以采用线上匿名投票等方式进行表决，可以有效激发大学生的主体意识，提升他们参与班级管理工作的主动性，增强班级凝聚力，培养师生感情，实现班级管理线上化。第三，培育班级学习新风尚。使用 QQ 可以非常便捷地共享学习资源，交流感受，分享心得，激发灵感；同时可以采用班级内部结对子的形式，倡导成绩优异的同学一对一地帮扶其他同学，解除大家学习上的疑惑，既减轻了任课教师的工作压力，又使同学们学到了知识，增加了感情。

第五节　创新新媒体环境下的大学生管理服务方式

在新媒体环境下开展高校德育工作，为大学生提供更加贴心、人性化的管理服务也是重要内容。在新媒体环境下，大学生需求在以下几个方面呈现出新的特征：第一，大学生的个体需求呈现更加明显的差异性特征。市场经济的迅猛发展和多元社会思潮的传播带来的负面影响渗透到互联网环境中来，催动了一些大学生潜在的欲望和需求，使得原本就受家庭条件和成长环境等诸多客观因素影响的学生个体需求差异更加明显。第二，大学生的精神需求呈逐步上升态势。新媒体在信息获取、传播和存储方面带来的巨大优势，刺激了大学生的精神发展需求，在这种情况下，精神性需求转而逐步成为学生的强势需求，他们寻求需求满足的意识也随之增强，更加注重自身综合素质的提高和全面发展，给高校的德育工作提出了更大的挑战。第三，深受经济社会发展的影响。新媒体在一定程度上加速了大学生的社会化进程，今天的大学生比以往任何时期都更加深入地参与到社会中来，比以往任何时期受到的社会影响都大。在政治、经济、文化、社会、生态等各个领域都出现了大学生的身影，学生的成长成才需求也更加紧密地和这些领域联系在一起。基于新媒体环境下大学生需求呈现的这些新特征，高校要本着以学生为本的理念，借助新媒体的平台优势，不断创新管理服务方式，助力大学生的成长成才。

一、构建管理服务信息化平台

目前在很多高校仍然存在这样一种现象，办理业务的同学手持五联单，辗转于各个大楼和部门之间签字盖章，既浪费了人力物力，增加了管理成本，又降低了效率，给学生增加了不少困难。信息技术对教育发展具有革命性影响，必须予以高度重视，充分利用优质资源、先进技术创新运行机制和管理模式，整合现有资源，构建先进、高效、实用的数字化教育基础设施。推进大学生管理服务信息化，既顺应了教育信息化的趋势，不断提升服务水平和工作效率，又有助于充分满足大学生多方面的发展需求，是落实"以学生为本"理念的真正体现。由于实际情况和技术条件的限制，各高校推进校园信息化建设的进度不尽相同，但总的来说，是沿着从"学生事务管理服务系统"向强调"以服务为核心，以管理为支撑"为理念的"智慧校园"方向推进。

成熟的学生管理服务信息化平台，既可以使用计算机在线登录，又能以 APP 的形式在手机上安装使用，还可以关联到微博、微信等，随时随地轻松办理学业指导、校园生活、校园活动等事宜，使用学号一键登入，全程提供管理服务，主要包括以下几个方面：第一，公共服务。在线为新生提供学校地图查询、快速流程指引、快速缴纳学费以及助学贷款申请入口，简化入学报到步骤；向学生主动推送学校最新通知公告，新闻一处发布，多平台同步更新，支持文字、图片、视频等，实现学校新闻正向传播、权威发布；设置校园信箱，在线为学生提供咨询服务，答疑解难，及时有效地处理学生问题，并将处理进度及结果精准反馈给相关同学，提高工作效率。第二，学习服务。学生可以在手机上根据课程名称或教师名称查询全校课程，查看个人课表并设置提醒；可以根据时间或地点查询空教室和图书馆资源，轻松自主学习；联通学校教务系统，轻松选择必修选修课程，第一时间查询考试成绩、学分；提供各类精品课、公开课，随时随地免费在线学习。第三，生活服务。联通一卡通与学校水、电、网和学费缴纳系统，随时随地查询余额、充值、修改密码及挂失；随时随地查询班车信息，出行更安心；连接公寓管理系统，营造公寓文化，在线响应呼叫请求；提供校园活动板块，在线活动组织、报名通知一体化，支持现场签到、微信上墙、抽奖等功能。

二、主动提供个性化服务

在传统模式下，由于人手不足和不具备信息双向即时互动的传播平台，大多数的服务人员都是固定在岗位上，等待学生上门，工作效率不高。随着信息化时代的来临，这种被动服务的模式不再适应社会和高校的发展。新媒体环境下，用户的需求得到不断的细化和分析，个性化服务模式应运而生，它突破了以往的被动模式，主张借助信息化平台，立足于信息收集和数据分析，预测用户的潜在需求，主动出击，开展全方位服务来满足用户的需求，主要包括以下几个方面：

第一，树立主动服务意识。主动服务意识是指人与人之间在交往的过程中，所体现的个人为别人提供热情、周到、主动的服务欲望和意识。大学生在校园中的方方面面都需要配套服务，公寓、食堂、超市、图书馆等均是服务大学生的一线场所，满足大学生的学习和生活需求也成为高校校园服务部门和人员的责任和使命。树立主动服务意识是为大学生提供主动服务的基础和前提，也是热爱学生和以学生为本的具体体现。要通过讲座、培训、示范、督查等各种形式，促使从业人员将主动服务意识内化于心，外化于行。

第二，主动倾听学生呼声。世界上没有完全相同的两片树叶，人与人之间的需求也各不相同。由于性别、年级、专业、家庭条件、生源地、兴趣爱好等诸多因素的不同，大学生个体和群体间的需求也存在显著差异。在这种情况下，"标准化服务"已经不再能够满足大学生发展，必须要主动出击，在线下努力为大学生做好服务，在线上设置便捷的意见和建议链接入口，倾听大学生的意见；严肃认真对待学生反馈意见，确保信息反馈不流于形式；建立台账制度，在条件允许的情况下逐一落实，并及时将整改信息反馈给相关同学。

第三，依托大数据开展服务。个性化服务需要搜集和分析大量的数据，并及时做出主动的推送或反馈，这项工作的难度可想而知，但大数据的出现改变了这一局面。对于现在大多数的校园人来说，大数据似乎相距甚远，但它的威力无所不在，大数据的迅速增长及相关技术的发展，必将给高校带来全新的发展机遇，在不远的将来，高校依托大数据为学生主动提供个性化的服务即将成为现实。

三、引导大学生自我服务

在新媒体环境下引导大学生自我服务，是提升学生服务水平的一种有效途径。新媒体既增强了大学生的主体性意识和主人翁意识，使他们对于个人的全面发展有了清晰的认识，又给大学生自我服务提供了全新的平台和方法。新媒体环境下大学生自我服务包括个体性自我服务和群体性自我服务。在新媒体环境下，提升大学生自我服务水平可从以下几方面展开：第一，增强大学生自我服务的观念。学生个体的成长成才不仅要靠高校作为外力助推，更要靠个人内力的提升。教育工作者一方面要依托微博、微信公众号、校园论坛、即时通信软件等线上平台，加强与学生的互动交流，引导大学生树立主人翁观念和自我服务观念；另一方面要善于发挥学生会和学生社团的作用，将自我服务的理念广泛地传达到所有学生中来。第二，拓展大学生自我服务的途径。在线上为大学生提供便捷易用、内容广泛的自助服务入口，满足大学生的物质生活需求和精神生活需求，既降低了服务成本，又提供了个性化和人性化的服务。第三，加强自我服务能力的评估和调整。对大学生自我服务的积极性和能力进行阶段性评估，并提供全程的指导和帮扶；同时根据不同学生个体的表现和特征，适时引导他们进行调整。

第六节　新媒体环境下高校德育的保障机制创新

新媒体环境下，高校德育过程中的不确定性因素增加，涉及方面增多，在各个环节的工作难度也不断提升。在新媒体环境下推进德育创新，不仅要求高校思想认识到位，还要做到组织协调到位，服务保障到位。只有具备了完备的机制保障，高校德育工作才能开展得更好，才能真正为大学生的成长成才保驾护航。高校应高度重视创新德育的保障机制，在德育工作开展机制、协同育人机制、舆论引导机制和德育评价反馈机制等方面下足功夫，提升工作效率和德育效果。

一、构建多方联动统筹推进的工作开展机制

一是要健全多方联动统筹推进的德育工作开展机制。高校要将高校德育工作作为"一把手"工程，把德育工作列入人才培养方案，确保其贯穿人才培养的全过程；组建由主要校领导任组长，由校办、宣传部、校团委、教

务处、学生处、学院、后勤处、新媒体事务中心等相关部门主要领导作为成员的德育领导小组，形成常态化的沟通协同机制，从全局出发，统一部署和协调推进新媒体环境下的高校德育工作，提升德育工作的系统性、计划性、针对性和实效性；建立健全规章制度，明确责任主体、工作职责、考核和激励方式；高度重视学科德育教育，在专业教师中营造浓厚的学科德育氛围，鼓励他们探索新媒体环境下学科教育的新模式，确保学科德育落在实处；发挥学生会、学生社团等学生组织的重要作用，使他们成为校园新媒体管理的重要主体。

二是要健全多方联动统筹推进的新媒体环境管理制度。新媒体环境对大学生健康的网上生活起着至关重要的作用。高校要充分借助政府和社会力量，积极发挥自身作用，倡导共建绿色健康的网上环境；联合网警、技术部门、法律部门建立信息监督协同机制，多措并举，挤压负面信息生存空间，弘扬正能量，做好线上信息的"把关人"；建立新媒体信息预警制度，制订预警方案，发现不良事态，及时采取"中止""隔离"或"清除"等措施制止其蔓延，并即时上报；通过常态化制度化的宣传教育，提醒大学生加强防范和守法意识，提高他们的信息安全素养，及时举报网络违法信息和违法行为。

二、推进线上线下深度融合的协同育人机制

要推进线上线下深度融合，实现现实环境和虚拟空间的协同育人。现实环境育人和虚拟环境育人是缺一不可、不可分割的两个方面，未来脱离开哪一个，高校德育工作都不能取得良好的效果，因此线上线下两手都要抓，两手都要硬。新媒体为高校德育工作带来了全新的机遇，能够极大地促进其发展，但这并不意味着它是万能的。大学生是现实的人，任何情况下高校德育工作都不能脱离现实生活。现实生活中的德育教育，是推进新媒体环境下高校德育工作的根本和基础；而线上德育教育，应该既能够在平台和渠道方面弥补线下的不足，又能够提供个性化、高品质的德育内容和延伸管理服务，在各方面与现实德育教育深入融合，线上线下，不留死角，才能给大学生营造健康的成长成才环境。高校应从全局出发，高度重视现实环境育人和虚拟环境育人，统一布置，完善机制，将线上线下的深度融合作为新的课题，结合学校实际情况不断研究，努力形成符合各高校实际、操作性强、模式多样、效果显著的协同育人机制。

三、完善疏堵结合以疏为主的舆论引导机制

在新媒体环境下创新高校德育保障机制，要探索建立疏堵结合、以疏为主，坦诚交流的机制。一是要树立主动引领、积极应对、正确引导的意识。目前，社会正处在突发事件的高发期，要求高校必须树立忧患意识，高度关注网络舆情，强化正面引导，有效化解舆情危机。二是完善日常舆论引导和紧急情况的应急机制，适时出台相应文件，细化责任，落实到相应部门和人员，统一布置，强化主流言论，充分发挥导航作用。对各种社会热点问题，要注重"疏导"，掌握网络沟通艺术，善用网言网语，快速发布权威信息，不但要引导大学生"如何看"，还要引导大学生应该"如何做"，不断提升舆论引导水平；对于谣言、色情、暴力、低俗等负面信息，要干预和善于"堵塞"，通过删除和封锁等形式，截住负面信息的传播途径，不断挤压负面信息的生存空间。三是善于打通"两个舆论场"，完善依托传统媒体与新媒体互动协作的工作开展机制，既要善于利用传统媒体的权威性发布可靠、真实的通告和报道，做到信息及时公开和透明，又要依托新媒体与大学生广泛开展互动，提升亲和力和大学生的认同感。通过传统媒体和新媒体的互动协作，共同强化主流媒体权威，提升主流舆论的影响力和影响范围，充分形成强大舆论引导合力。

四、建立科学有效主体多元的评价反馈机制

在新媒体环境下推进高校德育工作，提升德育效果，应探索建立科学有效、主体多元的评价反馈机制，主要包括以下四个方面的内容。

其一，多样化的评价对象。新媒体环境下，对高校德育工作的评价应当覆盖多方面的内容，其中最重要的就是对学生和高校两个主体的评价。从小的方面来说，涉及对大学生思想道德品质的评价，主要包括对其内在修养和实际表现的评价，可根据评价结果对学生进行引导，提升其道德修养；从大的角度来说，涉及对新媒体环境下高校德育工作的评价，包括对高校德育的理论研究、教育教学、实践活动、教育效果、教育过程和方式方法等的评价。

其二，多元化的评价主体。在新媒体环境下，高校德育工作的评价主体呈现多元化的特点，包括管理者本身、学生和家长在内的所有"利益相关者"都应当成为评价的主体，同时还应包括独立于校园之外的政府和社会第三方中介评价机构。

其三，科学化的评价方法。一是定量评价与定性评价相结合。现有的评价方法较多采用指标评价法，建立一级指标、二级指标乃至四级指标，对评价的内容进行分拆量化，并对存在较大主观性的内容采取模糊评价；这在某种程度上使得数据分析变得简单，但也存在明显缺点，一些难以量化内容的主观性可能会影响评价的最终结果。因此将定量评价与定性评价相结合就变得必要起来。二是采取自评与他评相结合的方法。由于受主体视角的限制，无论是高校还是学生，在自评方面都容易产生误差，将自评与他评的方式有机结合，尤其引入第三方评价机构，更容易得出科学有效的评价结果。

其四，有效性的反馈改进。通常情况下，具有反馈的循环互动传播模式所传播的意义更为丰富，在新媒体环境下高校德育评价机制中也是如此。评价不是目的，通过科学的评价，发现新媒体环境下高校德育工作中的问题和不足之处，将意见完整及时地反馈给相关部门和人员，并由责任部门和人员认真总结研究，在以后的工作中进行针对性的部署和改进，为大学生提供更好的成长环境，促进大学生的全面发展才是最终目的。

五、构建专兼结合师生协作的队伍保障机制

要构建专兼结合师生协作的队伍保障机制，组建一支来源广泛、年龄梯队化分布、精于传播的工作队伍。

第一，队伍成员要来源广泛，学科背景多样。要充分发挥各级党团组织的领导作用，发挥思想政治理论课教师、学科专业教师、班主任和辅导员的主力军作用，发挥学校职能部门的服务保障作用，打造相辅相成、密切配合、有序衔接的德育核心工作系统。广泛动员这支队伍研究新媒体的传播规律和特点，开通微博等线上平台，创新内容与形式，深入到大学生线上用户中引导舆论，提升大学生的理论素养和辨别事件性质的能力；积极动员和吸纳对新媒体有兴趣和能力的大学生志愿者参与到这项工作中来，发挥他们的主观能动作用和创造力，在辅助教师开展相关工作的同时，深入到学生中去，发挥其意见领袖作用。

第二，德育队伍年龄要呈梯队化分布。确保德育队伍中既有长期从事德育工作的年长领导干部和专家，又有富于改革创新精神的青年教师，还有洋溢着青春活力的大学生志愿者，形成新老搭配、有效衔接、可持续发展的队伍建设态势，既能把握和确保工作方向的正确性，又能充分发挥新思想和新思维的重要作用，稳步推进新媒体环境下高校德育工作向长远发展。

第三，突出专业教师在队伍中的重要作用。专业教师队伍是学科德育中不可或缺的关键因素，要加强专业教师队伍的师德建设，提升专业教师开展学科德育的自觉性和责任感；在任何情况下，都要把专业教师放在德育队伍中的重要位置，突出他们的作用，把德育教育贯穿到专业教育中去。

新媒体环境下，高校德育工作者需要的素质和能力远比传统环境下要求更高，不仅要有较高的理论素养，又要有相应的技术能力，还要不断通过多种途径提升自身能力。

第一，提升思想政治修养。要以马克思列宁主义、毛泽东思想、邓小平理论、"三个代表"重要思想、科学发展观和"四个全面"战略思想武装自身，深入学习习近平总书记系列重要讲话精神；要坚定正确的政治立场，具备较高的政治敏锐性，保持清醒的政治意识，树立理论学习就是讲政治的观念。

第二，提升知识修养和持续学习的能力。在线上对大学生进行教育和开展管理服务，需要涉及哲学、法学、新闻传播学、文学、计算机等多个学科的知识。有了丰富的知识基础，在和学生交流的过程中，才能胸有成竹；若知识面捉襟见肘，遇事难免面红耳赤。要有终身学习的理念和持续学习的能力，所谓"活到老，学到老"，对欠缺的知识和感兴趣的东西，要静下心来学习和体会，不耻下问，多向专家学习和交流，真正做到热爱学习，而不是简简单单应付公事，顾头不顾尾。"我们一定要强化活到老、学到老的思想，主动来一场'学习的革命'，切实把外在的要求转化为内在的自觉，让学习成为自己的一种兴趣、一种习惯、一种精神需要、一种生活方式。"

第三，提升道德修养。人而无德，行之不远。新媒体环境加快了信息的传播速度，任何人的突出和感人事迹都容易得到广泛传播和颂扬，任何人的不道德行为都有可能引发模仿，导致更恶劣的行为，教育工作者更是如此。教师是一种崇高的行业，提升道德修养的要求更为迫切，教师的一言一行也都更要接受公众的监督，需要不断锤炼自身品格。此外，要倡导工作队伍中的学生志愿者积极遵守道德规范，提升道德修养。

第四，提升媒介素养。新媒体环境下的德育教育队伍，不仅要不断提升传播学基本知识水平，提升对网络信息的选择、理解和评估能力，还要不断提升对传播内容的创造、思辨和引领能力，以及对于新媒体发展趋势的研究能力。

参考文献

[1] 吴巧慧.应用型大学德育的创新与实践 2018[M].北京：北京交通大学出版社，2019.

[2] 程俊.高校师范生德育实效路径研究 [M].杭州：浙江大学出版社，2022.

[3] 许占鲁.高校思想政治教育过程的内生性建构研究 [M].杭州：浙江大学出版社，2022.

[4] 章旭.高校生态文化建设与文化育人路径探索 [M].北京：化学工业出版社，2022.

[5] 唐博.大学生德育教育创新研究 [M].长春：吉林文史出版社，2021.03.

[6] 赵巧玲.育人理论与实践探索 [M].北京：中国纺织出版社，2021.

[7] 周翠.高校美育德育的当代发展研究 [M].北京：中国纺织出版社，2021.

[8] 罗玲.新时代高校德育工作创新研究 [M].北京：中国农业出版社，2021.

[9] 徐方.高等职业院校"五德并育"德育课程体系创新设计与实践 [M].北京：石油工业出版社，2021.

[10] 芮松.体育文化与高校德育教育的融合 [M].北京：应急管理出版社，2020.

[11] 第五太卓.新时代高校德育体系的转型与重构——基于西安外事学院立德树人教育教学实践 [M].北京：人民出版社，2020.

[12] 田小静.德育教育与体育教学应用研究 [M].长春：吉林大学出版社，2020.

[13] 彭宗祥.新时代高校工程德育理论与实践 [M].上海：上海财经大学出版社，2020.

[14] 赵巧玲，宗晓兰.高校实践育人研究 [M].长春：吉林人民出版社，2020.

[15] 张卫中，熊群荣.学科德育的探索与创新 [M].北京：中国文联出版社，2020.

[16] 郭凤臣，董娅，李晓红.辅导员立体化德育 [M].北京：中国纺织出版社，2020.

[17] 秦艳姣.全媒体环境下高校思政教育新探索 [M].北京：北京工业大学出版社，2020.

[18] 韦莉莉.社会工作德育理论与实践研究 [M].广州：广东高等教育出版社，2020.

[19] 李强.高校大学生思想政治教育实践研究 [M].长春；吉林出版集团股份有限公司，2020.

[20] 吴恒梅.高校专业课教师育人研究 [M].长春；吉林出版集团股份有限公司，2020.

[21] 雷婷.学生教育与教育管理概论 [M].北京：九州出版社，2020.

[22] 闫伟.应用型高校德育教育教学模式新探 [M].北京：人民出版社，2019.

[23] 李长春，罗丽华.高校学生辅导员与专业课教师德育教育协同配合研究与实践 [M].北京：中国纺织出版社有限公司，2019.

[24] 朱晓东，朱文，唐亭婷.中国传统文化基础上高校德育教育研究 [M].石家庄：河北人民出版社，2019.

[25] 曲华君，罗顺绸，钟晴伟.德育教育与创新能力发展 [M].北京：中国财富出版社，2019.

[26] 刘忠孝，陈桂芝，刘金莹.高校德育论 [M].哈尔滨：黑龙江人民出版社，2019.

[27] 朱美燕.立德树人高校生活德育实践 [M].上海：上海交通大学出版社，2019.

[28] 吴巧慧.应用型大学德育的创新与实践2018[M].北京：北京交通大

学出版社，2019.

　　[29] 吕开东 . 新时代高校思想政治教育工作探索 [M]. 北京：光明日报出版社，2019.

　　[30] 王颖，张鑫 . 德育原理 [M]. 成都：电子科技大学出版社，2019.03.

　　[31] 钮倩 . 高校德育系统工程与创新发展 [M]. 北京：新华出版社，2019.

　　[32] 闫建华 . 高校思想政治教育研究 [M]. 延吉：延边大学出版社，2019.

　　[33] 刘畅 . 德育视域下的大学生创新素质培养研究 [M]. 成都：电子科技大学出版社，2019.